왜?
남자는 고독하고
여자는 외로울까

왜?
남자는 고독하고
여자는 외로울까

1판 1쇄 인쇄 | 2003년 12월 10일
1판 1쇄 발행 | 2003년 12월 15일

글쓴이 | 박영수
그린이 | 이태영
펴낸이 | 김학민
펴낸곳 | 학민사

등록번호 | 제10-142호
등록일자 | 1978년 3월 22일

주소 | 서울시 마포구 대흥동 150-1번지(우편번호 121-809)
전화 | 02-716-2759, 702-3317
팩시밀리 | 02-703-1494

홈페이지 | http://www.hakminsa.co.kr
이메일 | hakminsa@hakminsa.co.kr

왜?
남자는 고독하고
여자는 외로울까

글 _박 영 수 그림 _이 태 영

학민사

"남자는 생각하지만, 여자는 느낀다."

19세기 말엽 활약한 영국의 시인 C. 로세티가 말했듯이, 남자와 여자는 분명 다르다. 고대인들도 그런 점을 이미 알고 있었다. 때문에 '남과 여'는 서로를 때로는 경쟁자로, 때로는 협조자로 생각하면서 오랜 세월 남성·여성을 탐구해 왔다.

일찍이 로마의 장군 J. 카이사르는 "믿고 싶은 것이면 쉽게 믿어 버리는 성(性)이 바로 남성이다"라고 단호히 말하였으며, 로마의 신학자 성(聖)제롬은 "사랑하거나 증오할 때 여성은 무슨 짓이든 감행한다"라며 여성의 속성을 설파하였다.

르네상스기 이후에는 남녀간 사랑·미움·삼각관계를 다룬 로맨스 문학이 항시 인기를 끌었고, 근대 들어서는 사상가와 인류학자들도 나름대로 남성·여성의 신비를 찾아 나섰으며, 여성을 옹호하거나 부당한 성차별을 규탄하는 저서들도 많이 출간하였다. 베티 프리던의 『여성의 신비』, 시몬 드 보부아르의 『제2의 성』은 그 대표적인 책으로서 베스트셀러 대열에 올라서기도 했다.

최근에는 과학자들이 첨단기기를 이용하여 두뇌를 집중 연구함으로써 남녀의 성차(性差)에 지대한 관심을 표명하고 있다. 그 결과 '남과 여'는 여러 면에서 구별되는 성차를 지니고 있음이 속속 밝혀지고 있다. 늦으나마 참으로 반가운 일이다.

하지만 아직까지 남녀에 대한 고찰은 지나치게 심리에 집중된 면이 있다.

더구나 심리라 하더라도 그 속에는 문화적 배경이 담겨있는 경우가 적지 않음에도 불구하고 육체 혹은 생물학적 차이로만 규명한 경우도 없지 않다.

하여 필자는 이제까지의 역사 · 문화 · 과학 · 의학 · 심리적 연구결과를 바탕으로 하여 남녀의 심리와 육체를 고찰하고 그 차이를 찾고자 하였다. 이 글들은 「스포츠서울」에 4년 동안 연재한 내용으로, 독자들의 호응 속에 다각도로 남녀를 살필 수 있었다.

필자는 남녀의 신비를 조명하면서 막연한 추론이 아니라 심리적 분석과 함께 과학적 연구결과를 함께 살펴보고 근원적 풀이를 추구하였으며, 역사 · 문화상의 에피소드를 적절히 가미하여 읽는 재미 또한 꾀하였다. 따라서 독자 여러분은 완벽하지는 않겠으나 남과 여에 관한 궁금증을 상당 부분 해소할 수 있으리라 믿는다.

끝으로 필자는 '남과 여는 결코 적(敵)이 아니라' 는 점을 말하고 싶다. 남성 중심의 사회가 페미니즘으로 대변되는 여성해방운동의 동기를 제공한 것은 사실이지만, 여성 모두가 페미니즘에 공감하지 않는 것도 또한 현실이다. 상대적으로 남성 중에서도 남성우월주의에 반대하는 뜻을 가진 사람이 적지 않으며, 시대는 이미 남녀평등시대로 접어들고 있다. 따라서 우리는 상대를 제압하거나 포획하기 위해서가 아니라 서로에 대한 이해를 확대하기 위해 남과 여를 연구해야 한다.

비단 '남과 여' 뿐만 아니고 인류 사회 전체가 싸우지 않고 평화롭게 살 수 있는 세상이 되기를 꿈꾸며….

박 영 수

제 *2*장 심리

제 3 장 두뇌

제 4장 육체

제 5장 섹스

제 6장 감각

제 7장 문화

제 8장 관습

제 9 장 상징

"애교는 여자의 특성이요, 위엄은 남자의 특성이다"

- 키케로

제 1 장

신호

왜 남자와 여자의 몸 냄새가 다를까

사랑하는 사람과 같이 있을 경우 남성과 여성의 행동에는 미묘한 차이가 있다. 일반적으로 여성은 남성의 팔짱을 꽉 낀다거나 남자의 품안에 얼굴을 기대어 몸을 밀착하기 좋아한다. 반면에 남성은 몸을 밀착시키기보다는 같이 있다는 사실 자체에서 만족을 느끼는 경향이 있다. 물론 그녀를 느끼고 싶을 때는 접촉을 시도하지만 대체로 여자보다는 밀착을 좋아하지 않는다. 때문에 여자의 지나친 밀착을 부담스러워 하는 남자와 여자 사이에 (오해가 생겨) 작은 다툼이 가끔 벌어지기도 한다. 왜 이런 차이가 있을까?

결론부터 말하자면 그것은 '몸 냄새의 차이'에 기인한다. 몸 냄새와 후각 능력은 사람에 따라 미세한 차이가 있는데, 흥미롭게도 남성과 여성의 몸 냄새는 그 느낌이나 목적에 있어 확연히 다르다.

포유류들처럼 사람의 냄새는 피부와 점막에서 나오는 점액을 통해 생기며, 분비물이 얼마 만큼이냐에 따라 냄새 강도가 다르긴 하지만, 남자와 여자의 냄새가 다르다는 점만은 분명하다. 왜냐하면 체취는 성적 기능과 깊은 관계가 있기 때문이다.

눈치 빠른 이는 벌써 알아챘겠지만 동물의 암컷이 발정기 때 냄새를 풍겨 수컷을 유혹하는 것처럼, 사람 역시 그 흔적을 가지고 있어서 성인이 되면 자신의 의지와 무관하게 냄새를 발산한다. 남녀 불문하고 사춘기를 전후하여 겨드랑이·젖가슴·성기 주변에서 독특한 냄새가 나는 것이나, 노인이 되면 체취로 남녀를 구분하기 어려워지는 것도 성기능과 상관있음을 일러주고 있다.

남자의 경우 사춘기에 접어들었을 때 남성 호르몬의 작용으로 전립샘이 조금씩 커지면서 밤나무 냄새가 나는 독특한 성분을 발산한다. 이에 비해 여자는 대음순과 겨드랑이에서 특유의 냄새를 풍긴다. 나폴레옹이 어떤 치즈 냄새를 맡은 뒤 착각하여 '조세핀의 냄새'라고 말했다는 이야기는 여성 성기에서 발산되는 냄새가 어떤 종류인지 짐작하게 해준다.

몸 냄새가 강하기로는 단연 여성이 남성을 앞선다. 2002년 가을 이라크 대통령의 결벽증에 관한 TV 다큐멘터리에서 사담 후세인이 "여성들의 냄새는 더 표시나기 때문에 여성들은 하루 두 차례 목욕해야 한다"라고 역설한 것도 그런 맥락에서 이해할 일이다.

그런데 여자는 자신의 몸 냄새는 강하게 풍기면서도 정작 남성의 냄새는 그다지 좋아하지 않는다. 여자들이 남자들의 몸에 밴 담배냄새에 유달리 질색하는 이유도 이런 예민한 인체반응의 차이에 있다. 그러나 자신이 좋아하는 남자일 때는 사정이 달라져서 무척이나 그 냄새를 느끼고 싶어 한다. 요컨대 남성에 대한 여성의 밀착은 연약한 마음을 기대고 싶어서가 아니라 남자의 향기를 느끼고 싶어서인 것이다.

미테랑 프랑스 대통령 내외가 미국을 방문했을 때의 일이다. 레이건 대통령은 미테랑 부인의 팔짱을 끼고 환영 만찬회장 내로 안내했다. 그런데 갑자기 미테랑 부인이 걸음을 멈추고는 정중하고 나직한 목소리로 뭔가 레이건에게 말했다. 프랑스어를 모르는 레이건은 그냥 다정한 인사말이니 생각하고는 미테랑 부인에게 계속 걸어 들어가자고 눈짓했다. 그러자 그녀는 또 다시 무슨 말인가 속삭였다. 결국 통역이 황급히 다가와서 그 내용을 말해주었으니, 미테랑 부인의 치마 끝이 레이건의 발 밑에 눌려 있던 것이었다.

이처럼 언어는 의사소통의 장벽이 되지만, 여기서 주목되는 것은 바디랭귀지 '팔짱'이다. 비록 말로는 전할 수 없지만 레이건은 팔짱을 통해서 다정함과 친절을 상대에게 전달했던 것이다. 나란히 있는 옆 사람(특히 이성)의 팔에 자기 팔을 끼는 짓인 팔짱은 대부분의 문화권에서 다정함을 상징한다.

유니섹스가 보편화된 요즈음에는 거리를 활보하는 젊은이들의 뒷모습이나 옷차림만 보아서는 남자인지 여자인지 알 수 없을 때도 있지만, 몸짓을 보고 구분하는 방법이 있다. 둘이서 걸어갈 경우 팔짱을 끼고 있다면 '남녀' 아니면 '여여' 커플일 것이고, 이때 어느 한 사람이 비스듬히 기대어 있다면 100% 남녀 커플일 것이다.

이에 반해 팔짱을 낀 사람이 둘 다 남자일 경우는 매우 드물다. 남자들은 왜 팔짱을 싫어하는가? 심리학자들은 '독립성'에서 그 이유를 찾고 있다. 동물의 세계에서 영역 싸움을 벌이는 수컷처럼, 인간세계의 남성들도 다른 남성과의 우호적 몸짓을 본능적으로 거부한다는 분석이다.

팔짱에는 또 다른 몸짓이 있다. 바로 두 팔을 교차시켜 겨드랑이 밑에 놓는 행위가 그것이다. 그런데 우리나라도 그렇지만 특히 핀란드 사람들은 상대와 말할 때 팔짱 끼는 행위를 대단히 오만하고 건방지다고 생각한다. 왜냐하면 이때의 팔짱은 상대의 의견에 별다른 공감을 느끼지 못한다는 자세로 통하는 까닭이다. 비능률적인 자세가 비협조적인 자세로 여겨지는 것이다.

또 하나 흥미로운 풍경이 있다. 휴식할 때, 우리나라 사람은 앉아서 쉬는 데 비해 서양 사람들은 곧잘 서서 팔짱을 끼고 쉰다는 점이다. 이러한 차이는 기동성을 중시하는 유목문화와 한 곳에 정착하여 생활하는 농경문화의 관습에서 파생된 것으로 여겨진다. 다시 말해 기동성을 중시하는 정서가 두 다리의 긴장을 풀지 못하게 하고 다만 팔만을 쉬게 하는 것이다.

남녀간에 눈이 맞으면 불꽃이 튈까

여성혐오주의자였던 독일의 철학자 F. 니체는 38세 때인 1882년 살로메의 눈을 처음 본 순간 그녀에게 단번에 마음을 빼앗기고 사랑에 눈먼 것으로 유명하다. 살로메와의 첫 만남에서 '사랑의 불꽃'을 경험한 사람은 비단 니체만이 아니었다. 음악가 바그너와 시인 릴케도 살로메에 반해 순식간에 그녀의 포로가 되었다.

사랑에 눈먼 상태는 어떤 것일까? 뛰어난 심리 묘사로 유명한 프랑스의 소설가 스탕달은 '사랑에 눈먼' 심리를 이렇게 말한 바 있다.

"사랑을 한 순간부터는 현명한 사람이라도 무엇 하나 있는 그대로 보지 못한다. 또한 자기의 장점은 과소평가하고, 사랑하는 사람의 사소한 호의는 과대평가하며, 어떤 일이든 단순한 우연으로 생각하지 않는다. 그뿐이 아니다. 이처럼 이성을 잃은 증세는 판단하기 어려운 일이 생겼을 경우 사랑에 유리하도록 해석하게도 만든다."

흔히 사랑에 빠진 사람들은 그러한 감정을 "뭔가에 홀린 듯하다"고 표현한다. 미국의 언론인 H. 멘켄은 "감각적인 마취상태에 있는 것"이라고까지 말했다. 정말 사랑에 빠지면 귀신에 홀리듯 마음을 완전히 빼앗기게 되는 것일까? 그리고 첫 만남에서 과연 눈에서 불꽃이 튈까?

그 근거로 대략 세 가지를 꼽을 수 있다.

첫째, '탐색에의 의지'이다. 사랑에 굶주린 사람은 그 대상을 찾아 눈을 번뜩이고 다닌다. 이때 자신이 그렇게도 바라던 대상자를 발견하면 자신도 모르는 사이에 짜릿함을 느끼게 된다. 영국 정치가 처칠도 사교장에서 클레망스(훗날의 아내)를 처음 본 순간 짜릿함을 느꼈다고 회고한 바 있다.

둘째, '집착'이다. 대체로 사람의 소유욕은 타인의 공유를 인정하지 않는 경향이 있다. 즉 '내 것'에 대한 강한 소유욕이 타인의 접근을 허락하지 않는 동시에 그 사람에게로 홀리게 만드는 것이다.

셋째, '생리작용'이다. 과학자들은 '사랑의 불꽃'이 결코 착각의 소산이 아니라고 단언한다. 사랑에 빠지면 말 그대로 온갖 화학물질이 몸 안에서 홍수를 이루어 이성이 감성에 압도된다는 이론이다. 남녀간에 눈이 마주쳐 불꽃이 튀면 두뇌에서 신경조직과 피를 통해 화학물질이 쏟아져 뺨이 붉어지고 손바닥에 땀이 나며 숨소리가 거칠어지게 된다. 과학자들은 이러한 현상이 암페타민(중추신경을 자극하는 각성제)같은 화학물질의 작용이며, 특히 격정적인 사랑은 피니레티라민(PEA) 탓이라고 분석했다.

여자는 왜 애교를 잘 떨고, 남자는 그에 잘 넘어갈까

호텔방에서 신혼부부가 막 잠자리에 들려는 순간이었다. 신랑은 근육질 몸매를 뽐내며 신부에게 말했다.

"내 몸은 지금 폭발 직전의 다이너마이트야."

"몰라, 몰라!"

신부는 잔뜩 애교를 떨면서 신랑의 몸을 훑어보더니 아랫도리를 보며 조심스레 물었다.

"그런데, 심지가 왜 이렇게 짧아?"

우스개이지만 여기에는 남녀의 심리가 잘 담겨 있다. 과시욕 강한 남자와 애교에 능숙한 여자가 그것인데, 일반적으로 여성들은 남에게 귀엽게 보이는 태도를 잘 발휘하고 남자들은 그 애교에 잘 넘어간다. 바꿔 말해, 같은 부탁이라도 남자는 비교적 정중하게 말하는 반면, 여자는 콧소리를 섞은 귀여운 목소리로 감성을 자극한다. 술집 여성들이 매상을 올리는 가장 기본적인 전략도 애교이며, 대개의 경우 남성은 여성의 부탁을 들어주게 마련이다.

여성은 왜 애교를 잘 떨고, 남자들은 여성의 애교에 약할까? '애교(愛嬌)'의 뜻을 풀이하면 기본적인 해답이 나온다. '사랑스러운(愛) 예쁜 미녀(嬌)'가 어원일지니 '젊고 섹시한 여성 자체가 보여주는 몸짓'이 곧 애교인 것이다.

애교의 문화적 기원은 원시시대의 사냥문화에서 찾을

수 있다. 인류학자 루이스 볼크는 사람의 갓난아이와 아기 침팬지가 유사하다는 점에 착안하여 인간의 성립에는 유형성숙(幼形成熟)이 큰 역할을 했을 거라고 주장했는데, 여기서 '유형성숙'이란 어린애같은 성질을 유지하면서 성적으로 성숙하는 것을 의미한다. 다시 말해 육체는 어른이지만 마음은 어린이같은 상태를 가리키는 것이다. 원시시대 초기 남성의 사냥물을 분배받았던 여성은 남성의 관심을 끌기 위해 젊게 보이고자 노력했으며, 그 과정에서 애교가 여성의 특성이 되었다는 해석이다.

좀 더 쉽게 설명하면, 남자는 번식욕망이 강한 바 자손을 많이 낳기 위해 젊은 여자를 찾았고, 그 심리를 잘 아는 여성들은 실제 육체적 나이가 아니라 겉으로 보이는 외모와 몸짓으로 젊음을 나타내기 위해 어린티를 낸 것이다.

그렇게 보면 사실 여성에게는 아이의 특성이 많음을 알게 된다. 털이 적고, 피부와 머릿결이 부드럽고, 목소리가 높고, 잘 울지 않은가 말이다. 해맑은 웃음과 귀여운 몸짓도 아이의 특성임을 감안하면, 여성의 아이다운 면모는 여실히 설명된다.

그러므로 애교는 여자의 전략 중 가장 귀여운 전략이자 인류역사상 가장 오래된 심리전법인 셈이다. 로마의 역사가 키케로는 "애교는 여자의 특성이요, 위엄은 남자의 특성이다"라고 간파했는데, 부산 아시안게임과 대구 유니버시아드 대회에서 화제를 낳은 북한 응원단의 매력 역시 미모보다는 방긋방긋 웃으며 응원하는 애교스러운 응원 태도에 있다고 볼 수 있다.

남성의 러브레터와 여성의 팬레터

　　"결혼하기 수일 전에 정옥의 눈 앞에서 그의 입증으로 C·O·K·R 등 나의 영혼을 들볶던 여성에게 받아서 묶어 두었던 러브레터 약 1백 50통을 불살라 버렸다.(그 중에서 P에게서 온 것은 지난 가을에 소포로 부쳤다) 장작이 활활 타오르는 새빨간 불길 속에서 5~6인이나 되는 여성들의 묵혼(墨痕)이 아직도 반반한 편지가 흰 버러지처럼 뜨거운 듯이 꿈틀거리다가는 금새 재가 되어 혹은 아궁이 속에 처지고 혹은 그 잔해가 불길을 따라 내 얼굴에 확확 끼얹혀진다. 곁에 앉아서 화염을 들여다보던 정옥이 혼잣말을 했다. '온 것이 저만큼이나 되니까 간 것은 더 많겠지요.' 그렇다. 천진한 그녀 앞에 무엇을 속일까? 아아, 과거 6~7년 동안이나 저 편지를 받을 때마다, 답장을 쓸 때마다 얼마나 애를 태우고 마음을 졸였던고?"

　　1931년 1월 2일 『상록수』의 작가 심훈이 쓴 일기의 내용인데, 흥미로운 점은 편지의 분량이다. 일반적으로 남녀가 연애할 경우 편지를 많이 쓰는 쪽은 남자라는 점이 여기에서도 드러나는 것이다. 반면에 여자들은 러브레터는 남자보다 적게 쓰면서도 팬레터는 남성보다 훨씬 많이 쓰고 보낸다. 유명 연예인이나 스포츠 스타들에게 배달되는 편지 대부분이 여성팬이 보낸 것들이라는 점은 잘 알려져 있는 사실이다. 아무리 유명인을 좋아한다고 해도 팬레터에 관한 한 남자는 여자보다 소극적이다. 러브레터든 팬레터든 좋아하는 사람에게 보내는 편지임에 분명한데, 왜 이런 차이가 생길까?

이는 사랑에 대한 남녀의 본질적 차이에서 비롯된다. 즉 남자는 서로 간에 사랑을 공감하는 연인 혹은 자신만이 좋아하더라도 다른 남자와 교제가 없는 여성에게는 적극적으로 구애공세를 편다.

반면에 여러 사람에게 사랑을 받는 여성에게는 다가가기보다 포기하는 경향이 있다. 유명인의 경우 대중들로부터 많은 사랑을 받는 바 팬레터를 보내는데 소극적으로 되는 것이다.

이에 비해 여성은 다른 여성의 구애공세를 개의치 않고 사랑을 표현하는 경향이 있다. 더군다나 직접 얼굴을 드러내지 않아도 되는 편지의 특성이 수동적인 여성의 사랑을 표현하는데 적합하기 때문에 여성들은 팬레터에 적극적이다.

한편 러브레터에 관해서 여성들이 소극적인 것은 뇌 기능과 관계가 있다. '여자는 감성적, 남자는 이성적'인 특질이 논리성을 요구하는 편지에 소극적으로 대응하게 만드는 것이다. 여자가 감성적인 전화에는 오래 매달리는데 비해, 남자는 전화를 짧게 한다는 특성도 이와 관련있다고 볼 수 있다. 이러한 남녀의 특성은 인터넷 문화에도 반영되어, 여성은 채팅에 관심이 많은 반면 남성은 이메일(전자우편)에 적극적이다.

왜 여성은 사이비 교주에게 많이 몰려들까

1928년 희대의 일이 만천하에 드러나 사람들을 경악시켰다. 교주 전해룡과 심복 문봉조 등이 10년 동안 수많은 범죄를 저지르며 신도 수백 명을 집단 살육한 이른바 백백교 사건이 그것이었다. 그 희생자들의 대부분은 여자였고, 그들은 한결같이 성적으로 농락을 당한 뒤 살해되었다. 놀랍게도 교주 전해룡은 변태성욕자로서 여러 여신도들이 보는 가운데서 정사를 벌였으며 이를 신(神)의 은총이라 말했는데, 대부분의 여성들은 그 말을 곧이 믿었다.

속으로 쾌재를 부른 교주 일파는 그 비밀을 누설할 것으로 여겨지는 의심스런 신도들은 인정사정없이 죽이면서 범죄를 은폐했다. 그러나 신도 중에는 재산은 물론 딸까지 바친 이도 있었는데, 그 아들이 백백교의 범죄를 경찰에 알림으로써 비로소 악행이 밝혀지고 백백교는 종말을 고하게 됐다.

많은 사람들은 이 사건에 큰 충격을 받았다. 집단 살인도 그렇거니와 유교주의 국가에서 공개적인 변태 섹스가 너무나 놀라웠던 것이다. 하지만 사이비 종교의 폐해는 그게 전부가 아니었다.

1960년대 말엽 경북 일월산의 한 기도원에서 사이비교주 김한국이 여성들을 농락하는 사건이 또 발생했다. 교주는 예쁘장한 처녀 7명으로 구성된 두 개의 여성조직을 항상 곁에 두고 기분 내킬 때마다 섹스를 탐닉했으며, 대낮에 계곡에서 처녀들과 알몸으로 목욕하면서 죄를 씻어준다는 궤변을 늘어놓기도 했다. 사이비 교주와 여성신도의 묘한 관계를 새삼 느끼게 만든 사건이었다.

1990년대 중엽 모 TV방송의 시사 프로그램에서 어느 교회의 교주가 여성신도들을 섹스 파트너로 삼고 있다고 고발함으로써 다시 한번 세상을 떠들썩하게 만들었다. 어떻게 이런 일이 가능할까?

사이비 종교는 사회적 약자들을 대상으로 삼으면서 금방 세상이 끝날 것처럼 사람들에게 공포감을 조장한다. 사회적으로 여성은 남성보다 약자이고 현실이나 가정에서 만족감을 느끼지 못한 여성은 '희망'을 주는 말에 쉽게 빠져든다. 그 희망이 실현가능한지 불가능한지 따지기에 앞서 달콤한 희망 자체에 몰입하는 것이다.

여성은 희망이 보이는 존재에게 아낌없이 주는 경향이 있기에 재물을 기꺼이 바치며 육체 헌납도 그런 맥락에서 행한다. 이때 교주는 성관계를 통해 신의 정기를 받고 구원받을 수 있다는 기묘한 논리를 폄으로써 여성신도들의 섹스 제공을 자연스럽게 만든다.

한편으로 사이비 종교에 여성이 많이 몰리는 것은 남성에게 상처받은 사람이 많다는 뜻이기도 하다. 남성들은 대개 희망의 가능 여부를 정보 분석을 통해 판단하므로 말에 쉽게 현혹되는 여성의 이런 행태를 이해하지 못하지만, 어찌됐든 이런 불행한 일이 일어나지 않았으면 좋겠다.

여성들은 왜 춤에 약할까

"남녀는 평등이라 하나 레이디는 남편 몰래 뭇 남성과 댄스를 해서는 안된다."

1955년 6월, 세칭 박인수 사건이 발생하여 파문을 일으켰다. 당시 박인수는 70여 명의 젊은 여성들을 농락했는데, 그의 행동보다는 그 대상인물들이 모두 고등교육을 받은 지성파 여인들이라는 점이 더욱 충격적이었다. 그는 군인 복무시절 약혼녀로부터 배반당하자 복수하기 위하여 제비족으로 나서게 되었다고 하며, 이때 그가 택한 방법은 '매너'와 '춤'이었다. 여성에 대한 세심한 배려로 호감을 산 다음, 능란한 사교춤으로 여심을 완전히 사로잡았던 것이다.

그는 법정에서 "처녀는 단 1명뿐이었다"는 진술을 하여 남성들 사이에 '처녀의 순결 통계는 70분의 1'이라는 자조적인 농담도 유행시켰다. 하지만 법원은 색마로 낙인찍힌 그에게 무죄를 선고하면서 "법은 순결한 정조만을 보호"한다는 말을 남겼다. 그리고 그 직후 박인수의 담당 변호사가 앞서와 같이 '뭇 여성에게 경종'했다.

오늘날에도 춤은 여전히 '유혹자'들에게 관심의 대상이다. 카바레에서는 연일 중년층이 사교춤을 추며 서로의 존재를 확인하고, 나이트클럽에서는 젊은 남녀들이 정열을 춤으로 표출하고 있다. 그런가하면 여학생들은 춤 잘 추는 남자 가수들에게 환호성을 질러대고 있다. 따라서 제비족에게 춤은 필수과목이다.

　여성들은 왜 춤에 약한 것일까? 그 이유는 분위기와 관계있다. 신데렐라 이야기에서 알 수 있듯 '궁정안 무도회'는 여성들이 꿈꾸는 환상의 세계다. 다시 말해 춤을 추는 동안 여성들은 분위기에 달아오르고 마치 동화속 나라에라도 접어든 듯 분위기의 세계로 빠져드는 것이다.

　그런데 왜 남자 유혹자들을 '제비족'이라 부르는 것일까? 그 유래는 사교춤의 복장에서 찾을 수 있다. 우리나라에 사교춤이 선보인 초창기 남자들의 전형적인 복장이 뒤가 두 갈래로 갈라져 마치 제비 꼬리같이 생긴 '연미복'이었던 바, 이것이 제비족이라는 용어를 낳았다. 흥미롭게도 실제 제비 암컷은 항상 잘생긴 꽁지를 가진 수컷을 찾아 나선다고 한다.

　외국에도 비슷한 개념이 있을까? 영어의 슬리커(slicker)는 우리의 '제비족'에 해당하는 말인데, 군이 번역하자면 사교성이 뛰어난 유들유들한 사람이다. 더욱 음흉한 남자는 뱀 또는 살무사라고 한다. 이 점은 우리가 여성 유혹자를 '꽃뱀'이라 하는 것과 비교된다. 성서에서 뱀이 이브를 유혹한 사실을 두고, 미국인은 뱀=남자, 우리는 뱀=여자라 해석하는 것이다.

여자는 왜 내숭을 떨까

한 남자가 늦은 밤 귀가하자마자 아내가 누워있는 침대로 들어갔다. 남자는 뭐가 아쉬운 듯 나지막한 목소리로 물었다. "당신 잠들었어?" 응답이 없었다. 남자는 아내의 입술에 키스하고는 다시 물었다. "정말 자고 있어?" 여전히 대답이 없자, 남자는 아내의 가슴에 키스하고 이어 복부에 키스를 했다. 그래도 아무 반응이 없자 남자는 아내의 무릎에 키스를 했다. 그때였다. 아내가 부드러운 목소리로 이렇게 말했다. "여보, 거기는 왜 그냥 지나치는 거예요?"

위와 같은 유머 외에도 여자의 내숭에 관한 이야기는 동서고금에 수없이 많다. 여자는 왜 내숭을 떨까? '내숭'은 그 어원이 '내흉(內凶)'인데서 알 수 있듯 '겉으로는 유순하게 보이나 속은 엉큼하고 흉측한 것'을 일컫는 말이다. 쉽게 말해 속 느낌과 겉 표현이 다른 사람의 마음을 뜻하는데, 사실 그런 면모는 남자에게도 없지 않다. 그럼에도 불구하고 내숭이 여자의 특징처럼 된 데에는 문화적 배경이 숨어 있다.

전통적으로 여성은 남성에게 지배당하면서 철저히 감정 표현을 억압받았다. 이는 여성을 가정에 얽매여 놓으려는 남성의 독점욕에 기인한 것이며, 일상생활은 물론 섹스에 있어서까지 남자보다 먼저 나서는 일을 금기로 삼았다. 그에 따라 여성은 항상 남성의 신호를 기다린 다음에야 감정을 표현하게 됐고, 잘하면서도 못하는 척하거나 좋으면서도 싫은 척하게 되었다.

　이런 정서는 섹스에도 반영된 바 여성은 욕망이 있어도 성적 신호를 먼저 보낼 수 없었다. 만약 그럴 경우 '밝히는 여자'로 창녀처럼 여겨지기도 했다. 그런데 왜 남자는 단 둘이 있는 잠자리에서까지 여성의 앞선 신호를 싫어할까? 거기에는 여성의 성욕을 감당할 자신이 없는 남자의 소심함이 숨어 있는 동시에 행여 다른 남자에게 눈 돌릴까 걱정하는 우려가 담겨 있다.

　그렇다면 여성은 내숭으로 인해 심한 고통을 받았을까? 그런 점이 없지 않지만 여성은 내숭을 장점으로 승화시키는 지혜를 발휘하였다. 일반적으로 남자는 여성이 매력의 일부분만 살짝 보여주었을 때 호기심을 갖는 경향이 있는데, 내숭이 바로 그런 호기심을 자극하는 구실을 한다. 속마음을 정확히 알 수 없으니 자꾸 더 알려고 관심을 갖게 되고, 그 과정에서 호감이 상승되는 것이다. 여러 설문조사에서도 남성은 여성의 적당한 내숭을 애교스럽게 생각한다는 결과가 나왔다.

　한편, 내숭을 파악할 방법은 없을까? 여자에게 의견을 묻고 대답을 들을 때 눈동자가 왼쪽으로 돌아가면 내숭일 확률이 높다고 한다. 속마음을 감추는 심리적인 갈등은 우뇌에서 담당하고, 그 우뇌의 작용이 눈동자를 왼쪽으로 가게 만드는 까닭이다. 하지만 모든 여성의 NO가 YES인 것은 아니다!

남자는 왜 허풍을 잘 떨까

2000년 막바지 미국 대통령선거가 한창일 때의 일이다. 공화당 후보 부시는 사법부와 행정부의 일조차 제대로 구분하지 못하는 무식한 발언을 여러 차례 하는가 하면, 대학교와 대학원도 아버지 덕택에 간신히 입학한 것으로 알려졌다. 한 마디로 부시의 이미지는 '멍청이' 였다.

이에 비해 민주당 후보 고어는 지적인 이미지와 환경 친화적 정책으로 유권자의 호감을 사기에 유리한 조건을 가지고 있었다. 하지만 고어는 큰 실수를 했다. 자신의 업적이나 능력에 대해 허풍떨다가 이내 그 말들이 사실이 아닌 것으로 밝혀져 '허풍쟁이' 로 낙인찍혔던 것이다.

예컨대 고어는 인터넷을 자기가 만든 것처럼 말했고, 널리 알려진 소설 「러브 스토리」의 남녀 주인공이 자기와 자기 아내를 모델로 한 것이라고 주장하기도 했다. 하지만 인터넷도 그렇거니와 원작 소설가가 아니라고 직접 부인함으로써 고어는 톡톡히 망신당했다.

결국 미국 유권자들은 '멍청이' 와 '허풍쟁이' 를 두고 고민하다가 상대적으로 유머 감각이 뛰어난 부시를 선택했다. 아무래도 허풍쟁이는 믿을 수 없었기 때문이다.

하지만 허풍에 웃고 울었던 사람은 고어뿐만이 아니다. 낚시꾼들은 둘째가라면 서러워할 정도로 고기의 크기에 대해 허풍떠는 것으로 유명하고 뒷골목 주먹들도 혼자서 제압한 상대방 인원을 과장되게 말하기 일쑤다.

이외에도 더 많지만 남녀에 국한하여 살펴보면 허풍쟁이의 대부분은 남성이라는 점이 흥미롭다. 강태공이나 주먹들은 대개 남성이며, "내가 왕년에 말이야" 혹은 "군대에서 말이야"라는 말로 동네에서 허풍 떠는 사람도 대체로 아저씨나 할아버지들이다. 심지어 이솝우화에 나온 황소 배를 흉내내다가 배 터져 죽은 개구리도 수컷이다.

왜 남자들은 허풍을 잘 떨까? 심리학자들의 분석에 따르면, 허풍떠는 사람은 스스로에 대한 열등감을 극복하기 위한 보상심리를 갖고 있다고 한다. 이때의 열등감은 사람들의 관심 농도인 바 조금이라도 소외됐다고 느끼면 허풍 떨어 주목을 끌려한다는 것이다.

허풍심리는 남녀관계에도 적용되며 여자에게 허풍떠는 남자는 강하게 보이고픈 불안한 심리를 갖고 있으며, 아울러 남과의 경쟁에서 이겨야 한다는 강박관념을 지니고 있다. 요컨대 허풍쟁이는 불안 속에 사는 불쌍한 정서를 지닌 사람인 것이다.

일반적으로 여자들은 허풍쟁이를 무척 싫어하는데 그 이유는 믿음이 없는 데 있다. 남성에 대한 조건을 따질 때 '의지할 수 있는 상대'를 최우선으로 여기는 여성으로서는 '허풍쟁이'가 낙제일 수밖에 없는 것이다. 그러므로 여성의 관심을 끌려면 허풍이 아니라 능력을 보여주어야 한다. 쉽지 않은 일이지만 말이다.

풋내기 제비족, 노련한 꽃뱀

　속어 '제비족'은 유부녀를 상대로 하여 성적 쾌락을 제공하고, 그 대가를 받는 젊은 남자를 가리키는 말이다. 이들에게 '사랑은 곧 섹스, 섹스는 곧 대가'이며, 이들이 원하는 대가는 재산이나 이권이다. 바람둥이가 여자의 육체 자체를 탐하는 성욕 강한 남자들이라면, 제비족은 육체는 물론 재산까지 빼앗는 바람둥이 중에서 가장 질 나쁜 부류라 할 수 있다.

　제비족의 자격요건은 첫째 화술, 둘째 용모이다. 우락부락한 얼굴을 가진 사람은 제비족이 되기 힘들며, 화술이 부족하면 더더욱 절망적이다. 따지고 보면 제비족은 심리학 박사나 다름없다. 사건에 등장하는 제비족을 보면 대개 마음 여린 여성을 노렸다는 점이나 제비족 나름대로 여자 유혹하는 기술이 있기 때문이다. 그 '사랑의 기술'에 대해 프랑스 철학자 앙리 레비는 다음과 같이 말한 바 있다.

　"정복사업인 기동작전, 즉 그들이 매번 펼치는 비밀전략은 무엇이냐. 우선 제물을 불안정한 상태로 만드는 것이다. 그래서 첫 번째로 하는 일은 약점을 찾아내는 것이다. 껍질에 있는 결점을, 그것도 아주 작고 매력적인 결점을 찾아낸다. 일단 결점을 찾아내면 반은 성공한 것이나 다름없다. 그 결점은 항상 존재한다고 그들은 말한다. 왜냐하면 여성의 나르시시즘은 끝이 없기 때문이다. 어떤 여자들은 자신을 관찰하고, 보살피고, 갈고 닦고, 향수를 뿌리고, 머리 손질을 하고, 일광욕을 하고, 이 옷 저 옷을 입었다 벗었다 하면서 시간을 보내기도 하는데, 이런 여성일수록 외모에 대한 결점에 민감한 반응을 보인다."

요컨대 미모에 관한 여자들의 나르시시즘을 적절히 활용, 반발심을 유도하여 자신에 대한 관심을 이끌어낸다는 얘기다. 실제로 미모의 연예인이 "외모에 불만이 있다"고 고백하는 경우가 적지 않음을 감안하면 이 기술은 대부분 통한다고 볼 수 있다. "어떠한 거울도 그 여자에게 결코 못생겼다고 말하지 않는다"라는 프랑스 속담도 같은 맥락에서 생긴 말이다.

하지만 제비족은, 유부남을 상대로 섹스를 제공하고 그 대가를 요구하는 '꽃뱀'에 비하면 상대가 되지 않는다. 꽃뱀은 더욱 노련하다. 재산을 노리기는 제비족이나 꽃뱀이나 마찬가지지만, 꽃뱀은 제비족보다 한결 쉽게 '사업'에 성공한다.

왜 그럴까? 그 이유는 남자의 성욕에 있다. 여자는 성욕 이전에 마음을 탐색하고 그것이 흡족하면 섹스를 허락한다. 반면에 남자는 마음의 탐색과 관계없이 섹스만을 추구하는 경향이 적지 않다. 미국의 스미스 도우라는 작가는 "여자가 섹스를 제의하면 남자 백 명 중 99명이 받아들이고, 남자 한 명이 섹스를 제의하면 여자 백 명 중 99명이 거부한다"라고까지 주장했다. 꽃뱀이 제비족보다 쉽게 영업하는 비밀이 바로 여기에 있는 것이다.

왜 남자는 여성의 텔레파시를 눈치채지 못할까

연애중인 여자가 한껏 멋을 부리고 데이트 장소에 나갔다. 이때 남자는 여자의 달라진 점을 기대만큼 알아채지 못하고, 여자는 그 점을 섭섭해 한다. 심한 경우 여자는 남자가 자기에게 '무관심한 증거'라 여기고, 남자는 '사소한 일'로 생트집 잡는다고 생각한다. 왜 이런 차이가 생길까?

인류 초기 남자는 사냥꾼이었다. 사냥감을 발견하면 여지없이 쫓아가 포획했고, 다 먹은 뒤 다른 사냥감을 찾아 나섰다. 여자는 채집가였다. 나무 열매를 따서 먹었고, 그 열매를 남자가 잡아온 고기와 바꿔 먹기도 했다. 물론 사냥에 나선 여자도 있었고, 채집을 전문으로 한 남자도 있었으나 대개의 경우는 그랬다. 이러한 인류 초기의 관습이 남녀간에 운명적 심리를 만들었으니……

문명화된 현대에도 남자는 여전히 사냥꾼이다. 그것도 고독한 사냥꾼이다. 왜냐하면 하나에 만족하지 못하고 끊임없이 먹이를 찾아 돌아다니기 때문이다. 다만 차이가 있다면 남자는 먹이를 발견하는 시각 능력은 탁월하지만, 그 먹이의 심리상태를 파악하는 데는 서툴기 그지없다. 때문에 여자의 뻔한 추파에도 남자들은 쉽게 넘어간다. 속이 아니라 겉만을 볼 줄 아는 남자의 심리가 의도적인 여자의 속임수에 걸려드는 것이다.

하지만 이런 관계도 그리 오래 가지는 않으며, 남자는 이내 아우! 외로운 소리를 내지르며 다른 먹이로 시선을 돌린다.

2000년 가을, 영국 리버풀대학이 발표한 논문에 따르면 술집을 찾은 남성들은 여성과 이야기를 나누면서 휴대전화기에 신경을 쓰는 비율이 남성만 있을 때보다 월등히 높았다고 한다. 다시 말해 이미 확보한 상대에 충실하기보다 끊임없이 다른 이를 갈구하는 심리가 그렇게 만든 것이다.

그렇다면 여자는 불쌍한 먹이란 말인가? 아니다. 여자 역시 사냥꾼이다. 외양이 아니라 실속을 사냥한다는 점이 남자와 다를 뿐이다. 이 경우 여자는 남자보다 한층 강력한 정보 탐지 능력을 발휘하여 자신의 두뇌를 최대한 활용한다. 미국 인디애나 대학의 조셉 루리토 박사의 연구에 의하면 "남성은 남의 말을 들을 때 뇌의 왼쪽 측두엽만을 사용하고 여성은 좌우 측두엽 모두를 사용한다"고 한다. 남성보다 두 배로 집중해 정보를 수집하고 파악하니 당연히 여성은 남자에 대한 분석력이 뛰어날 수밖에 없다.

요컨대 남녀는 전략이 다른 사냥꾼인 것이다. 상대를 책으로 표현한다면, 남자는 표지를 보고 고르는 반면 여자는 내용으로 고르는 차이가 있다. 그러하기에 남자는 속마음을 감춘 채 텔레파시 보내는 여성을 놓치는 실수를 범하면서도 여전히 여러 먹이에 눈길을 보내느라 바쁘다. 진정한 승자는 누구일까?

여자는 행위, 남자는 노출에 시선 보내는 이유

영화는 1903년 이땅에 처음 선보인 이래 수많은 화제와 스타를 낳았다. 흥미로운 점은 오늘날의 스타는 대부분 영화배우이지만 무성영화 시대에는 변사(辯士)가 배우 못지 않게 인기를 끌었다는 것이다. 변사는 극장가가 형성된 1910년을 고비로 본격적으로 등장했으며, '송깡깽이'로 통하던 송병운이 한국 최초로 영화 해설을 한 뒤부터 변사의 영향력은 커져만 갔다.

변사는 전설(前說)이라고 해서 미리 상영될 영화의 줄거리를 대충 설명하고 화면 따라 본격적인 해설을 시작했는데, 영화관간에 경쟁이 심해지면서 막간(幕間)이란 것이 생겼다. '막간'이란 한 영화가 끝나고 다음 영화가 상영될 동안 탭댄스, 기타연주 등으로 지루한 시간 메우는 것을 일컫는 말인데, 그 솜씨에 따라서 변사, 나아가 영화관의 수입 자체가 결정적으로 좌우되곤 했다.

이 막간을 통해 스타가 된 이가 있었으니 서상호 변사였다. 서상호는 우미관 시절에 '뿡뿡이춤'을 자작·자연하면서 기생들의 애간장을 녹였다. '뿡뿡이춤'이란 무엇인가. 무대 뒤에서 낮은 음으로 무도곡이 울리면 객석의 불이 꺼지고 오색 조명이 무대에 집중된다. 그때 무대 왼쪽에서 난데없이 손 하나가 쑥 나오면서 그 손의 자전거 나팔이 '뿡

빵'하고 울린다. 관객들의 시선이 왼쪽으로 가는가 싶을 때 어느 틈에 오른편 무대에서 코트에 중산모(中山帽)를 쓴 서상호가 사타구니에 자전거 나팔을 끼운 채로 '뿡 빵' 소리 요란하게 괴상한 춤을 추고 나온다.

탭댄스 같기도 하고 하와이안 댄스 같기도 하던 서상호의 뿡뿡이춤은 단연 장안의 화제가 되었다. 영화가 아니라 서상호의 뿡뿡이춤을 보기 위해 수많은 여성 팬들이 몰려들었고 와이셔츠·넥타이, 심지어 한복같은 정표(情表)가 날마다 무대에 쌓였다고 한다.

묘하게도 얼마 뒤 서양에서도 야릇한 춤으로 벼락 스타가 된 사람이 있었다. 그의 이름은 엘비스 프레슬리. 그는 에드 설리번 쇼에 출연하여 격렬한 하체 율동을 선보였다. 그러나 몸을 흔들고 비비꼬는 선정적 표현에 대한 저항감 때문에 TV 화면으로는 허리 위 부위만 방송되었다.

그럼에도 거센 찬반 양론을 불러일으킨 그의 섹시한 율동은 그만의 독특한 캐릭터로 자리 잡았고, 전 세계 여성들은 그의 목소리와 몸짓 하나하나에 매료되기에 이르렀다.

그렇다. 여성들은 남자의 야릇한 춤에 높은 관심을 나타낸다. 많은 남성들이 여성 연예인의 '노출'에 시선을 보낸다면, 여성들은 남성 연예인의 '행위'에 시선을 보내는 것이다.

왜 남자들은 여성의 유두를 엿보고 싶어할까

역사적으로 볼 때 여성이 자진해서 젖꼭지를 노출하는 경우는 두 가지였다. 구한말의 경우처럼 아들 출산을 자랑하기 위해 유부녀가 젖가슴을 온채로 드러내고 다닌 것과, 르네상스 시대의 경우처럼 특별한 여성이 성적 아름다움을 한껏 자랑하기 위해서가 그것이다.

구한말 이 땅에 여행 온 서양인은 점잖은 유부녀가 젖꼭지를 노출한 채 돌아다니는 모습에 큰 충격을 받아 사진을 찍었는데, 기실 그것은 샤를 7세의 애첩 아그네스 소렐이 아기 예수를 무릎 위에 안은 채 젖꼭지가 선명한 가슴 노출을 초상화로 남긴 것과 '자랑'이라는 맥락에서 통한다고 볼 수 있다.

하지만 그 외에는 대부분의 문화권에서 젖꼭지를 감추기에 바빴고 노출을 극도로 경계했다. 어쩌다 여성이 젖꼭지 노출한 일이 벌어지면 언제나 화제가 되곤 한다. 예전에 에로 영화의 심의기준이 엄격하여 젖꼭지 노출이 방영 불가 판정을 받기 일쑤였을 때, 어떤 감독은 꾀를 내어 심의를 지키면서 여배우의 젖꼭지를 보여주기 위해 얇은 옷을 입고 물에 빠졌다 나오는 장면을 연출해 눈길을 끌었으며, 얼마 전 어떤 탤런트가 수영장에서 다이빙하다 한쪽 유두를 노출한 장면 역시 큰 논란을 불러일으켰다.

요즘에는 섹스물이 범람하고 기준이 많이 완화됐지만, 여성의 젖꼭지 노출은 남성들로부터 여전히 인기를 얻고 있다. 신문 잡지에서 원시부족 여성의 젖가슴 노출 사진을 심심치 않게 게재하는 것이나, 방송에서 필요 이상으로 수영장에서 많은 프로그램을 촬영하는 것은 그 목적이 여성의 젖가슴 노출에 있음을 분명히 알려주고 있다.

젖꼭지에 대한 남성의 관심을 더욱 극명하게 보여주는 자료도 있다. 1998년 청소년보호위원회가 발표한 바에 따르면, 국내에서 제작한 성인용 비디오물의 선정적 장면에서 젖꼭지 노출이 성행위·알몸·엉덩이·허벅지 노출보다 단연 많았다고 한다. 섹스 장면보다도 두 배 이상 많은 시간을 젖꼭지 노출에 초점을 맞춘 의도가 무엇이겠는가? 그것은 그만큼 젖꼭지 노출이 강력한 섹스 어필임을 뜻한다.

그렇다면 왜 젖꼭지 노출이 강력한 섹스 어필로 여겨지는 것일까? 그에 대해 인류학자 모리스는 흥미로운 해석을 했다.

그의 연구에 따르면, 여성의 젖꼭지 부위는 성행위 중에 아포크림샘을 통해 남성의 코에 냄새 신호를 보내도록 되어 있다. 아포크린샘은 겨드랑이와 성기 부위의 특수한 성 향기 방출에 관계되는데, 비록 남성이 그 샘이 만들어내는 관능적 냄새를 의식하지 못한다 할지라도, 그 분비물은 성적인 흥분을 돕는 강력한 최음제 구실을 한다. 쉽게 말해 젖꼭지는 시각과 후각 양면으로 여성의 성적 유혹을 담고 있고, 그런 까닭에 남성은 젖꼭지에서 성적 충동을 느낀다는 것이다.

스포츠 관람에서 드러나는 남녀의 차이

"와! 와! 오빠!"

최근 들어 활력 넘치는 운동장에 여성들이 가세해 더욱 열기를 더하고 있다. 남성의 영역으로 여겨졌던 '스포츠 관람'에 바야흐로 여성이 침범한 셈이다. 그렇다면 여성도 남성처럼 스포츠의 매력에 대해 이해한 것일까?

스포츠에 대한 여성의 관심은 오빠부대의 등장으로 인해 표면화됐지만 새삼 놀라운 일은 아니다. 여성들은 오랫동안 가정에 얽매여 남성에 비해 바깥나들이 기회가 없었던 까닭에 스포츠를 즐기지 못했던 것이지 알면서도 기피한 것은 아니기 때문이다.

하지만 분명한 차이가 있으니, 일반적으로 남성들은 경기 규칙에 대해 잘 알고 경기의 내용에 열중하며 진행상황에 따라 높고 낮은 감정을 드러낸다. 예컨대 축구경기에서 승리에 큰 공을 세운 선수를 높이 추켜세우지만, 결정적인 순간에 누군가 헛발질을 하면 그 선수가 누구이든 비난하거나 야유한다. 경기가 지면 흥분하여 난동 부리는 훌리건 대부분이 남성인 이유도 바로 여기에 있다.

이에 비해 여성은 경기 규칙을 잘 알지 못하지만 매우 재미있게 경기를 본다. 어떻게 그런 일이? 그 비밀은 여성이 높은 관심을 보이는 대상이 내용보다 스타플레이어인데 있다. 남성들은 승부에 영향을 미칠 극적인 장면에서 탄성이나 함성을 지르는 반면, 여성은 자기가 좋아하는 선수의 움직임에 촉각을 곤두세우고 소리를 지른다. 그가 실수하면 심리적으로 위축될까봐 걱정하고 그가 공을 세우면 자기 일처럼 기뻐한다.

다시 말해 여성은 경기 흐름을 즐기기보다는 우상으로 삼고 있는 선수를 보기 위해 운동장으로 가는 것이다. 일본의 축구선수 나카타를 보기 위해 멀리 이탈리아와 잉글랜드까지 찾아가고, 홍명보 · 유상철 · 박지성 등의 선수를 보기 위해 한국을 방문한 일본인 축구팬 대부분이 여성인 이유도 여기에 있다.

요컨대 여성에게 있어 스포츠 스타는 유명 연예인에 다름 아니다. 그러하기에 여성들은 박력 넘치는 스포츠에서조차 근육질 몸매에 우락부락한 선수보다 '꽃미남'을 선호한다.

1994년 월드리그에서 한국 최초로 공격상을 수상한 배구선수 김세진, 코트를 읽는 시야가 뛰어나고 패스가 날카로운 농구선수 이상민, 뛰어난 드리블과 반지 세리머니로 유명한 축구선수 안정환 등이 그 대표적인 사람들이며, 이는 능력있고 자상한 남자를 선호하는 여성의 일반적 특징과 일치한다.

그렇다고 여성이 남성보다 스포츠를 모른다고 말할 수도 없다. 열렬한 여성팬 덕분에 선수가 더욱 힘을 낼 수도 있는 까닭이다. 분명한 점은 경기 자체이든, 스타 때문이든 운동장에 자주 가는 사람이 참 애호인이라는 사실이다. 대한민국 스포츠 영원히 파이팅!

문신
남녀,

목적이 확연히 다르다

2002년 6월, 일본에서 월드컵 경기를 치른 잉글랜드의 축구스타 베컴은 색다른 이유로 화제를 낳았다. 바로 문신(文身)이었다. 베컴은 왼쪽 팔뚝에 아내 이름을 새겼는데, 일본에서 문신은 범죄자의 상징으로 거부감을 일으킨다는 문화적 차이 때문에 부득이 긴 소매 유니폼을 입고 출전하는 해프닝을 벌였다. 하지만 묘하게도 여성들은 베컴을 보기 위해 열정적으로 쫓아다녔으며 그런 요인 중의 하나가 또한 문신이었다. 이런 일을 어떻게 이해해야 할까?

문신은 세계 여러 지역에서 오래전부터 행해져온 풍속이지만 묘하게도 성별에 따라 목적이 달랐다. 예컨대 남자의 경우 죄수로서의 표시 아니면 용감함의 상징으로 문신이 행해졌다. 로마인들은 죄수와 노예에게 문신을 새겼고, 아메리카 인디언들은 전투할 때 상대에게 겁을 주기 위해 몸이나 얼굴에 문신을 화려한 색채로 그려 넣었다. '경칠놈'이라는 욕에서도 짐작할 수 있듯, 우리나라에서도 고려시대부터 구한말까지 문신 형벌을 시행했다.

그런데 이렇듯 '과시'보다는 '수치'의 이미지가 강했던 문신은 제1차대전 끝난 뒤인 1920년을 기점으로 하여 과시로서의 성격이 보다 두드러지기 시작했다. 지성보다는 무력이 우대받은 풍토에서 군인, 특히 육군에 비해 팔뚝 노출이 잦은 해군 병사들이 힘 자랑 차원에서 적극 문신을 하자 자연스레 주변 사람에게 퍼졌던 것이다.

시금치 통조림을 먹고 힘을 내는 만화 주인공 뽀빠이 역시 그런 문화의 산물이기에 팔뚝에 닻 문신을 하고 다녔다. 그리고 이런 문화는 조직 폭력배들에게 전수됐고, 한 걸음 나아가 단결력을 과시하는 특정 문자를 새기게 되었다. 요컨대 남자의 문신은 '수치' 아니면 '힘 과시'가 목적이었다.

이에 비해 여성은 화장을 목적으로 문신하였다. 고대 이집트 귀족 여성이나 아랍 여성들은 헤너라는 꽃에서 추출한 물감으로 얼굴 손발에 꽃문양을 그리며 멋을 내는 동시에 행운을 기원했다. 오늘날에도 아랍에서 결혼하는 여성은 헤너 풍습을 따르고 있다. 헤너에서 착안하여 1980년대 미국의 팝스타 마돈나가 바디 아트를 시도하여 인기를 끌었고, 요즘에는 많은 여성들이 다양한 문신을 선보이고 있다.

그런가하면 여성은 연인에게 깊은 애정을 분명히 드러내고자 남자의 이름을 새기는 경향이 있다. 조선시대 자유분방함으로 이름을 떨친 어우동의 팔에는 여섯 남자의 이름이 새겨져 있었고, 현대 여성 연예인 중에도 남자 이름을 문신한 사례가 종종 회자되고 있다.

흥미롭게도 남자는 연인의 이름을 문신하는 경우가 드물다. 이는 남자의 관심이 여성이 아니라 사회에 있음을 의미한다. 여성들이 베컴에 열광하는 이유가 또한 여기에 있으니, 여성이 원하는 확실한 애정 표시가 인기의 원동력인 것이다.

여성의 신체에서 가장 섹시한 부분은?

젖가슴, 입술, 허리, 엉덩이, 다리……

남자들에게 여성의 인체 중에서 가장 섹시한 부분을 꼽으라면 아마도 위와 같은 대답들이 나올 것이다. 더욱이 풍만한 육감미가 높이 평가받는 요즘 세태를 감안하면 그보다 더 묘한 답이 나올지도 모른다. 하지만 실제적으로 남성이 유혹을 당하는 신체 부위는 따로 있다. 바로 '미소'이다. 아무리 젖가슴이 크고 허리가 날씬하며 각선미가 뛰어나도 차가운 표정의 여자에게서는 매력을 느끼기 어렵다. 미소는 매력의 결정체이자 완성으로서, 남성은 미소가 곁들인 여성의 얼굴을 보았을 때 비로소 성적 매력을 느끼는 것이다.

단적인 예로 기원전 7세기 경 중국 서주의 마지막 왕 유왕(幽王)이 총애하던 포사의 일화를 들 수 있다. 포사는 사치스러운 생활을 누렸지만, 결코 웃는 법이 없었다. 그래서 유왕은 포사를 웃게 하기 위해 온갖 방법을 다 썼으나 번번이 허사였다. 심지어는 봉화를 올려 적군이 침략해왔다는 신호를 보내기까지 했다. 큰일이 났다고 생각한 제후들이 말을 타고 병사들을 이끌고 수도로 허겁지겁 달려왔다가 그냥 돌아가는 꼴을 보고 포사는 웃었다.

그러나 유왕의 이런 어리석은 행태는 결국 자신과 주나라의 몰락을 가져왔다. 적군이 진짜 침략했을 때 아무도

달려오지 않았기 때문에…….

'포사의 미소'는 나라를 망하게 만든 고사성어로 남아있지만, 그것은 남성에게 있어 남의 일이 아니다. 대부분의 남성들도 여인의 미소를 몹시 좋아하기 때문이다. 일전에 『글래머』지에서 조사한 바에 따르면 남자들은 "여자들이 미소지을 때 가장 섹시해 보인다"고 응답했다고 한다. 오죽하면 웃을 때 드러나는 보조개를 '천사의 미소'라고까지 명명하며 좋아할까.

그렇다면 남성이 여인의 미소를 좋아하는 이유는 무엇일까? 그 해답은 '만족'에 있다. 남성은 여성을 만족시켜주고 여인이 만족해할 때 스스로 흐뭇해 하는데, 미소를 바로 만족감의 표시로 받아들이는 것이다. 남성이 여성을 웃기려 온갖 유머를 구사하는 것도 결국은 만족감을 이끌어내기 위한 전술의 하나인 셈이며, 우하하하 요란한 폭소가 아닌 상냥한 미소를 더 좋아하는 것도 같은 맥락의 일이다.

그런데다 여인의 미소는 유혹의 의미를 또한 담고 있다. 미소를 곁들인 눈빛은 은근한 유혹에 다름 아니며 미녀의 '추파'나 '윙크'는 그런 점에서 언제나 남성을 설레게 한다. 흔히 여인의 아름다움이 남자를 매혹시켜 애가 타게 함을 일러 '뇌쇄(惱殺)'라고 표현하는데, 뇌쇄를 일으키는 핵심이 바로 미소인 것이다. 그런 점에서 여성의 미소는 평화의 상징이자 남성에겐 엄청난 공격 무기인 셈이다.

남
성
의

신
체
에
서
가
장
섹
시
한
부
분
은
?

고대 그리스인들은 엉덩이(보다 정확히 말해 엉덩이 아래 궁둥이)를 인체에서 가장 아름다운 부분으로 여겼다. 궁둥이는 인간이 뒷다리만으로 일어섰을 때 생긴 독특한 부위인 바, 인간의 궁둥이를 짐승과 구별되는 가장 인간적인 특징으로 생각했기 때문이다. 하여 그리스인들은 '아름다운 궁둥이를 가진 여신'에게 바치는 신전을 지었고, 여자들은 옷의 뒤쪽에 솜을 두둑이 넣고 돌아다녔다. 그러면 사람들은 그녀의 불룩한 엉덩이를 보고 소리질렀다.

"정말 아름다운 엉덩이야!"

고대 그리스의 문화정서를 이상향으로 여겼던 르네상스 시대에도 많은 화가들이 아름다운 엉덩이를 그렸으며, 19세기 초 프랑스 화가 앵그르가 그린 〈오달리스크〉는 '엉덩이의 관능미'를 아름답게 묘사한 것으로 유명하다.

그렇다면 여성의 눈길은? 섹스에 대해 한결 솔직한 문화권에서 조사된 바에 따르면 여성들 역시 남성의 궁둥이를 매우 섹시한 부위로 여기고 있다. 일전에 런던 「선데이 타임스」는 여자들이 남자의 신체 중 제일 섹시하다고 여기는 부분은 엉덩이라고 보도하기도 했다. 왜 그럴까?

궁둥이는 남녀 모두 돌출한 반구형을 하고 있지만, 사춘기를 전후해서 여성은 한층 넓어지는 반면 남성은 좁고

왜? 남자는 고독하고 여자는 외로울까

단단해진다. 이로써 여성은 출산능력, 남성은 성능력이 준비되는 것이다. 여성이 남성의 궁둥이를 좋아하는 이유가 바로 여기에 있다. 단적으로 말해 그것은 섹스에 대한 기대감의 반영이다. 근육이 단단한 남성의 궁둥이는 힘찬 성교를 보증하는 상징물로 통하며, 그러하기에 여성들은 힘과 정력을 연상시키는 억세고 근육질인 궁둥이를 선호한다.

요컨대 궁둥이는 그 형태만으로도 힘찬 관능적 메시지를 전달할 수 있다. 남성들은 그 점을 알고 있었기에 오랜 세월 남성의 엉덩이 흔들기를 금기시해 왔다. 그렇지만 여성의 성적 권리가 늘어나면서 그런 눈길을 만족시켜주는 남성들이 나타나기 시작했다.

엘비스 프레슬리가 대표적인 사람이다. 엘비스가 공연 중에 처음으로 엉덩이를 흔들기 시작하자 일대 소동이 벌어졌다. 여성들이 소리를 지르며 황홀해 했던 것이다. 때문에 초기 텔레비전 출연 장면에는 그의 엉덩이 동작들이 잘려나갔다. 최근 우리나라에서도 가수 박진영씨가 엉덩이 흔들기로 선정성 논란을 불러일으킨 바 있으며, 유럽의 남성 스트립쇼에서 여성들은 남성 심벌의 노출보다 궁둥이 흔들음에 더 열광한다고 한다.

정리해 말하자면, 궁둥이라 하더라도 남성은 그 형태의 아름다움에 반하는데 비해, 여성은 남성의 엉덩이 흔들음에 반한다. 이는 무엇을 말하는가? 여성의 사고방식이 그만큼 남성보다 현실적이고 실용적임을 일러주는 것이다. 남자들은 이제 엉덩이도 잘 흔들어야 한다!

남자는 왜 여자보다 텃세를 심하게 부릴까

'텃세'란 먼저 자리 잡은 사람이 뒤에 들어오는 사람을 업신여기는 짓을 뜻하는 말이다. '터를 뺏기지 않기 위해 휘두르는 힘'이 곧 텃세인데 동물의 세계에서 텃세는 대체로 맹수가 행사한다. 예컨대 초식동물은 단체로 몰려다니며 텃세없이 생활하지만, 맹수인 호랑이는 오줌을 누어서 영역을 표시하고, 곰은 발을 높이 든 상태에서 나무에 상처를 내어 자기 구역을 확실히 알린다. 심지어 새들조차 텃세를 부리는데, 주로 큰새들이 소리를 내어 작은 새들에게 텃세를 부린다.

보다 명확히 말해 텃세는 먹이가 아니라 경쟁자에게 보내는 경고장이다. 자기가 확보한 먹이를 건드리지 말라는 의미에서 영역 표시를 하는 것이며, 침입자에게는 공격으로 응징한다.

흥미롭게도 텃세 부리는 동물을 성별로 파악하면 대부분 수컷임을 알 수 있다. 사자의 경우 숫사자가 자기 차지의 암사자에게 치근대는 다른 숫사자를 공격하며, 그런 점은 호랑이·늑대를 비롯한 대부분의 맹수도 마찬가지다. 이 경우의 텃세는 암컷을 독점하기 위해 자기만의 일정한 세력권을 구축하기 위한 노력이다.

인간의 세계도 예외가 아니어서 힘 있는 자가 약한 자

보다, 남성이 여성보다 강한 텃세를 보인다. 미국 사회의 텃세 집단인 와스프만 해도 그렇다. 미국 사회는 겉으로는 평등사회라 하지만, 유색인종에 대한 차별은 말할 것도 없고 심지어 같은 백인이라도 와스프(WASP) 곧 백인(White)·앵글로색슨(Anglo-Saxon)·신교도(Protestant)라는 조건에 하나라도 충족되지 않으면 '변두리 인생'으로 간주한다. 명문 케네디가(家)조차 아일랜드계의 가톨릭이라는 이유로 삐죽거렸으니, 바로 와스프들이 메이플라워호를 타고 미대륙에 제일 먼저 왔다는 텃세 때문인 것이다.

하지만 텃세가 꼭 나쁜 것만은 아니다. 이를테면 사자는 자기 구역에 있는 사슴을 잡아먹으려고 들어온 표범·치타·하이에나 따위를 강력한 힘으로 물리친다. 때문에 사슴은 사나흘에 한 마리씩 희생당하면서도 사자의 텃세를 빌려 안전권을 확보하는 경향이 있는데, 이 경우의 텃세는 공존공생을 보장해준다.

그런가하면 인간세계에서는 운동경기에서 팀을 응원하는 것으로 텃세가 강한 힘을 발휘한다. 홈팀 승률이 높은 이유에 대해 최근 (공격적인) 남성 호르몬이 더 많이 분비되기 때문이라는 연구 결과도 발표된 바 있다.

이처럼 텃세는 공격성을 바탕으로 하는 바람에 역설적으로 사교성을 떨어뜨리는 역기능도 발휘한다. 경계심이 많으면 당연히 쉽사리 마음을 열지 않는 바, 남성이 여성보다 비사교적인 특징을 보이는 것이다. 또한 연애중인 여자는 친구들에게 자랑삼아 남자애인을 적극적으로 소개하는 반면, 남자는 그런 일을 꺼리는 이유도 잠재적 텃세 본능에서 비롯된 일이다. 사교성은 텃세와 반대편에 있는 특성이라 하겠다.

내시의 목소리는 왜 여자 같을까

근육질 몸매를 가진 남자가 있었다. 정력도 강해서 밤마다 아내를 만족시켜주었다. 한 가지 흠이라면 목소리가 아주 가늘다는 사실이었다. 아내는 그게 마음에 걸려 병원에 가서 치료할 수 있는지 물었다. 의사는 거세하면 목소리가 굵어진다고 대답했고, 결국 아내는 굵은 목소리를 단념했다. 그런데 다음해 여름 바다에서 수영을 즐기던 남편 뒤로 상어 지느러미가 보이더니 이어 남편의 다급한 목소리가 들렸다. "으악, 조스다! 조스!" 굵직하게 변해버린 목소리에 아내는 그만 놀라 쓰러지고 말았다고 한다.

이 유머는 '남자=굵은 목소리'라는 고정관념을 바탕으로 하고 있는데, 사극(史劇)에서 "마마~"하고 간드러지게 말하는 내시(內侍)의 목소리도 마찬가지다. 내시는 거세당한 남자이므로 그 목소리 역시 여성스러울 것이라고 여긴다. 정말 그럴까?

중국에서 시작된 환관(宦官)은 음경 또는 고환을 제거하여 성불구가 된 사람들이며, 권력자의 여자를 탐내지 못하게끔 하기 위한 제도적 희생물이다. 남자는 남자의 성욕을 잘 아는 바 원천적인 봉쇄를 한 것이다.

그렇다면 환관들은 성욕을 느끼지 못할까? 환관은 남성의 상징을 거세했을 뿐이지 성욕은 일반 남성과 다르지 않으며 오히려 발산하지 못하는 억제 상태가 더욱 강한 충동을 유발하는 경우도 드물지 않다.

1911년 터키의 술탄이 유폐되어 있을 때의 일이다. 환관 한 명이 술탄의 총애를 받던 왕비에게 구애했다가 거절당하자 왕비를 칼로 찔렀다. 분노한 술탄은 훗날 모든 환관을 불에 태워 죽였는데, 환관의 성욕이 어떠한지 여실히 보여주는 사건이라 할 수 있다.

환관은 권력자를 주변에서 보필했으므로 권세가 대단했지만 섹스 무능력자라는 이유로 놀림이 되기도 했다. 조선시대 말기 내시 서승보의 부인이 병들어 임종할 때 남편을 불러놓고 웃으며 "나야말로 몸을 깨끗이 하고 가노라" 말했다고 하는데, 이런 말이 전해지는 것도 그런 관념 때문이다.

그런데 정말 내시의 목소리는 가느다랄까? 결론부터 말하자면 '아니다'이다. 왜냐하면 목소리의 높낮이는 성기에 의해서가 아니라 성대(聲帶)가 열리고 닫히는 개폐운동의 속도에 따라 결정되는 까닭이다. 개폐운동이 빠르면 공기와 진동이 빨라지고 높은 소리가 나오며, 남성의 목소리가 큰 것은 폐에서 나오는 압력이 여자보다 커서이다.

그럼에도 불구하고 내시의 목소리가 여성적이라 여겨진 것은 전적으로 보신술에서 비롯된다. 내시는 국왕을 시중드는 사람이기에 강함보다는 부드러움이 필요하며, 그에 따라 스스로 여성성을 강조하고자 남성미를 제거한 것이다. 인도의 환관이 이슬람교 풍이 들어오기 전까지 여자 옷을 입었던 것도 같은 맥락에서 비롯된 일이다.

선물 고르는 기준이 다른 남녀

도스토예프스키는 45세 때 20세의 젊은 안나와 결혼한 후 행복을 만끽했다. 뒤늦은 나이에 느끼는 섹스의 쾌락도 그렇거니와 자기 비위를 잘 맞춰주는 아내의 태도에도 무척 흡족해했다. 그러나 그 행복은 혼자만의 것이었으니 도스토예프스키의 낭비벽이 문제였다. 어느 날 도스토예프스키는 아이의 장난감과 아내의 비싼 옷, 쌍안경, 상아 부채 등을 가득 사들고 들어오더니 아내에게 마음에 드는지 물어보았다. 그러자 안나는 이렇게 대답했다.

"참 마음에 들어요. 그런데 저녁거리가 없네요."

도스토예프스키는 아내를 기쁘게 하기 위해 선물을 준비했지만 전혀 기대밖의 결과가 벌어진 것이다. 이는 선물에 대한 남자와 여자의 인식이 다른 데서 일어난 현상인데, 왜 남자와 여자는 선물에 대한 마음이 다를까?

일반적으로 여성은 남성보다 선물을 좋아한다. 왜냐하면 여성은 눈에 보이는 물적 증거를 통해 사랑을 확인하는 경향이 강하기 때문이다. 좋아하는 사람이 생길 경우 여성이 갖가지 선물을 전해주어 자기의 마음을 전하려 하는 것이나 반대로 애인으로부터 선물을 받고 기뻐하는 것도 모두 사랑의 구체적 증거라는데 이유가 있다.

이런 심성은 여성이 남성에게 주는 선물에서도 잘 나

타난다. 선물조사에서 항상 3순위 안에 드는 넥타이가 바로 그것으로, 여성은 날마다 매고 다니는 일상성을 감안하여 넥타이 선물을 즐기는 것이다. 언제나 자기를 생각해 달라는 뜻에서 말이다.

반면에 남성은 선물에 관한 한 여성보다 기대치가 낮은 편이다. 물질적 선물이 없더라도 따뜻한 말 한마디를 통해 마음이 느껴지면 그것만으로도 고마워한다. 요컨대 자신의 존재 가치를 인정해주면 만족해 하며 어찌 보면 대범한 면모라 할 수 있다.

하지만 여기에도 문제는 있다. 받는 것에서는 별 문제가 없으나 주는 것에서 기대효과가 다르게 나타나는 원인이 되는 까닭이다. 예컨대 선물을 고를 때 남성은 자신이 좋아하거나 자기 마음에 드는 것을 선택한다. 또한 남성의 선물에는 (대가를 바라는) 뇌물의 성격이 강하다든가, 능력과시의 목적이 있다는 점도 미묘한 차이라 할 수 있다.

이에 비해 여성은 상대방 마음에 드는 것을 찾느라 고심한다. 그가 좋아하는 색깔이나 취향을 떠올리고 그가 필요로 할지를 생각하며 선물을 고르는 것이다. 생각이 이러하니 자신이 원하는 것이 아닌 선물을 받았을 때 여성은 남성보다 예민한 실망감을 드러낸다. 마음에 들지 않는 선물일 경우 적극적으로 교환하려는 이도 여성이 대부분이다.

그러므로 남녀 모두 만족할 만한 선물을 원한다면 평상시 대화를 많이 나눌 일이다. 그 속에 필요 정보가 들어있으므로……

왜 결혼 전과 결혼 후에 선물이 차이 나는가

"남자는 심심해서 결혼한다. 여자는 호기심에서 결혼한다. 그리고 쌍방이 다 실망한다."

아일랜드의 시인 오스카 와일드가 말했듯 결혼은 남녀에게 있어 일생일대의 중대사이고, 그만큼 관심과 기대가 크다. 사람에 따라 그 기대치는 다를지언정 부푼 꿈을 안고 결혼하며, 결혼생활의 만족도는 성격과 환경에 따라 차이가 난다. 대체로 환상을 가진 사람이 실망을 크게 하고 이해심 많은 사람이 별다른 불만없이 잘 산다.

그런데 흥미롭게도 결혼과 관련하여 남녀의 정서적 특징이 발견되는 것이 있으니 바로 선물이다. 남자들은 결혼 전에 적극적인 구애공세를 펴면서 선물도 많이 한다. 이때 여자들은 그 선물에 담긴 정성에 마음이 움직이곤 하는데, 고가품일 경우 감격하기까지 한다. 그 선물이 실용품인가 장식품인가는 별 문제가 되지 않고, 오직 자신을 위한 사랑 표현에 만족해 한다.

선물의 효용성에 대해서는 일찍이 그리스의 시인 에우리피데스가 "선물은 신도 설득시킨다," 영국의 작가 T. 풀러가 "좋은 선물 하나가 많은 손실을 메운다"고 말한 바 있다.

그러나 결혼 후에는 선물에 대한 태도가 현격히 달라진다. 남자의 경우 선물 횟수뿐만 아니라 애정 표현도 현격히 줄어든다. 여자는 '결혼하더니 애정이 식었다'고 토라지기 일쑤이며, 이것을 두고 다투는 부부도 있다.

그런가하면 여자의 경우 비실용적인 선물을 받으면 그다지 좋아하지 않는 경향이 있다. '쓸데없이 왜 이렇게 비싼 선물을 샀느냐'고 화를 내는 사람도 있다. 결혼 전 꽃 한 송이에도 눈물을 글썽이던 그녀가 결혼 후에는 꽃다발을 보고 환한 웃음을 짓기는커녕 벌컥 성질을 부리는 것이다.

왜 그럴까? 선물에 대한 결혼 전후의 이러한 차이는 '실용성'에 기인한다. 남자는 이미 자기 여자가 된 사람에게 굳이 선물할 필요성을 느끼지 못하는 것이며, 여자는 살림을 책임지면서 낭만보다는 경제적 형편을 더 걱정하는 것이다.

그러하기에 예나 지금이나 어쩌다 꽃 한 다발 사들고 들어간 남편이 아내로부터 뜻밖의 질책을 듣고는 같이 화냈다는 사연이 라디오에서 종종 들려온다.

그렇다면 결혼 후에도 선물을 자주 하는 남자와 가정경제에 상관없이 항상 선물을 바라는 여자는 어떤 사람인가? 이들은 '보기 드문 남자'와 '욕심 많은 여자'라 할 수 있다. 행복한 선물은 무엇인가? 그것은 항상 상대를 배려하는 마음에서 우러나온다.

요컨대 프랑스의 극작가 P. 코르네이유가 말했듯 "주는 태도가 주는 물건보다 더 중요하다"는 것을 깨달으면 선물의 횟수나 가격 여부는 별 문제가 되지 않고 감동이 그대로 전달될 것이다.

여성들은 왜 대머리 남성을 싫어할까

영화 〈아마겟돈〉, 〈진주만〉 등에서 젊은 영웅의 모습을 보여주어 인기를 끈 미남배우 벤 애플렉은 2002년 9월 초한 파티장에서 뜻하지 않게 낭패를 당했다. 영화배우 빈스 바운과 장난치는 과정에서 가발이 벗겨지는 바람에 대머리임이 들킨 것이다. 이 사실은 결혼을 약속한 제니퍼 로페스에게조차 말하지 않은 특급 비밀이었으니 그가 얼마나 당황했을지는 능히 짐작할 수 있다. 하지만 정작 더 실망한 사람은 여성팬들이었고 큰 실망감을 드러냈다고 한다.

어찌 보면 애플렉은 나은 편이다. 프랑스의 루이 13세는 24세에 머리가 벗겨지자 높이 불룩 솟은 흰색 가발을 쓰고 다녔고, 비슷한 처지였던 루이 14세 역시 가발 만드는 사람을 200명이나 둘 정도로 호화스러운 가발을 쓰고 다니며 대머리의 관심을 벗어나려 고심했다.

왜 남자들은 대머리를 숨기려 할까? 그 이유는 간단하다. 여성이 싫어하기 때문이다. 단적인 예로 2002년 봄 대한 피부과협의회에서 6천여 명을 대상으로 조사한 바에 따르면, 20~30대 미혼여성 5명 중 4명이 미팅이나 맞선을 볼 때 남성의 조건이 아무리 좋아도 대머리라면 싫어한다는 결과가 나왔다. 기혼여성도 예외가 아니어서 남편이 대머리일 경우 가발을 써서라도 감추기 원한다. 가발 쓰는 남자들은 본인이 원해서라기보다 부인이 원해서인 경우가 많다고 한다.

그렇다면 왜 남자에게 대머리가 많을까? 기본적으로 모든 대머리는 유전이고, 남성호르몬의 과다로 인해 발현된다. 여성보다 남성에게 대머리가 많은 것은 이에 연유한다. 의학계에 보고된 바에 의하면 우리나라 남성의 14%, 여성의 5% 정도가 대머리인데, 남성은 머리 앞 부분에서 탈모가 시작돼 가운데로 진행되는 반면, 여성은 주로 머리 중앙부 꼭대기 부위에서 탈모가 나타나는 차이가 있다고 한다.

그런데 왜 여자들은 대머리를 싫어할까?

가장 유력한 설은 머리털의 섹스어필이다. 머리털은 단순히 체온을 유지시켜주는 외에 이성의 관심을 끔과 더불어 호의적인 성적 접촉이라는 상징을 갖고 있다는 해석이다. 어느 학자는 원숭이끼리 털을 매만져주면서 사랑을 주고받는 것과 같은 정서라고 말한다.

그러나 더 큰 실제적 이유는 젊은 이미지의 상실에 있다. 대머리하면 흔히 중년 남성을 떠올리는데서 알 수 있듯 실제보다 늦게 보이므로 대머리를 기피하는 것이다. 그런데다 대머리는 보통의 개념에서 벗어났다는 이유로 종종 놀림의 대상이 된다.

2000년 겨울 어느 회사에서 '홍명보가 웃었습니다'라는 TV광고를 만들 때 그를 웃기기 위해 여자 촬영 스태프가 대머리 가발을 쓰고 춤췄다는 후일담까지 있을 정도로 말이다. 이래저래 동서고금의 대머리는 서럽다.

"남자는 남의 생각에, 여자는 남의 말에 관심을 갖는다"

· T.G. 히펠

제 2 장

심리

여자는 왜 남자보다 사랑에 용감할까

미국의 육체파 배우 마릴린 먼로는 이런저런 이유로 초창기부터 섹스를 출세의 발판으로 삼았는데, 그 최초의 남자는 베테랑 PD 죠 센크라는 노인이었다. 센크는 한 동안 먼로의 육체를 탐닉하다가 콜럼비아 영화사의 실권자 헤리 콘에게 먼로를 소개했다. 하지만 콘은 먼로와 오래 즐기지 못했다. 배역을 제대로 주지 않으면서 섹스만 즐기려하자 먼로가 거절했기 때문이다. 이에 비해 코미디언 밀튼 버얼은 먼로의 육체를 쉽게 정복했다. 버얼은 그 일을 이렇게 말했다.

"그녀가 나의 힘을 빌리고자 하는 속셈으로 접근해온 게 아니라 (단지) 그녀가 나를 좋아해서 이루어진 일이었다."

먼로의 일화는 공공연한 비밀인 연예계의 섹스 상납 풍토를 여실히 알려주고 있는 대표적 사례인데, 거기에는 남과 여의 심리 또한 고스란히 담겨 있어 눈길을 끈다.

출세를 목적으로 육탄 공세를 취한 여자는 한두 명이 아니다. 물론 남자도 그런 경우가 있긴 하지만 섹스와 사랑을 이익에 이용하는 성(性)의 빈도는 여성이 더 많다고 한다. 왜 그럴까?

일반적으로 여성은 실리를 중시하고, 같은 맥락에서

일단 차지한 남자는 절대 놓치려 하지 않으며, 섹스에 있어서도 헌신적이다. 하지만 사랑이 아니라 이익이 목적이라면, 다시 말해 눈앞의 목표가 바뀐다면 사정이 달라지기 일쑤다. 타인의 비난 따위는 염두에 두지 않고 더 나은 실리를 위해 고무신을 바꿔 신는 상황이 발생하는 것이다.

그런데 남자는 불행하게도 여성의 그런 특성을 잘 알지 못하며, 자신의 권력 때문에 여성이 접근해온 것이 아니라 자신의 남성미에 반해서 다가왔다고 판단하곤 한다. 왜냐하면 그래야만 자신의 체면이 서기 때문이다.

단지 자기의 권력만 빌리려 한다고 느끼면 남자는 모욕감을 느끼기 일쑤다. 남자의 권력을 노리고 접근한 여성이 정말 사랑하는 것처럼 남자에게 처신하는 것이나, 버얼이 자랑스레 말한 것도 바로 그런 심리를 바탕으로 하고 있다. 이런 정서는 이른바 '불륜'에도 반영되는 바, 외도했다가 발각된 유부남은 가정을 쉽사리 포기하려 하지 않는 반면 유부녀는 상대 남자를 쉽게 포기하지 않는다.

또한 여자는 사랑을 차지하기 위해서라면 물불을 가리지 않고 상대방 여성과 맞서는 경향이 강하지만, 남자는 일이 커지는 게 싫어서 상대방 남성과 맞서지 않고 그냥 포기하는 경향이 있다. 남자의 책임감이 강해서가 아니라 대외적 체면 때문에 생기는 차이라 하겠다.

요컨대 여자는 사랑에 있어서도 철저하게 실리를 선호하는 반면, 남자는 사랑에 있어서조차 체면을 중시한다. 그러므로 사랑에 관한 한 여성이 더 용감하다!

남자는 정력 과시, 여자는 사랑 자랑

프랑스의 볼테르가 스위스 국경 헤르네에 와서 최초로 성당을 세웠을 때 그는 성당 전면에다 '하느님을 위해 볼테르가 지음'이라는 글을 새겨 넣었다. 그 다음 극장을 지었다. 그리고서 그는 사람들에게 이런 말을 했다.

"댁께서 혹시 신앙심이 깊은 사람을 만나거든 내가 성당을 지었다고 말해 주고, 혹시 예술을 사랑하는 사람을 만나거든 극장을 지었다고 전해 주시오."

위 일화에서 느낄 수 있듯, 남자들은 '능력'을 자랑하고 싶어 한다. 권력은 물론 모든 것을 살 수 있는 재력, 모든 것에 해박한 지식, 울퉁불퉁한 근육도 자랑의 대상이다. 때문에 어떤 이는 가진 것 없으면서도 남부럽지 않은 양 겉치장을 하고, 어떤 이는 교양서적 한 권 읽지 않았으면서 독서광인양 행세하기도 한다. 오죽하면 "알기는 칠월 귀뚜라미"라 하여 온갖 것을 잘 아는 듯이 자랑하는 이를 놀리는 속담이 생겼을까.

남자들은 섹스도 능력으로 평가받고 싶어 한다. 이 점에 대해 일본의 작가 미시마 유끼오는 이렇게 말한 바 있다.

"남성이란 동물은 묘해서, 만일 상대 여성이 그의 육체에 만족해 하고 있음을 눈치 채면 그 자존심이 한층 고무되어 크게 으스대려 한다. 남성에게 있어 최고의 자랑거리가

고, 아가테 폰 지보르트라는 여성과는 약혼까지 했다. 그런데 브람스는 그녀에게 보낸 편지 속의 쓸데없는 한마디 때문에 파혼당하고 말았다. 편지 내용인즉 "사랑한다. 만나고 싶다. 그러나 나한테 족쇄를 채우는 건 질색이다……"

그 뒤 브람스는 슈만의 아내 클라라 슈만을 만나고 나서부터는 다른 여인에게 매력을 느끼지 못했기에 일생 그녀를 짝사랑하며 독신으로 살았다.

또 하나 흥미로운 남녀간 차이점이 있다. 여성은 사랑을 하나의 성숙으로 보며, 남성은 소유하면 사랑이 만족되는 것으로 생각한다는 점이다. 다시 말해 여성의 경우 사랑의 의미가 점점 더 증가하지만, 남성은 어떤 정점(대개 결혼식)을 기점으로 열정이 식는다. 여기에서 남녀간 오해와 실망이 발생한다.

사랑이 확보되었을 때, 여성은 남성이 항상 변함없이 사랑을 베풀고 섬세한 즐거움을 안겨주기를 바란다. 그러나 남성은 확보한 사랑보다는 일에 대해 전념하기 시작한다. 신혼 직후 갈등을 겪는 부부는 대개 이런 남녀간 심리 차이를 이해하지 못하는 경우가 많다. 그에 대해 프랑스 시인 레미 드 굴몽은 이렇게 말했다.

"남성은 사랑을 사랑하는 것에서 시작해서 여성을 사랑하는 것으로 끝난다. 여성은 남성을 사랑하는 것에서 시작해서 사랑을 사랑하는 것으로 끝난다."

복선 깔린 드라마, 단순 명쾌한 스포츠

「상록수」의 작가 심훈은 붓끝으로 민중을 계몽하겠다는 결심을 한 뒤 신문화운동에 관심을 두었다. 그는 특히 영화의 특성과 영향력을 간파하고는 1927년 봄 일본으로 건너가 무라다 감독으로부터 영화이론을 배웠고, 6개월 후 스스로 영화를 만들었다. 그리하여 완성을 본 〈먼동이 틀 때〉는 원작 · 각색 · 감독을 심훈 혼자 맡고 계림영화사에서 제작한 우리나라 최초의 문예영화였다.

그런데 이 영화는 단성사에서 개봉될 때 화제거리가되기는 했으나 흥행에서는 실패했다. 그 당시에도 대중은 여성의 경우 신파 멜로드라마, 남성의 경우 코미디극을 좋아했기 때문이다.

일반적으로 드라마에 있어서 남녀간 성향의 차이는 확연하다. 심리묘사가 탁월한 드라마는 여성, 단순 명쾌한 드라마는 남성이 시청률을 주도한다. 별 생각없이 볼 수 있는 코미디물은 여자보다 남자가 좋아한다. 좀더 면밀히 말하자면 여성들은 갈등이 있고 복선이 깔려있는 '심리전쟁'을 선호하는데 비해, 남성들은 권력이나 폭력을 다룬 '권력이동'에 관심이 많다. 실제로 〈여로〉, 〈장희빈〉, 〈사랑과 진실〉은 여성들의 가사노동을 멈추게 했고, 〈모래시계〉, 〈포청천〉, 〈용의 눈물〉은 남성들의 귀가시간을 앞당겼다.

이러한 남녀간 차이는 19세기 중엽의 유행에서도 확인할 수 있다. 당시 버라이어티쇼·광대극·벌레스크쇼(통속 희가극) 등이 대유행했지만 주요 관객은 남성이었다. 이때 여성들의 눈길을 잡아당긴 것이 있으니, 음악·춤·대사가 있는 감상적인 뮤지컬이었다.

1866년 9월 최초의 뮤지컬 〈흉악한 사기꾼 The Black Crook〉이 뉴욕에서 막을 올렸는데, 이 작품은 프랑스 낭만주의 발레와 독일 멜로드라마를 결합한 것이었는데, 여성들의 마음을 사로잡았다. 이후 서구 귀부인들은 우아한 옷을 입고 뮤지컬 감상하기를 교양의 한 과정처럼 행했다.

이처럼 여성이 심리 드라마를 선호하는 이유는 타인의 내면과 생각에 관심이 많은 데 있다. 반면 남성은 '힘'으로 상징되는 사회권력에 관심이 많다. 또한 복잡한 심리 갈등보다는 분명한 결말을 좋아한다. 같은 맥락에서 남성은 드라마보다는 스포츠를 즐긴다.

스포츠는 단순하고 시원하다. 전략은 있지만 복선은 없다. 근육형 터프가 이뿐 아니라 글을 쓰는 남자들도 스포츠를 좋아한다. 헤밍웨이는 타고난 스포츠맨이었으며, 모파상은 매독으로 인해 오른쪽 눈의 시력장애를 겪으면서도 권총사격 연습을 한 스포츠광이었다.

한마디로 드라마와 스포츠는 남녀 그 자체인 것이다.

고독한 남자, 외로운 여자

청나라의 전성기를 구가한 건륭제(乾隆帝)는 복잡한 국사를 결정할 때 역대 황제의 낚시터인 조어대(釣魚臺)로 나가곤 했다. 국사를 심사숙고하는 한편 답답하고 우울한 마음을 달래기 위해서였다.

청나라의 마지막 황제 부의(溥儀)도 낚시로 울적한 마음을 추스렀다. 부의는 자금성에서 쫓겨나 이화원에 유폐되었을 때 작은 유람선을 타고 뱃놀이와 낚시질로 울적한 마음을 달랬다고 하는데, 강력한 사람, 소심한 사람 할 것 없이 모두 울적함을 낚시로 해소했다는 공통점이 흥미롭다.

초대 대통령 이승만도 낚시를 즐겼다. 그는 중대한 일이 있거나 새로운 구상을 할 때는 진해별장이나 경회루에서 어김없이 낚싯대를 늘어뜨리고 깊은 생각에 잠겼다고 한다.

이처럼 통치자에게 있어 낚시는 물고기를 잡는 취미가 아니라 복잡한 일로 인해 자칫 울적함에 빠질지도 모르는 마음을 다독거려주는 심리안정제였던 셈이다.

울적함은 남녀를 불문하고 찾아드는데, 이때 남녀간에 나타나는 양상은 다소 차이가 있다. 예컨대 남자는 우울함을 술로 풀려고 하고, 여자는 수다로 푸는 경향이 있다. 다시 말해 남자는 남에게 울적한 속내를 보이지 않는 방법으로, 여자는 그런 것을 개의치 않는 방법으로 우울함을 이겨내고자 하는 것이다.

그러하기에 부부간에 있어 한쪽이 울적함을 겪을 경우 배우자의 반응도 제각기 다르다. 남자가 울적할 경우 아내는 남편의 고민을 알기 위해 적극 애를 쓰지만, 아내가 울적할 경우 남편의 노력은 그렇게 강하지 않다.

울적함과 관련하여 흥미로운 연구결과가 있다. 미국 캘리포니아 대학의 로버트 뉴맨 심리학교수가 1994년 11월 『성격 및 사회심리학 저널』지에 발표한 보고서에 따르면, 울적한 기분을 풀려면 TV수상기 앞에 죽치고 앉아 있는 것보다 밖에 나가 달리기를 하는 것이 훨씬 낫다고 한다.

이 보고서는 에어로빅이건 조깅이건 간에 운동이 울적한 기분이나 불안, 긴장을 떨쳐버리는데 큰 효과를 발휘하며, TV 시청은 기분을 상쾌하게 하는 좋은 방법이 되지 못하는 것으로 나타났다고 강조했다.

그런가하면 음악감상은 기분전환의 효과적 방법 중 하나이며, 어떤 사람들에게는 취미활동 · 독서 · 쇼핑 또는 심지어 집안 허드렛일을 하는 것으로 그 같은 효과를 보기도 한다고 말했다.

보고서는 또한 남성들은 기분이 울적할 때 술이나 마약 혹은 섹스에 의존하려는 경향이 여성들에 비해 높은 반면, 여성들의 경우는 수다떨기 · 군것질 · 흡연 등으로 기우는 경향이 더 높다고 덧붙였다. 고독이라는 말이 남자에게 더 잘 어울리는 이유도 바로 여기에 있다.

건드리지 마, 꼬리치지 마 그리고 삼각관계

요즘 TV를 보면 드라마와 오락 프로그램 전성시대라 해도 과언이 아니다. 특히 드라마는 뉴스 시청률을 좌우할 만큼 높은 인기를 누리고 있으며, 드라마의 축을 이루는 내용은 대부분 남녀의 삼각관계다.

여기서 '삼각관계'란 세 남녀 사이에 얽힌 연애관계를 뜻하는 말인데, 이 말을 최초로 쓴 사람은 노르웨이 작가 H. 입센이다. 입센은 그의 작품 「헤다 가브라」에서 이 말을 썼고, 이 말은 리히텐베르그의 '행복한 삼각형'이라는 말 때문에 대중화되었다. 리히텐베르그의 설명에 따르면 이 삼각형은 이탈리아에서는 '남편·아내·정부'로 되어 있어, 남자 입장에서 행복한 관계 구조를 뜻한다고 한다.

오늘날 삼각관계는 연애소설이나 영상 화면은 물론 일상의 남녀관계에서도 흔히 볼 수 있는 갈등구조인데, 흥미롭게도 남녀의 숫자에 따라 그 반응이 다르다. 예컨대 남2 여1과 남1 여2는 그 상황이 확실히 다르게 전개된다.

남1 여2의 경우 기존 여자는 경쟁자인 여자에게 이렇게 경고한다. "내 남자에게 꼬리치지 마!" 이에 비해 남2 여1의 경우 남자는 경쟁자 남성이 아니라 여자에게 이렇게 말한다. "가고 싶으면 가!" 해결책이 왜 이렇게 다를까?

먼저 '꼬리치지 마'를 보자. 이때의 '꼬리'는 무엇을 말하는 것일까? 두말할 것도 없이 동물 꽁무니에 있는 길다란 부분을 말한다. 흔히 집에서 기르는 개는 주인을 보고 꼬리를 흔들며 아양을 떨기에 '꼬리치다' 는 '유혹하다'는 뜻으로 쓰이게 됐고, '여성=귀여움'이라는 인식 때문에 꼬리 치는 행위는 여성형으로 여겨지고 있다.

그런데 왜 여자는 남자가 아니라 여자에게 경고를 하는 것일까? 그 이유는 사랑을 뺏기면 그보다 더 자존심 상하는 일이 없다고 생각하기 때문이다. 이런 가치관은 내 소유물을 지키려는 욕구를 강하게 만들며, 같은 맥락에서 여성 연예인이 남성 연예인과 로맨스 스캔들이라도 나면 여지없이 여성 팬들로부터 '꼬리치지 마'라는 협박편지를 받는 일이 생긴다.

하지만 남자는 사랑에 관한 한 자존심의 해석이 다르다. 남자는 여성에게 매달리는 일을 자존심 상하는 일로 여길 뿐만 아니라 여성이 자기를 떠나려 한다는 사실 자체를 무척 치욕스럽게 여기기에 남자가 아닌 자기 여자에게 의사를 타진한다. "내가 더 좋은지, 아니면 그가 더 좋은지…"

간혹 적극적으로 대처하는 남자도 있는데 이 경우 남자는 접근하는 남성에게 이렇게 경고한다. "내 여자를 건드리지 마!" 재미있는 것은 '건드리지 마'라는 표현이다. 꼬리치는 것은 (오기를 기다리는) 수동형이요, 건드리는 것은 (직접 다가가는) 능동형임을 감안할 때 경고 표현에서도 '남자는 능동, 여자는 수동'이라는 잠재의식이 담겨있음을 알 수 있다.

남녀간 연애는 어느 시대 어느 문화권을 막론하고 항시 분홍빛 분위기였다. 이때 야외나들이가 가장 흔한 데이트 방법으로 행해졌는데, 주머니 사정이 궁색한 사람들은 가까운 물방앗간이나 보리밭으로, 여유있는 사람들은 마차를 타고 제법 멀리 바람을 쐬러 나갔다.

유럽의 경우 낭만주의가 팽배한 18세기 말에 역마차 타고 경치 좋은 곳으로 여행가는 일이 유행했으며, 그런 열기에 부응하여 숙박업이 발달하기 시작했다. 사람들의 눈에 띄지 않는 경치 좋은 시골에 작은 여관(inn)이 급격히 늘어났으니 오늘날 사회문제시되는 '러브호텔'의 원조는 이때의 작은 여관인 셈이다. '할리데이인'처럼 호텔 이름에 'inn'이 흔히 쓰이는 이유도 바로 여기에 있다.

자동차는 빠른 이동을 목적으로 탄생했지만 초기에는 역시 드라이브용으로 많이 이용됐다. 프랑스·영국에서 잇따라 만들어진 초기 가솔린 자동차들은 하나같이 당시 유럽사회의 경탄을 불러내는 엄청난 가격의 사치품이었지만, 유럽의 상류층 귀족들은 연인과 함께 자동차 드라이브를 즐기곤 했다.

흥미로운 것은 남자보다 여자가 더 드라이브를 좋아한다는 점이다. 그러하기에 마차이든 자동차이든 간에 드라이

남자의 유혹에 잘 넘어갈까 여자들은 왜 고급차를 탄

브는 언제나 여성을 유혹하는 수단으로 널리 활용되어 왔다. 부자들은 리무진 같은 고급 자동차로, 터프가이는 멋진 오픈카로 여성에게 다가갔고, 자동차로 여성을 유혹하는 이른바 '야타족'까지 등장했다.

드라이브 끝에 남성으로부터 프로포즈를 받은 여성도 적지 않다. 「완전한 여성」으로 유명한 작가 마라벨 모간은 미국 마이애미의 해변을 드라이브한 뒤 파도치는 바닷가에서 남자로부터 청혼을 받고 응낙했다는 일화도 있다.

물론 남성 중에도 드라이브를 좋아하는 사람은 많다. 그러나 대체로 여성이 더 드라이브를 좋아하는 것이다. 왜 그럴까? 여러 사유가 있으나 과시를 좋아하는 특성이 가장 크다. 사랑에 관한 한 소유 못지않게 과시하기 좋아하는 심리적 특성이 드라이브 선호를 낳은 것이다.

자동차에는 단 둘이 앉아 있지만 여성은 드라이브를 하면서 외부 사람들에게 은연중 자신의 행복을 자랑하면서 쾌감을 느끼는 것이다. 그런데다 자동차 안은 둘만의 은밀한 공간이므로 오붓한 분위기를 좋아하는 심리를 만족시킬 뿐만 아니라, 남성보다 외출 기회가 적은 탓에 오랜만의 바깥 공기로 인해 더할 나위 없는 낭만을 느끼는 것이다.

하지만 여성의 사회 진출이 활발해지고 자동차 운전이 일반화되면서 드라이브 선호에 대한 남녀의 특징은 서서히 바뀌어가고 있다. 한편, 드라이브라 해도 남성은 스피드를, 여성은 주변 경치를 즐긴다는 차이도 있다.

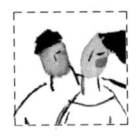

깡패와 창녀

한국영화계는 1960년대 황금기를 누렸으나 70년대 접어들어 활력을 잃었다. 텔레비전이 전국적으로 보급된 데다 석유파동으로 인해 세계적 불황이 닥치고, 정부에서는 검열로 표현을 제한했기 때문이다.

그런데 이처럼 침체된 영화계에 새로운 바람을 불어넣은 것이 있으니 바로 '호스티스' 혹은 '창녀'를 다룬 영화였다. 갑작스레 물질적 여유가 생기면서 그 그늘에서 육체적인 향락풍조와 여성의 상품화현상 등이 일어났는데, 그런 사회상을 반영한 〈별들의 고향〉, 〈영자의 전성시대〉류의 영화가 사람들의 호응을 얻은 것이다.

그로부터 30년쯤이 지난 2001년 한 해는 〈친구〉, 〈조폭 마누라〉, 〈달마야 놀자〉, 〈두사부일체〉 등등 유달리 '주먹' 영화가 많았고 대중들의 관심을 끄는데 성공했다. 이에 대해 어떤 영화평론가는 우울한 시대에 현실을 벗어나 대리만족을 느끼고픈 통쾌감의 반영이라고 해석하고 있다. 일리 있는 말이다.

더 흥미로운 것은 이런 영화들의 내용을 살펴보면 남녀의 본성을 알 수 있다는 점이다. 경제성장이 빠르게 진행되던 시절 원하는 직업을 구하지 못한 여성들은 창녀나 호스티스(hostess)로서 돈을 벌었다. 이때 호스티스는 문자 그대로 단순히 술시중만 든 것이 아니라 섹스까지 제공하며 남자에게 충성스럽게 봉사했다. 여자가 낯선 남자에게 몸을 파는 것은 일이다. 마음이 내키지 않지만 섹스를 제공하는 것은 분명히 노동이다.

이에 비해 경제불황시대의 남자는 조폭(깡패)이 되어 남의 재물을 강탈했다. 남자가 남의 재물을 뺏기 위해 힘을 쓰는 것은 노동이 아니라 범죄다. 그런 점에선 남자는 도둑놈 심보를 가졌다고 볼 수 있다. 이 점은 여성의 특성과 분명히 대비되는 특징이다. 여성은 혼자 힘으로 어떻게든 삶을 개척하려고 하는데 반해 남자는 무리 지어 다니며 쉽게 놀고 먹으려 한다.

'깡패'란 말이 불량배를 뜻하는 영어 'gang'과 '몇 사람이 모인 무리'를 의미하는 한자 '패(牌)'가 합쳐져 생긴 데서 짐작할 수 있듯, 남자들은 혼자보다 어울려 있을 때 힘을 느끼고 동료에게 마음을 기댄다.

일반적으로 살기 어려우면 여자는 창녀가 되고 남자는 깡패나 도둑이 된다고 한다. 극단적이긴 하지만 이는 남녀의 특징을 잘 드러내주는 말이다. 여자는 노력해서라도 살려고 하는데 비해, 남자는 이런저런 이유를 늘어놓으며 게으름 피우기 일쑤인 까닭이다.

'홀아비는 이가 서 말이고 홀어미는 은이 서 말이라'는 속담도 있다. 여자는 혼자 살 수 있어도 남자는 돌보아 줄 사람이 없으면 군색해짐을 이르는 말이다. 게으른 자여, 그대 이름은 남자이니라!

노출증에도 남녀 차이가 있다

사건1 - 한 남자가 젊은 여성 앞으로 가더니 갑자기 바지와 팬티를 확 내리고 성기를 보여준다. 그러면 여성들은 대부분 꺄악! 비명을 지르며 눈을 돌리거나 황급히 그 자리를 벗어난다. 마치 변태를 만났다는 듯이….

사건2 - 한 여자가 옆이 터진 치마를 입고 가더니 남자들 앞에서 슬며시 각선미를 드러낸다. 그러면 남성들은 여지없이 침을 꿀꺽 삼키며 눈길을 떼지 못한다. 영화 〈원초적 본능〉에서 샤론 스톤이 꼰 다리를 바꾸며 슬며시 노팬티 상태를 드러냈을 때 그런 심리가 잘 묘사된 바 있다.

왜 남녀간에 이런 차이가 있는 것일까?

사건 1의 경우는 이성 앞에서 함부로 치부 노출을 즐기는 정신병 환자에 다름 아니다. 이런 남자들은 대부분 겁이 많고 비록 남에게 큰 해를 끼치지는 않지만 다소 불쾌감을 주는 특징이 있다. 이들은 변태성욕자 가운데서 가장 어린 아이같은 사람들이며 여자들이 외면하거나 질겁해 할수록 더욱 신나서 보다 많은 여자들의 시선을 끌려고 애쓴다. 이런 증상을 노출증이라 하는데, 노출증은 미리 예상하거나 경계를 하지 않는 낯선 사람들에게 자기 신체를 보이고 싶은 충동을 느끼거나 직접 행동에 옮기는 것을 뜻한다.

사건 2의 경우는 정신병적 노출증과는 근본적으로 차

이가 있다. 우선 여자 노출환자는 직접 치부를 드러내지 않으며, 얄미울 정도로 아슬아슬하게 심리적 반응을 노리면서 치부를 드러낸다. 이를테면 깊게 파인 블라우스나 짧은 미니스커트로 젖가슴 혹은 성기를 절묘하게 드러내거나 몸에 꽉 끼는 옷을 입고 육체의 굴곡을 여실히 나타냄으로써 남자를 매혹시키려 한다.

그런데다 여성의 과감한 신체노출 행위는 꼭 성적인 의미를 갖지는 않으며 자기만족을 위해 하는 경향이 강하다. 쉽게 말해 여성은 자신의 몸은 남들보다 특별나게 아름답다는 심리를 바탕으로 은밀한 노출을 시도하고 남성의 눈길을 즐기는 것이다.

요컨대 남녀의 노출증은 섹스 어필이라는 점에서 공통적이다. 하지만 여성은 성숙미를 강조하기 위해 성적 매력을 노출하는 반면, 남성은 열등감 혹은 과시욕의 일환으로 성기 노출을 하는 차이가 있다. 또한 여성의 경우 정신적 열등감을 육체로 만회하려는 경향이 있고, 남성의 경우 성기능이 불완전한 상태임을 부정하기 위해 자기 성기를 여성 앞에 내보이는 차이가 있다.

문제는 노출증(특히 남성)이 변태성 가운데서 가장 병적이며 끈질기고 치료가 어렵다는 점이다. 어린 시절의 인격장애 또는 콤플렉스와 관계가 깊은 까닭이다. 그러하기에 정신분석학자들은 때와 장소를 가리지 않고 계속 노출에 집착한다면 반드시 치료를 받아야 한다고 조언한다.

여자들은 왜 편지를 좋아할까

몇 해 전 〈편지〉라는 영화가 팬들의 눈시울을 적신 바 있다. 남자(박신양)와 여자(최진실)는 우연히 만나 사랑하고 결혼했지만, 남자가 불치병으로 세상을 뜨고 만다. 그런데 그로부터 얼마 후 뜻밖의 편지가 날아들었으니, "정인아, 나야… 요즘 힘들지…"로 시작하는 남자의 편지였다. 여기서 편지는 남자가 생전에 미리 써놓은 단순한 문장이 아니라 죽어서까지 여자를 염려하는 사랑 그 자체로서 많은 여성팬들의 심금을 울렸다.

어디 영화 〈편지〉뿐이랴. 편지를 통해 여성의 마음을 움직인 사례는 수없이 많다. 퓰리처 · 카네기 · 리스트 · 유치환을 비롯한 대다수의 남자들이 연애에 빠졌을 때 여인에게 편지를 보내 자기의 불타는 사랑을 호소했고, 그 노력은 대개 성공했다.

요즘에는 편지 대신 이메일이 급속히 보편화됐지만 여자의 마음을 움직이기는 마찬가지이다. 영화 〈유브 갓 메일 You've Got Mail〉을 보자. 뉴욕에서 작은 서점을 운영하는 여자(맥라이언)는 shopgirl이라는 아이디로 인터넷을 넘나든다. 그리고 인터넷 공간에서 우연히 만난 NY152라는 아이디를 쓰는 남자(톰 행크스)와 이메일을 주고받는다.

두 사람은 사적인 이야기를 제외하고 대화를 나누기로

했으나 둘의 관계는 점점 깊어져가고, 그 과정에서 직업적 다툼과 사랑이 복잡하게 얽힌다. 종이라는 매체가 전자통신으로 바뀌었을뿐 남녀의 우정을 증폭시켜 깊은 사랑으로 발전시키기는 똑같은 것이다.

여자들은 왜 편지(또는 메일)를 좋아할까? 그 이유에 대해 스페인의 그라시안 모랄레스는 다음과 같이 대답했다. "편지는 종이에 적은 대화이다." 그렇다. 여자는 마음 담긴 대화를 좋아하는 바, 마음이 그대로 들어있는 편지를 좋아하는 것이다. 흔히 밤에 쓴 편지를 아침에 보면 유치하다고 하는데, 여자는 남자의 그런 유치한 심성을 알고 싶어하기에 편지를 좋아한다.

또한 흥미로운 것은 이메일을 통해서 남녀의 특성을 확인할 수 있다는 점이다. 아이디를 지을 때 남자는 kingpjs(박종성) · swygl7(서원용) · pisyena(박인수)처럼 대체로 주소나 자기 이름을 간략히 하기를 좋아한다. 이에 비해 여자는 shopgirl · whiterose · bluecandy같은 개인적 특성이나 여성적 분위기를 반영한 아이디를 선호한다.

남자는 편리성, 여자는 이미지를 중시하는데서 이런 차이가 비롯되며, 같은 맥락에서 남자는 문자 위주의 빠른 이메일을 좋아하고 여자는 그림 위주의 예쁜 팬시메일을 좋아한다.

그런가하면 cwjljh(최원영 · 이준호), yyhphs(유영훈 · 박희숙)경우 처럼 자기 이름과 남자 이름을 합친 아이디를 가진 여성도 적지 않은데, 이는 일체감을 강조하는 정서가 남자보다 강한 데 그 이유가 있다.

용
변
에

관
한

수
치
심

기원전 5세기 경 활약한 그리스의 역사가 헤로도토스는 이런 말을 남겼다. "여자는 옷을 벗으면 부끄러운 마음마저도 벗어버리고 만다."

그 후 기원전 1세기 경 그리스의 작가 플루타르크는 그 글을 읽은 뒤 이렇게 말했다. "천만에, 그렇지 않다. 여자는 옷을 벗으면 부끄러운 마음으로 몸을 감싸는 법이다."

앞의 두 사람이 말했듯 남녀에게는 각기 부끄러워 하는 부분이 많은데, 여기서의 부끄러움이란 이성(異性) 앞에서의 수치심을 뜻한다. 일반적으로 알몸인 상태를 가장 부끄럽게 여기며, 특히 성기 노출을 수치스럽게 생각한다. 그러나 그 못지않게 이성 앞에서 부끄러워하는 행위가 있으니 바로 '용변'이다. 타인에게 오줌이나 똥 누는 모습을 보이기 몹시 꺼려하는 것이다.

오줌 누다 들키면 누구나 쑥스러워하고, 최근 일본에서는 여성화장실에 물소리 나는 기계가 설치되고도 있다. 또한 같은 맥락에서 용변장소를 화장실·뒷간·변소·해우소 따위의 여러 은유적 명칭으로 부르고 있다. 심리학자 프로이트가 일찍이 배설의 쾌감을 설파했음에도 불구하고 왜 이다지도 용변의 들킴에 민감한 반응을 보이는 것일까?

그 이유는 우리 의식에 '용변은 가장 동물적 행위'라는 정서가 잠재해 있는 데 있다. 동물과 다르다는 자부심이 엉뚱하게도 '배설=동물성 행위'로 여기는 것이며, 더욱이 항문은 성기 근처에 있는 바 수치심이 강하게 작용하고 있다.

그렇다면 인간은 원래부터 용변을 수치스러워 하는 것일까? 이와 관련하여 흥미로운 자료가 있다. 1973년 5월부터 1백 1일간에 걸친 아칼리호 표류항해가 그것이다.

인류의 인종·남녀 문제에 대한 의문을 풀기 위해 시도된 이 항해에는 국적이 다른 남녀 11명이 참가했다. 이들은 매트를 깐 공동선실에서 침낭에 들어가 잠을 잤고, 남녀 차별없이 일을 했다. 처음 이들은 서로 서먹서먹한 가운데 지냈으나 1주일이 지나자 서로의 존재나 행동에 특별히 마음을 쓰지 않게 됐다. 목욕탕은 좌편 갑판에 설치되어 있었는데, 1주일이 지나자 다른 사람의 시선을 의식하지 않게 되고, 벌거벗은 채 태연하게 몸을 씻게 됐다. 변소도 처음에는 밤중에 혼자서 몰래 사용하곤 했으나 그 앞에 키잡이 감시대가 있었기 때문에 결국은 대낮에도 태연하게 변소를 사용하게 됐다.

이에 대해 이 실험의 기획자 헤노베스 박사는 이렇게 말했다. "이는 자연스러운 공동생활로 남자와 여자라는 의식이 흐려졌기 때문인지도 모른다."

그렇다. 우리가 용변을 수치라고 여기는 것은 관념적인 문제이지 행위 자체가 수치스러운 것은 아니다. 그리스의 비극 작가 에우리피데스도 이렇게 말했다.

"수치라는 것이 있다고? 생각이 그렇게 만들 뿐이다."

왜 여성은 부끄러워하면서도 누드 기념사진을 찍고 싶어할까

"춘향아, 우리 얼음질이나 하여 보자."

"얼음질을 어떻게 하여요?"

"얼음질 천하 쉬우니라. 너와 내가 활씬 벗고, 업고 놀고, 안고 놀면 그게 얼음질이지."

"애고 나는 부끄러워 못하겠소."

"안 될 말이로다. 내 먼저 벗으마."

"그러면 불이나 끄고 노사이다."

"불이 없으면 무슨 재미있겠느냐. 어서 벗어라."

「춘향전」의 얼음질 장면인데, 여기서 알 수 있듯 남녀의 섹스관은 차이가 크다. 보다 구체적으로 말해 여성은 어두운 곳에서의 섹스를 좋아한다. 하지만 그 이유는 부끄러움보다는 사실 청각 자극을 좋아하는데서 비롯된 습성이다. 이에 비해 남자는 본능적으로 시각 자극에 민감하기에 여자의 모든 것을 보고 싶어 하며, 밝은 불빛 아래 감상하기를 좋아한다.

독일의 히틀러는 애인인 에바 브라운의 몸매를 감상하기 위해서 자주 발가벗고 걷게 했고, 또 자기 손으로 그녀의 옷을 하나씩 벗기는 것을 즐겼다고 한다.

그렇다고 여성이 알몸 노출을 꺼리는 것만은 아니다. 특별한 상황에서는 남성보다 용감하게 누드를 감행한다. 최근 누드사진 찍으러 한국을 찾는 일본 여성들이 크게 늘어나고 있다고 한다. 보도에 따르면, 일본에 비해 촬영비가 싸고 남의 이목을 받지 않는다는 이유로 한국으로 건너온다는 것이다. 비단 일본 여성뿐 아니라 우리나라 여성들도 누드 사진 찍는 게 유행이다.

젊은 여성이 자기 누드를 찍는 것은 가장 아름다운 순간을 기념하고 싶어서이며, 자아도취가 남성보다 강한데서 비롯된 일이다. 또한 누드 사진 유행에는 여성 특유의 경쟁심도 작용하고 있다. 여성은 타인의 눈길을 끌만한 행동과 육체적 매력에 큰 관심을 갖고 있는 까닭에 유행과 변화에 재빠른 반응을 보이는 것이다.

반면에 자기 알몸을 사진으로 찍는 남자는 매우 드물다. 일부 근육질 남성을 제외하고 대부분의 남자는 누드 촬영은커녕 몸매 노출도 부담스러워 한다. 왜 그런가?

외모의 뛰어나고 부족함에 대한 평가에 있어서 여자는 주관적 판단이 강하고 남자는 객관적 시각이 강하다. 거울을 본 여자는 자기의 못난 외모를 여간해서는 인정하지 않고 자기의 매력 포인트를 찾아낸다. 그러나 남자는 자기의 못난 외모를 순순히 인정하고 그 대신에 다른 능력으로 외모를 보충하려 한다. 같은 맥락에서 몸매를 판단하니 누드 사진을 찍고픈 마음이 생기지 않는다.

그런가하면 여자는 자기만족을 위해 자기 누드를 감상하고, 남자는 성욕 고취를 위해 여성 누드에 관심이 많은 차이도 있다.

전
화
를
통
해
본

남
녀
심
리

1922년 8월 4일 미국 전역의 전화가 60초 동안 일제히 침묵을 지켰다. 전화를 발명한 그라함 벨의 장례식 날이었던 것이다. 벨은 그해 8월 2일 75세를 일기로 세상을 떠났으며 3일 후 장례식을 지냈는데, 전화벨 소리가 1분간 멎은 데에는 그럴만한 이유가 있었다.

생전의 벨은 전화를 발명한 뒤 AT&T 통신회사를 만들어 거부가 됐으나 정작 자신은 전화를 몹시 싫어했다고 한다. 자기 마음과는 상관없이 시도 때도 없이 멋대로 울리는 전화벨 때문에 수시로 신경이 곤두섰기 때문이다. 하여 벨이 이승을 떠나는 날 그렇게도 시끄럽다고 여겼던 전화를 중지시켜 저승에 갈 때나마 평화롭게 해주었던 것이다.

오늘날 전화는 인류에게 매우 편리한 도구로 이용되고 있다. 물론 벨소리를 싫어해서 전화없이 지내는 사람도 있지만 대부분의 사람들은 전화없는 생활을 상상하지 못하는 정도에 이르고 있다. 그런데 흥미로운 것은 전화에 대한 남녀의 인식 차이가 크다는 점이다. 그렇다면 무엇이?

첫 번째 차이는 전화 사용이다. 주지하다시피 통화시간이 많기로는 단연 여자가 앞서며, 두말할 것도 없이 끊임없는 수다 때문에 그렇다. 남성의 경우 '어디서 만나자' 따위처럼 사실을 간단히 전달하는 도구로 전화를 이용하지만,

여성은 '그의 성격은 어떻다' 따위처럼 마음을 상세히 전달하는 도구로 전화를 애용하는 까닭에 이야기가 길어진다.

두 번째 차이는 전화번호 기억이다. 대체로 여자는 버튼의 위치로 전화번호를 인식하는 반면 남자는 숫자 자체를 기억한다. 이런 차이는 어디에서 비롯된 것일까? 남자는 전화번호를 정보로 인식하는 데 비해 여자는 전화번호보다 습관에 의존하는 데 있다. 버튼 누르는 모습을 한번 자세히 보라. 남성은 일일이 숫자를 확인하면서 누르지만, 여성은 아주 익숙한 동작으로 버튼을 누를 것이다.

그러나 그 무엇보다 가장 큰 차이는 전화를 이용한 애정 전달이다. 연애에 빠진 남녀관계에서 흔히 볼 수 있는 다툼이 '전화한다더니 하지 않은 일'이며, 멀리 여행갔을 때 연락을 했는가 하는 문제다. 여성들은 전화를 자주 걸어 주지 않는 남성의 태도에 분개하기도 하고, 심할 경우 애정이 식은 것으로 간주하기도 한다.

쉽게 말해 여성은 아무리 바빠도 전화를 원하지만, 남성은 상대적으로 전화에 대한 관심이 적은 것이다. 이는 왜 그럴까? 여성은 공간적 위치에 관계없이 소유욕이 발동하지만 남성은 떨어진 상태에서는 자유를 꿈꾼다. 또한 남성은 확보된 연인에게 끊임없이 애정을 표현하는 데 여성보다 서툴다. 남녀간 전화 애정 표현의 차이는 바로 여기에 있는 것이다.

룸펜과 노숙자는 왜 대부분 남자일까

일제강점기 때 우리 사회에는 매우 어두운 그림자가 있었다. 바로 룸펜(Lumpen)이다. 이 말은 본래 부랑자·무직자를 뜻하는 독일어이지만, 당시의 룸펜은 지식인을 의미하는 러시아어 인텔리겐치아(intelligentsia)와의 합성어에서 뒷말을 뺀 말이었다. 즉 '실직한 지식층 사람'을 '룸펜 인텔리겐치아'라고 불렀는데, 이런 사람들이 워낙 많았기에 룸펜은 마치 직업처럼 인식되기도 했다.

세월이 흘러 21세기를 맞은 오늘날 모습은 조금 다를지언정 우리 사회에는 노숙자가 여기저기 많이 돌아다닌다. 집이 없기에 홈리스(Homeless)라고도 불리는 이들은 IMF가 낳은 희생양인데, 문제는 성별에 있어 대부분이 남자라는 사실이다. 생활이 어려워지면 힘들기는 여자도 마찬가지일 텐데 왜 룸펜도, 노숙자도 남성이 대부분일까?

일제강점기 때의 룸펜은 엄밀히 말해 자의적인 실업이었다. 그들은 신식교육을 받았기 때문에 서울에서 야망을 펼치고 싶어 했지만 일본인 혹은 친일파들이 득세하는 현실에서 자리를 얻을 수 없었다. 「메밀꽃 필 무렵」으로 유명한 이효석의 경우도 대학을 졸업한 뒤 시골 가기를 싫어해 서울에 무슨 자리가 없을까 하고 고르다가 뜻을 이루지 못하고 멀고 먼 함경도 경성으로 가고 말았다.

이런 사정은 일반적이었다. 이때 대부분의 지식인들은 지방에 내려가거나 육체노동을 하기를 꺼려해서 취직을 아예 포기하고 찻집에 드나들었다. 룸펜은 그렇게 생겼다.

룸펜은 하루종일 찻집에 앉아 식민지 백성의 설움을 토로하고 불안한 마음을 글이나 음악으로 달래기 일쑤였다. 문학이나 예술 활동으로 탈출구를 찾은 사람도 있었으나 대체로 현실에 억눌린 채 숨 한 번 제대로 크게 쉬지 못하고 살았다. 고물상 양복점에서 구한 양복으로 멋을 부리기도 했지만, 그것은 본질적인 해결일 수 없었다.

요즘의 노숙자들은 나라가 힘을 잃었을 때 생겼다는 점에서 룸펜과 맥을 같이 한다. 남자가 대부분이라는 점도 비슷하다. 노숙자들은 모두 지식인 실업자가 아닐지라도 자발적인 실직의 성격이 강하다는 점에서 룸펜의 후예처럼 보이기도 한다. 굶어 쓰러질지언정 힘든 육체노동을 기피하기는 마찬가지인 것이다.

무엇이 룸펜과 노숙자를 낳은 것일까? 여러 이유가 있겠으나 가장 주요한 것은 권위주의적 자존심으로 여겨진다. '내가 한때 어떤 사람이었는데…'라는 과거중심주의적 사고방식과 '이런 일을 하면 혹시 나를 알던 사람들이 얕보지 않을까' 하는 권위주의적 우려가 '차라리 아무도 모르게 살자'라는 자포자기의 세계로 몰고 간 것이리라.

상대적으로 현실적인 여성의 경우 어떻게 해서든 일하려는 경향이 강한 까닭에 남성보다 노숙자가 적은 것이고……

남
자
의

도
둑
놈

심
보

여름이다! 붉은 태양이 열기를 뿜고 그에 따라 사람들
은 짧은 옷차림으로 거리를 활보한다. 바닷가에서는 비키니
입은 여성들이 수영보다도 멋진 몸매를 자랑하느라 여념이
없고 그 몸매에는 언제나 늑대들의 끈적끈적한 시선이 따라
다닌다.

여성들에게 있어 근육질 남성이 든든하게 보이듯이 대
부분의 남성들에게 있어 여체는 아름다운 조각품으로 보인
다. 머리에서 목선과 어깨선, 그리고 허리 아래로 이어지는
완만한 S선은 뭇 남성들의 가슴을 두근두근하게 하는 성적
매력의 정점인 까닭이다.

여기에 다리는 약간 길고 허리는 잘록하며, 가슴이 풍
만한 균형마저 갖췄다면 홀리지 않을 남자가 없다. 오죽하
면 어떤 이는 "하느님이 여자를 만드셨다면 그 증거는 바로
여인의 선(線)"이라고 말하기까지 했을까.

왜 남자들은 여성의 잘빠진 몸매에 넋을 잃을까? 그 이
유는 남성의 민감한 시각에 있다. 남성의 시신경 근처에는
정서 변동을 일으키는 자율신경계가 붙어 있는데, 그것이
자극을 받으면 성적인 발기를 유발시킨다. 다시 말해 남성
이 분위기에 상관없이 섹스 어필한 몸매를 보기만 해도 흥
분하는 것은 선천적 운명이다.

하지만 노출이라고 모두 자극으로 통하지 않는다. 완전히 발가벗은 몸이나 너무 헤픈 노출은 일시적으로 시선을 끌지언정 오래 가지 않으며, 살짝 가려진 것이어야 오히려 시선을 끈다. 얼마 전에 노출이 심한 외국 TV 포르노 광고가 효과를 거두지 못하고 있다는 외신도 있었다. 요컨대 남성의 끈끈한 시선은 감춰진 것을 들추고픈 마음에 다름 아니다.

반면에 여성은 남성의 노출 자체에서 성욕을 자극받는 일이 상대적으로 적고, 이런 차이로 인해 연인 관계에 있는 남녀 사이에서 다툼이 일어나기도 한다. 일례로 여성은 자기 남자가 근육질 몸매를 뽐내면 친구들이 부러워하는 것을 즐기는데 반해, 남성은 자기 여자가 공개적인 곳에서 섹시한 몸매를 자랑하면 즐기기는커녕 싫어하고 화를 낸다.

왜 그럴까? 그 이유는 '일도이비삼첩사기오처(一盜二婢三妾四妓五妻)'라는 중국 속설에 잘 나타나 있다.

남성이 으뜸으로 꼽는 섹스의 첫 번째는 다른 남자의 여자이고, 그 뒤를 이어 몸종·첩·기생·마누라의 순서라는 뜻인데, 쉽게 말하면 이미 확보한 여자에게는 매력을 많이 느끼지 못하고 손길이 닿기 힘든 순서로 관심을 갖는다는 의미다. 간단히 말해 도둑놈 심보!

자신이 그러할진대 어찌 다른 늑대들에게 자기 여자의 몸매를 알리고 싶을까. 또한 남성들 사이에서 회자되는 '거실에서는 요조숙녀, 침실에서는 요부가 최고'라는 속설도 여성의 섹스 어필을 자기만의 세계에 가둬두고픈 남성의 욕망을 알려주고 있다.

왜 남자는 사랑을 확인한 후 달라질까

"저를 사랑하시나요?"

"물론, 방금 전까지는."

매력적인 여인과 뜨거운 시간을 보낸 뒤, 유명한 바람둥이 카사노바가 했다는 말이다. 카사노바가 정말 그런 말을 했을까를 떠나서 실제로 사랑을 확인한 후의 남녀 반응은 여러 모로 차이가 많다.

연애시절의 남자는 그야말로 여성에게 모든 것을 줄 수 있는 상태다. 여인의 마음을 사로잡기 위해 아낌없이 돈을 쓰고 시간을 투자한다. 그런데 결혼한 뒤에 나타나는 남성의 애정은 크게 두 가지로 구분된다. 순식간에 달라지는 남자와 애정에 별다른 변화가 없는 남자가 그것이다.

전자의 경우, 여성들은 '속았다'는 생각을 한다. 특히 아주 어렵사리 남자에게 마음의 문을 연 뒤 모든 것을 헌신하는 여성일수록 심한 배신감을 느낀다. 이에 대해 결혼 뒤 돌변한 남자들은 이렇게 말하곤 한다.

"낚은 고기에 미끼를 계속 줄 필요가 있는가?"

이런 말은 여성을 더욱 화나게 만들지만 사실 '남자의 돌변'을 간파한 선인들은 수없이 많다. 일찍이 영국의 오스카 와일드는 다음과 같이 말한 바 있다.

"남자란 일단 여자를 사랑하게 되는 날엔 그 여자를 위해서라면 무엇이든지 해준다. 그러나 단 한 가지 해주지 않는 것이 있다. 바로 언제까지든지 계속해서 사랑해 주는 일이다."

그렇다고 결혼 후에도 변함없이 애정 표현하는 사람이 최고라고 말하기도 힘들다. 그들의 애정 표현은 대체로 무미건조한 경우가 많기 때문이다. 여성들이 원하는 달콤함과는 거리가 멀고 항시 있는 듯 없는 듯 하다.

그러하기에 이런 남자들은 연애할 때는 높은 평가를 받지 못하고 나이 들면서 대우받는 경향이 있다. 요컨대 애정 표현에 관한 한 여성이 꿈꾸는 완벽한 남자는 아주 드문 것이다.

또 하나 여성들이 이해하지 못하는 남자의 변화가 있다. 다른 사람들 앞에서 애정을 진하게 표현하기 꺼리는 게 그것이다. 둘이 있을 때는 다정하던 사람이 왜 다른 사람들 앞에서는 애정 표현을 꺼릴까? 그것은 '소유' 뒤에 갖는 마음의 변화에서 비롯된다. 그에 대해 빅톨 위고는 이렇게 분석했다.

"남성이 소심해지고, 여성이 대담해지는 것은 사랑할 때 나타나는 최초의 특징이다."

한편, '사랑한 후에' 달라지는 남자의 특징은 또 있다. 바로 섹스 후의 태도 변화다. 여운을 중시하는 여성들은 전희 못지않게 후희도 좋아하지만, 남자들은 섹스를 마치기 무섭게 곯아떨어지기 일쑤다. 남자들은 섹스 후에는 목적을 달성했고 과도한 운동을 했으므로 어서 빨리 잠자고 싶을 뿐이다. 여성의 상당수가 육체관계를 경험한 뒤에 남성에 대한 신비감(기대감)을 상실한다는 데 안타까운 일이다.

"여성은 남성에 비해 사소한 부분을 잘 포착한다"

제 3 장

두뇌

건망증에도 남녀 차이는 있다

"까마귀 고기 먹었냐"라거나 "토끼고기를 먹었냐"는 말은 흔히 건망증 심한 사람을 놀릴 때 사용된다. 왜 그럴까?

까마귀와 건망증의 상관관계는 중국의 의학서 『본초강목』에서 출발한다. '까마귀 고기를 먹으면 아침에 했던 일도 저녁에 잊어버리는 혼망(昏忘)에 걸린다' 했는데, 거기에서 비롯된 속전인 것이다. 이에 비해 '토끼고기=건망증'이라는 속언은 천적을 만나면 일단 달아났다가 이내 위험을 잊어버리고 제자리로 돌아오는 멧토끼의 특성에서 비롯되었다.

건망증은 흔히 늙음의 조짐으로 여겨지는 경향이 있다. 괴테는 책을 보는 시간보다 책을 찾는 시간이 길어지는 것으로 자신의 늙음을 느꼈다고 한다. 하지만 실제로는 젊은이들도 건망증을 겪으며, 또한 남녀간에도 차이가 있음이 밝혀졌다.

독일의 심리학자 로란트 알빙거 교수는 1992년 20세에서 88세까지의 남녀 6백명을 상대로 건망증과 관련하여 일상적으로 경험하는 45가지 시나리오 문항을 수집·분석해 보았다.

그 결과 남자들은 사람들과 접촉하면서 살아가는 '사교분야'에서 여자보다 더 자주 건망증을 경험하는 것으로 드러났다. 남과 약속을 해놓고 쉽게 잊는다든가 생일이나 결혼기념일을 놓치는 따위가 그런 것들이다.

　이와는 달리 여자들은 '공간에 대한 의식'에서 건망증이 심하다고 한다. 여자들이 자주 다니는 길에서도 자동차를 몰면서 자꾸 헤매는 것은 바로 '공간 의식'이 약해 길 안내 표지판에 대한 기억을 잘 못하기 때문이라는 것이다.

　알빙거 교수는 숫자나 전화번호를 기억하는 데서도 여자가 남자보다 뒤지고 있다고 말하고 있다. 그는 "남자들은 무의식의 세계에서도 숫자나 전화번호와 같은 정보에 늘 깨어 있다"면서 그 이유는 그것이 "권위 유지에 중요한 것이기 때문"이라고 설명하고 있다.

오빠부대는 있는데 누나부대는 없는 까닭

요즘은 팬클럽이 보편화되어 있지만, 옛날에는 그렇지 않았다. 때문에 한때 일부 연예인은 자신의 공연장마다 매수한 오빠부대를 동원하여 인기를 과시한 적도 있었다. 이 때 오빠부대들은 열성적인 환호와 박수로 분위기를 유도했는데, 때로는 그 정도가 지나쳐 역반응을 불러일으키기도 했다. 그러나 지금은 팬클럽이 자발적으로 결성되어 오빠부대가 자연스레 형성되고 있으며, 이들은 자신들이 좋아하는 특정 연예인의 공연장을 쫓아다니며 열성적으로 환호하곤 한다.

이에 비해 공연장에서 남자들로 구성된 '누나부대'를 보기는 매우 힘들다. 왜 그럴까? 남성들도 좋아하는 연예인이 있기는 마찬가지인데 왜 단체 공동 성원으로 이어지지 않는 걸까? 그 이유는 애정의 표현 차이에 있다.

여성은 좋아하는 이성을 두고 경쟁자가 생길 경우, 상대편보다 강한 애정을 나타내려 애쓰는 경향이 있다. 결코 경쟁자에게 뒤지지 않는 모습으로 연인의 사랑을 차지하려는 것이다. 이런 마음자세는 연예인 혹은 스포츠 스타를 향한 애정에서도 그대로 드러나며, 그러기에 공연장에서 경쟁자보다 한층 강한 모습으로 흥분하곤 한다. 상대가 겉옷을 벗으면 나는 속옷을 벗어서라도 그대를 향한 사랑을 드러내야 직성이 풀리는 것이다.

반면에 남성의 경우, 경쟁자 앞에서 애정 표현을 꺼리는 경향이 있다. 자존심 때문이다. 공개석상에서 누구를 추종하는 모습은 곧 그에게 소속된 모습으로 비춰진다고 여기기에, 여간해서는 애정 경쟁을 하지 않는 것이다. 단 둘이 있을 경우에는 그 어떤 애정표현도 하지만, 여럿이 있는 자리에서는 어색해하는 모습도 같은 맥락에서 생기는 현상이다.

이런 차이는 유명 스타가 죽었을 때 소리를 지르다가 기절하는 여성이나 따라 죽는 여성의 심정을 설명해 준다. 그러나 남자가 소리 지르다가 기절하는 경우는 매우 드물다. 가수들의 콘서트 등에서 보면 사춘기 여학생 혹은 또래의 여성들이 괴성을 지르다가 기절하는 일이 드물지 않은데, 이런 기절은 호흡곤란으로 인한 빈혈 때문이라고 한다.

괴성을 지를 때는 호흡량이 많아져 마치 심호흡하는 것과 같은 상태가 된다. 따라서 혈액중의 산소가 증가한다. 그리 되면 호흡 중추부는 산소가 충분히 있는 것으로 간주해 호흡을 억제한다. 때문에 산소 결핍상태로 인한 뇌성빈혈로 실신하게 된다. 우리도 심호흡을 계속 하다보면 오히려 빈혈증상같이 어지러울 때가 있다. 그와 같은 경우이다. 이런 증상을 과호흡증후군(過呼吸症候群)이라고 하며, 주로 여성에게 많다.

왜
남
자
는
기
념
일
을
잘
잊
고,

여
자
는
물
건
을
잘
잃
을
까

〈플러버〉는 천재 과학자가 탄력 뛰어난 고무를 발명해 악당들을 골탕 먹이는 내용으로 흥행에 성공한 영화인데, 여기서 로빈 윌리엄스는 번번이 결혼식 날짜를 잊어버릴 만큼 건망증이 심한 남자 주인공으로 나온다. 영화뿐만 아니라 실생활에서도 남자들은 생일이나 결혼기념일을 깜빡 잊는 바람에 아내에게 쓴 소리를 듣는 경우가 많다. 남자들은 왜 기념일을 잘 잊을까?

남자의 건망증은 일에 대한 집중력과 정보수집 능력의 차이 때문에 일어나는 현상이다. 남자는 여성에 비해 어떤 일을 할 경우 한 가지를 택해 몰두하는 경향이 강하고, 정보를 수집할 때도 역시 한 가지에 집착하는 면이 있다. 특정한 취미에 깊이 빠지는 이른바 '매니아'에 여성보다 남성이 많은 것도 같은 맥락의 일이다.

이런 특성으로 인해 남자는 눈앞의 일에는 잘 대처하지만 해마다 되풀이되는 연중행사는 잘 챙기지 못한다. 여자들은 남자의 이런 점을 매우 서운해하는데 여간 세심한 남자가 아니고서는 기념일을 챙기기가 쉽지 않은 게 현실이다.

그렇다고 여자가 건망증에 관해 자유롭지도 않다. 여성은 여러 사람과 이야기할 때 몇 사람의 말을 동시에 듣는 능력이 남자보다 뛰어나지만, 물건은 남자보다 훨씬 잘 잃어버린다. 택시에 지갑을 놓고 내린다든지, 열쇠를 방에 놓고 외출한다든지 따위의 건망증이 심한 것이다.

특히 40대를 넘어선 여성은 일상생활 전체에서 건망증으로 인해 힘들어하는 경우가 많다. 연애할 때는 남자가 어떤 옷을 입었는지 그때 무슨 말을 한 것까지 기억하던 여성이 나이가 들어서는 현관문을 닫고 돌아서는 순간 휴대전화를 두고 나온 사실을 깨닫고 황급히 다시 들어가는가 하면, 가스 밸브와 수도꼭지를 잠그었는지 확신을 못하는 것이다. 왜 그럴까?

건망증의 원인에 대해 한방에서는 혈액을 주관하는 심장과 정액·골수를 관장하는 비장의 기능이 허약해져서 일어나는 현상으로 보고, 너무 많은 에너지 소모를 조심해야 한다고 말한다. 이에 비해 양방에서는 두뇌 과로를 차단하기 위해 건망증이 발생한다면서 건강하게 살아남기 위한 두뇌의 지혜라고 분석한다. 그런가하면 여성 호르몬의 일종인 에스트로겐 감소가 여성 기억력 감퇴의 주요 원인이라는 연구결과도 있다.

문화적으로 볼 경우에도 중년 주부의 건망증은 이해가 간다. 매일 반복되는 단순 가사노동은 두뇌자극이 없고, 남편·자식의 고민까지 대신 짊어지려는 여성 특유의 심성이 스트레스를 가중시키니 두뇌의 힘이 약해져갈 수밖에.

한편 건망증은 5월 들어 심해진다고 한다. 계절 변화에 따른 정보 폭주와 기억용량 부족 때문이라니, 이래저래 건망증은 건강 악화를 경고하는 붉은 신호등인 셈이다. 근심을 줄여야 산다는….

유원지에서 데이트하던 남녀가 롤러코스터를 타기에 앞서 실랑이를 벌인다. 그러나 잠시 후 롤러코스터에서 내린 남녀의 얼굴 표정은 완전히 딴판이다. 남자는 사색이 되어 있는데 비해 여자는 무척 재미있다는 듯 이렇게 외친다.

"우리 한 번 더 타자!"

코미디 영화에서 가끔 볼 수 있는 영화 장면이지만, 바이킹·롤러코스터 따위의 놀이기구 앞에서 남녀가 옥신각신하는 풍경은 실제로도 종종 발견할 수 있다. 특히 오래 사귄 연인의 경우 여자가 빨리 타자고 조르는데 비해 남자는 체면을 손상당하지 않으면서 거절하느라 노심초사하기 일쑤다. 왜 여자는 속도감 빠른 롤러코스터를 재미있어 하고 남자는 꺼리는 걸까?

남녀를 불문하고 일반적으로 놀이기구를 타면 두려움과 함께 짜릿함을 느끼게 된다. 타는 과정에서는 무서워서 소리를 지를지언정 내릴 때에는 안도감을 느끼면서 더불어 묘한 쾌감을 맛보게 되는 것이다.

이런 현상의 직접적인 원인은 호르몬에 있다. 사람이 위험에 부딪치면 인체에서 흥분제의 일종인 아드레날린이 분비되는 동시에 진통 효과가 있는 엔돌핀이 솟아나면서 전투체제로 돌입하게 된다. 가슴이 쿵쿵 뛰는 흥분과 몽롱한 쾌감은 바로 여기에서 비롯되는 것이다. 그리고 위험에서 완전히 벗어났을 때 토파민이라는 호르몬이 분비되는데, 짜릿한 쾌감은 여기에서 얻어진다.

문제는 세로토닌이라는 호르몬에 있다. 세로토닌은 사람을 긴장시키고 스트레스를 유발하는 호르몬으로, 움직임을 둔화시키는 작용을 한다. 긴급한 상황에서 (피해야 함에도 불구하고) 몸을 꼼짝 못하게 만드는 역할을 하는 것이다.

결국 롤러코스터를 탔을 때 몸에서 솟아난 토파민 또는 세로토닌 중에서 어느 쪽이 많은가에 따라 공포감 혹은 짜릿한 쾌감을 더 강하게 느끼게 된다고 말할 수 있다. 또한 토파민과 세로토닌의 분비비율은 사람마다 차이가 있으므로 당연히 어떤 이는 롤러코스터를 재미있어 하고, 어떤 이는 무서워하는 차이가 생긴다.

그런데 흥미롭게도 여성은 남성에 비해 스트레스를 잘 견딘다. 바꿔 말해 같은 양의 세로토닌이 분비됐다 하더라도 여성의 인체는 남성보다 자동적으로 토파민의 비율을 높이는 작용을 하며, 여성이 남성보다 롤러코스터를 재미있어 하는 이유가 된다.

2001년 12월 영국 케임브리지대 연구팀이 출생 전 양의 태아를 대상으로 실시한 실험결과에 따르면, 스트레스에 대한 남녀 반응의 차이는 자궁에서 결정되고, 수컷 양은 암컷보다 스트레스 관련 호르몬을 무려 두 배나 더 많이 분비하는 것으로 밝혀졌다. 여자야 말로 외유내강인 셈이다.

여자는 글씨 잘 쓰는데, 남자는 엉망인 까닭

"글씨가 이게 뭐야? 완전히 괴발개발이네."

알아보기 힘들게 쓴 글씨를 보았을 때 흔히 하는 말이다. 여기서 '괴발개발'은 '굉이(고양이) 발과 개의 발'이란 뜻이며, '개발새발'이나 '개발쇠발'은 모두 사투리로 표준어가 아니다.

그런데 괴발개발의 주인공을 성별로 구분하면 남성이 더 많다. 여성들은 대체로 귀엽고 예쁘게 잘 쓰는데 비해 남성은 직선 중심이거나 겨우 읽을 수 있을 정도로 휘갈겨 쓴다. 학생들의 공책이나 편지를 보아도 여성의 글씨가 훨씬 보기 좋다.

일반인뿐만 아니라 글을 생업으로 삼고 있는 작가들도 예외가 아니어서 「배따라기」의 김동인, 「상록수」의 심훈, 「북간도」의 안수길 등 남성작가는 대체로 갈겨쓴 필적을 보여준다. 반면에 「일상의 모험」의 임옥인, 「임진강의 민들레」의 강신재 등 여성작가는 빨리 쓰면서도 단아한 필적을 남기고 있다.

왜 남성은 글씨를 엉망으로 쓸까? 결론부터 말하자면 남성이 글씨를 못 쓰는 게 아니라, 그렇게 하지 않은데서 비롯된 오해이다. 남자들도 마음먹고 노력하기에 따라서는 얼마든지 보기 좋은 글씨를 쓸 수 있다. 다만 그 필요를 느끼지 못하는 까닭에 글씨를 정성들여 쓰지 않을 뿐이다.

실제로 왕조시대의 명필들은 대개 남성이었다. 왕희지, 안진경 등 중국의 유명 서예가는 물론 신라의 김생, 조선의 한석봉과 김정희 등 우리나라의 서예가도 남성이 대부분이다. 이들은 오랜 시간 글씨를 쓰는 각고의 노력 끝에 명성을 얻었다.

문제는 왕조시대의 남성들이 글씨 자체에 매력을 느껴서가 아니라 출세의 수단으로 삼았다는데 있다. 그 시대의 남성은 고전을 암기하고 그 내용을 품격있게 쓰는 일이 중요했던 바 자연스레 글쓰기에 몰두했던 것이다. 요컨대 사회생존을 위한 필요성이 그렇게 만들었다.

이에 비해 여성은 오랫동안 글씨는커녕 공부할 기회조차 얻지 못했다. 그러므로 예전의 일로는 글씨의 잘나고 못남을 비교하기 곤란하다.

그렇다면 현대여성들은 왜 남성보다 글씨를 잘 쓸까? 그것은 가치를 어디두느냐에 따른 결과로서, 여성은 다른 사람의 눈길을 상대적으로 많이 의식하기 때문에 글씨를 잘 쓴다고 볼 수 있다. 이 경우 글씨는 패션과도 같으므로 '예쁜 상태'로 만들어질 수밖에 없다.

그러나 남성은 타자기 혹은 워드 프로그램이 등장한 이후 사회생존능력에 있어 글씨의 필요성을 강하게 느끼지 못했기에 글씨체에 별다른 관심을 두지 않게 되었다. 그리고 이런 상황이 지금과 같은 느낌을 만든 것이다.

여자의 감각적인 기억, 남자의 논리적인 기억

조선조 중엽의 일이다. 어느 날 오성 이항복이 한음 이덕형으로부터 전염병으로 일가족이 몰살한 집에 시체 감장을 부탁받고는, 한밤중에 혼자 그 집에 찾아갔다. 그리고는 시체를 감장하려는데 갑자기 한 시체가 벌떡 일어나며 볼을 쥐어박는 바람에 혼비백산하고 말았다. 시체인 체 누워 있던 한음의 장난에 여지없이 당한 것이다.

오성의 장난기도 만만치 않았다. 하루는 한음에게 심각한 표정으로 "자네 부인과 정을 통했다"고 농을 걸었다. 한음이 당황한 표정을 짓자, 그때서야 오성은 농담임을 밝히면서 멋지게 복수했노라 껄껄 웃었다.

그런데 얼마 후 한음 부인이 오성을 초청하여 송편을 대접했다. 오성은 별 생각 없이 그 떡을 먹다가 토하고 말았다. 떡 속에 오물이 들어있었던 까닭이다. 오성이 항의를 하자 한음 부인은 거짓말에 대한 대가라고 말했다. 다소 심한 장난이었지만, 오성은 웃음으로 넘겼다고 한다.

비단 이 일 뿐이 아니다. 우리 주변에서도 과거 기억에 대한 남녀 차이 때문에 벌어지는 해프닝을 쉽게 볼 수 있다. "그런 일이 있었나?" "아니, 그 일을 벌써 잊었어요?" 대체로 남자는 지난 (특히 나쁜) 일에 대해 곧잘 잊는 편이고, 여자는 (좋던 나쁘던 혹은 불편했던) 세세히 오랫동안 기억하는 편이다. 이런 차이는 어디서 비롯됐을까?

남자는 옛일보다는 앞일을 추구하는 면이 강하고, 자기에게 불리한 일을 잊어버리는 습성이 있다. 서로 싸운 뒤에 남자들이 여자들에 비해 쉽게 화해하는 것도 이런 심리 특성 덕분이다. 복수심의 경우에도 남자는 한 번 당하면 한 번 갚아주는 것으로 마음의 빚을 털어내는 특성이 있다.

이에 비해 여성은 추억을 소중히 여기는 습성을 지녔는데, 바로 이런 추억 간직하기가 옛일을 잘 기억하게 만든다. 또한 '여자가 한을 품으면 오뉴월에도 서리가 내린다'는 속담이 있을 정도로 여성은 한 번 서운한 일을 겪으면 좀처럼 잊지 않는다. 심할 경우 한 번 되갚아주었는데도 상처받은 감정을 잊지 못할 정도이다.

2002년 7월 "여성의 뇌는 남성보다 15% 정도 더 예민하게 감정을 느끼거나 기억하도록 조직돼 있기 때문에 감정적 대립을 오래 기억한다"라는 미국 뉴욕대학 캔리 교수의 연구결과도 그런 사실을 뒷받침한다.

남녀의 차이는 또 있다. 일반적으로 사물의 위치나 어떤 일에 대해 여자는 인상적 혹은 감각적(감성적)으로 기억하지만, 남자는 논리적(이성적)으로 기억한다. 이 때문에 어떤 일을 상대방에게 말할 때 여자는 감정부터 발산하는 데 비해, 남자는 상황을 설명하는 차이가 생긴다. 오성이 한음의 부인에게 봉변당한 것도 감정과 논리의 차이에서 벌어진 일이다.

자살 시도는 여자, 자살자는 남자가 많은 까닭

〈글루미 선데이(어두운 일요일)〉는 1932년에 루초 슬레스가 작곡한 유명한 샹송이지만, 이 곡만큼 저주받은 역사를 가진 노래도 없을 것이다. 이 곡은 100명이 넘는 많은 사람들을 자살하도록 부추긴 '자살 송'이기 때문이다.

헝가리의 수도 부다페스트의 한 레스토랑에서 어느 날 웬 젊은 청년이 이 곡을 연주해 달라고 악단에게 부탁했다. 음악을 듣던 그는 샴페인을 마신 후 별안간 권총을 꺼내 들고는 자신의 관자놀이를 쏘아 자살했다. 며칠 후에는 베를린에서 젊은 점원이 목을 매달아 자살했는데, 그의 발밑에는 이 악보가 떨어져 있었다. 또한 80세 노인이 이 곡을 틀면서 7층에서 뛰어내려 자살했고, 14세 된 소녀는 이 곡의 악보를 손에 든 채 강물에 뛰어들어 죽었다.

그 중에서도 가장 기묘한 사건은 로마에서 일어났다. 자전거를 타고 심부름을 가던 한 소년은, 노파가 부르던 이 노래를 듣고는 무슨 생각을 했는지 자전거에서 내려 그 노파에게 가진 돈 전부를 준 뒤 그대로 육교에서 아래의 철로로 몸을 던졌다.

이 곡은 어째서 죽음을 유도할까? 심리학자나 정신분석 의사가 그 원인을 알아내려고 연구했지만 아무 것도 알아내지 못했다. 다만 우울한 곡조가 원인이라는 추론만 했을 뿐….

　문제가 심각해지자 제2차대전 직전에는 영국·미국·프랑스에서 방송을 금지했으며, 얼마 전에는 영화로 만들어져 화제를 낳은 바 있다.

　자살은 가장 슬픈 죽음이다. 주어진 운명을 거역하는 데에는 필연적으로 아픈 사연이 담겨 있는 까닭이다. 연인과의 이별, 생계 문제, 사회적 비난, 억울함 따위가 그 사연의 주종을 이루는데, 묘한 것은 자살 시도는 여자가 많이 하지만 실제 자살자는 남자가 많다는 점이다.

　2002년 7월 말 경 이스라엘 보건부가 발표한 바에 따르면 3년간 연평균 자살자 수 350명 중에서 남성이 300명으로 85%나 되는 반면 여성 자살자는 50명가량이었다고 한다. 그러나 정부에 신고된 자살 기도 건수는 연간 1천 540여 건에 달했으며 15~24세의 경우 자살 기도자 중 여성의 비율이 70%나 되는 등 여성들이 남성보다 자살을 기도하는 사례가 많은 것으로 분석됐다. 왜 이런 차이가 있는 것일까?

　그 이유에는 여러 가지가 있겠으나 근본적으로는 감성과 이성에서 빚어진 결과로 보인다. 다시 말해 여자는 감성에 의해 충동적으로 자살을 시도하기에 횟수가 많은 데 비해, 남성은 이성적 판단에 의해 성공률이 높은 방법을 시도하는 바 실제 자살자가 많은 것이다. 물론 극단적 우울함이 바탕에 깔려있음은 공통적이고…….

여성이 남성보다 유행에 민감한 이유

어떤 여성이 미장원에 갔을 때 그 태도를 보고 나이를 짐작할 수 있다. 최신 유행이 뭔지 물어보거나 직접 잡지를 살펴본 다음 자기 마음에 드는 것을 해달라고 말하면 20대가 틀림없다. 그러나 무조건 볶아달라고 말하거나 편한 스타일을 찾는다면 아줌마일 가능성이 높다.

이를 연령이 아니라 성별로 대입해도 쉽게 구분할 수 있으니 여성은 유행을 의식하여 머리를 다듬고, 조금이라도 원하는 바와 다르면 불만을 드러낸다. 이에 비해 남성은 단정함을 기준으로 이발하며 웬만해서는 별다른 불만을 나타내지 않는다. 이는 단순히 기준에 비교한 결과가 아니라 유행과의 상관관계에서 파악할 일이다. 다시 말해 여성은 남성보다 유행에 민감한 편이다. 왜 그럴까?

여성이 유행에 상당한 관심을 보이고 있음은 잘 알려진 사실이며 여러 통계에서도 확인된 바 있다. '유행'이란 사전적으로 풀이하면 일시적으로 많은 사람들이 택함으로써 생기는 사회적인 동조현상을 의미하지만, 특이하게도 남녀의 입장에서 보면 관심 분야나 그 농도가 확연히 차이난다.

일반적으로 여성은 남성에 비해 사소한 부분을 잘 포착하는데, 바로 여기에서 유행에 대한 여성의 남다른 관심이 출발한다. 왜냐하면 유행은 일반적으로 사소한 것에서부터 생기고, 그것이 점차 여러 사람의 눈길을 끌 때 사회변화현상으로 커지는 까닭이다.

또한 여성은 남성에게 다른 여성보다 매력적으로 보이기 위한 경쟁심에서 유행에 큰 관심을 둔다. 물론 남성도 이성에게 멋진 모습으로 보이기 위해 노력하지만 유행보다는 자기의 능력으로 나타내려는 차이가 있다.

하이힐, 브래지어, 핸드백, 목걸이, 스커트, 헤어스타일 등등은 여성 특유의 유행상품으로 동서를 막론하고 많이 팔리거나 행해지고 있다. 뿐인가. 전성기 시절의 누드 사진이 유행하자, 여성들은 그마저 다투어 찍고 있다. 요컨대 여성은 자신의 매력을 발산하기 위해서라면 영역을 가리지 않고 유행을 따라하는 것이다.

그런데 묘하게도 여성이 다른 여성과의 차별성을 강조하기 위해 시도하는 변화가 남성에게 자극으로 다가가는 것이 아니라 경쟁관계에 있는 여성들을 자극하여 유행을 낳는다는 사실은 참으로 아이러니라 하겠다.

이에 비해 남성은 구체적 대상물보다는 관념적 유행에 관심이 많다. 따라서 철학, 사상, 문학 사조의 중심에는 항상 남성들이 많고 유행어(유머)에도 높은 관심을 드러낸다. 정리해 말하자면, 여성은 변화를 수용해서라도 자신의 존재가치를 높이기 위해서, 남성은 사회변화의 흐름을 알기 위해서 유행에 관심을 보인다는 차이가 있다.

사진 포즈로 본 남녀의 차이

현대인류는 얼굴이 앞으로 튀어나와 있지 않다는 점에서 다른 모든 포유류와 구별된다. 인류의 조상인 네안데르탈인의 얼굴은 두개골보다 앞으로 튀어나와 있지만 현대인류의 얼굴은 두개골 바로 아래 수직으로 놓여 있는 데서 알 수 있듯, 인류의 얼굴은 작게 진화해온 것이다. 그 이유에 대해 인류학자들은 먹이의 변화를 들고 있다. 즉, 사냥에서 농사로 상징되는 먹거리 변화에 따라 강한 턱과 근육의 필요성이 감소되었기 때문에 얼굴이 작아졌다는 것이다.

흥미롭게도 이러한 변화는 요즘 들어서 다른 이유로 주목받고 있으니 바로 'TV 속 얼굴'이다. 20세기 중엽 영화배우들의 생명력을 좌우한 가장 중요한 요인은 연기력이 아니라 얼굴이었다. 영화는 밝은 조명과 클로즈업을 통해 굴곡이 진 얼굴에 풍부한 표현을 불어넣었는데, 따라서 골격 구조가 좋은 사람은 영화를 통해 불멸의 생명을 얻을 수 있었다. 특히 흑백영화시대에는 광대뼈가 잘생긴 배우들의 황금시대였으며, 그레타 가르보와 오드리 헵번은 그 대표적 배우였다.

그러나 요즘은 두드러진 얼굴보다 작은 얼굴을 선호하는 경향을 보이고 있다. 두말할 것 없이 연예인들의 사회적 부상에 따른 현상이고, 실제보다 얼굴을 넓게 보이게 만드는 브라운관 특성이 그런 관념을 부채질한 것이다. 어떤 여배우가 일본에서 광대뼈를 깎았다는 소문이나 얼마 전 광대뼈 깎는 수술을 받다가 불행히 목숨을 잃은 젊은 여성의 사건은 모두 작은 얼굴을 추구하는 데서 비롯됐다.

이 경우 남성보다 여성이 더욱 큰 관심을 보이고 있는 것은 미를 추구하는 집념이 남성보다 강한 데 있기도 하지만, 한편으로 '귀여움=여성스러움'이라고 생각한 정서와도 맥락이 닿는다.

사진과 관련하여 또 하나 흥미로운 점은 여성은 사진 찍을 때 왼쪽 뺨을 많이 보인다는 것이다. 깜찍한 표정으로 양손을 허리 뒤에 대고 웃는 모습은 대표적인 여성 포즈이며, 손의 위치와 관계없이 왼쪽 얼굴을 보이는 경우도 매우 흔하다. 왜 그럴까?

그것은 감성의 지배에 따른 행위이다. 왼쪽 얼굴은 감정 표현을 관장하는 우뇌의 지배를 받기 때문에 쉽게 감정 변화가 나타난다. 감정 표현에 적극적인 여성은 자연스레 왼쪽 얼굴을 보이는 것이고, 근엄함을 추구하는 남성들은 상대적으로 오른쪽 얼굴을 보이는 것이다.

1999년 8월 호주의 멜버른대학 연구팀은 1,500명의 초상화와 얼굴 사진을 비교한 결과 여성이 남성보다 25% 정도 더 왼쪽 얼굴을 보이고 있다고 발표한 바 있다. 이것을 감안하면 사진 속의 얼굴 방향을 통해 그 사람의 성격을 어느 정도 짐작할 수도 있다.

제3의 성, 트랜스젠더

"은(銀)이나 쇠로 도끼를 만들어 임신부의 잠자리 속에 넣고, 당사자에게는 알리지 말라. 이것의 효과를 확인하려면 닭이 알을 품었을 때 도끼를 보금자리 속에 묻어두라. 그리하면 모두 다 수탉이 될 것이니라. 호랑이의 코를 베어 주머니에 넣고 임신부 출입하는 방문 위에 달아맨 후 당사자는 알게 하지 말라."

구한말 발행된 『가정백방길흉비결』에 나오는 '여자가 변하여 남자 되는 법'에 나오는 '성전환'의 전래 비법이다. 그렇게 한다고 하늘이 이미 정해준 성(性)이 바뀔 리야 있겠는가마는 아들을 선호한 정서가 위와 같은 터무니없는 비법을 낳았던 것이다.

성의 정체성에 대해서 요즘 논란이 많지만, 기실 그런 사례는 옛날에도 드물지 않았다. 한 예를 들면 명종 3년 길주에 사는 임성구는 아내를 얻어 살면서 한편으로 다른 집에 시집을 가 아내가 됨으로써 문제를 일으켰다. 그는 인도(人道)를 양용(兩用)했다는 죄목으로 사형당할 위기에 처했다. 그러나 임금은 인명보다 음양이 더 중요한 것이 아니니 외딴 곳에 쫓아 살려두라는 판결을 내렸다. 비록 과학이 발달한 때는 아니었으나 인간의 근본적인 운명에 순응하는 가치관을 보여준 사례라 하겠다.

의학이 발달한 요즈음 남성은 여성이 될 수 있고, 여성은 남성이 될 수 있다. 그에 따라 수술이나 기타 다른 치료를 통해 자신의 성이 아닌 다른 성으로 살아가는 성전환자가 나타났고, 그들을 가리켜 트렌스젠더(trans-gender)라고 한다. 이 말은 1995년 9월 5일 북경 제4차 여성대회 GO(정부기구)회의에서 결정했다.

　그런데 젠더와 섹스는 우리말로 똑같이 '성'이라고 풀이되지만 영어로는 미묘한 어감차이가 있다. 젠더는 사회적인 의미의 성이고, 섹스는 생물학적인 의미의 성을 뜻한다. 바꿔 말해 젠더는 정서적인 성이고, 섹스는 육체적인 성인 셈이다.

　트렌스젠더는 게이(Gay:남자동성애자) 혹은 크로스드레서(Cross-dresser: 여장남자)와는 근본적으로 다르다. 게이는 같은 동성을 사랑하는 사람들이고 크로스드레서는 이성의 복장을 선택적으로 즐기는 사람들이다. 이들은 자신의 육체적 성을 받아들이고 있다는 점에서, 자신의 정서와 다른 육체적 성으로 인해 갈등하는 트렌스젠더와 기본적인 차이가 있는 것이다.

　우리 사회는 이성애자들이 대다수를 차지하고 있다. 그러하기에 트렌스젠더에 대한 눈길은 이해보다는 호기심이 많다. 하지만 따지고 보면 성은 양극적이 아니다. 부드러운 성격을 가진 여성이 있는가 하면, 강한 성격의 여성, 부드러운 성격의 남성, 중성적인 여성 등이 있지 않은가 말이다. 그러므로 트렌스젠더는 현대의학이 낳은 성의 또 다른 세계일 뿐, 그 이상도 이하도 아니다.

왜
여
자
가
남
자
보
다 우울증에 잘 걸릴까

고종과 명성황후 사이에서 태어난 조선왕조의 마지막 임금 순종은 성적으로 결함이 있었다. 때문에 1882년 태자비로 간택된 민씨(민태호의 딸)는 생과부로 일생을 보내야 하는 운명이었는데, 시간이 지나면서 비정상적 생활로 인해 화병을 얻고 말았다. 극도의 스트레스로 인해 경대를 내던지기를 여러 차례 반복했지만 소용없었고, 급기야 병석에 눕고 말았다.

이때 태자비를 진찰한 의원은 엉뚱하게도 태기가 있다고 오진을 했다. 왕실에서는 의구심이 들면서도 혹시나 하는 마음으로 보약을 대령하기에 이르렀고, 상황이 이러하니 태자비는 더욱 기가 막혔다. 울화병을 못이긴 태자비는 결국 1904년 이 세상을 떠나고야 말았다. 이때 태자비의 나이는 서른셋이었으며 후에 순명황후(純明皇后)라고 일컫게 되었다.

비단 순명황후가 아니더라도 울화병으로 세상을 떠난 사람은 많다. 그런데 남자보다는 여자가 울화병에 잘 걸린다고 한다. 왜 그럴까. 한의학에서는 화병을 기(氣)가 뭉쳐 생기는 질병으로 보고 있다. 기가 물 흐르듯 흘러야 건강한 것인데 꽉 막혀 있으니 순환에 장애가 생겨 병이 된다는 얘기인데, 일반적으로 남자는 기가 쉽게 흩어지지만, 여자는 기가 잘 풀어지지 않고 뭉치기 때문에 울화병에 걸릴 확률이 높다고 한다.

같은 맥락에서 여성은 울화병뿐만 아니라 우울증도 남자보다 잘 겪는다. 실제로 WHO는 1996년 「여성과 정신건강」이라는 보고서에서 여성은 일생 중 특정 시기에 우울증을 경험할 확률이 남성보다 50% 정도 높을 뿐만 아니라 실제 만성우울증 발병도 남성보다 70% 가량 많다며, 이는 세계 공통 현상이라고 말했다.

이 보고서는 또 여성은 빈곤·실업·이혼·전쟁·가정폭력 등 정신건강을 해칠 수 있는 여러 요인들에 남성보다 훨씬 많이 노출돼 있다고 지적했다. 특히 혼인관계가 남성에게는 보호적인 효과가 있지만 여성에게는 그렇지 않다고 지적하고, 기혼여성 중 우울증에 시달리는 경우가 많은 것이 그 증거라고 이 보고서는 밝혔다.

우리나라에서도 비슷한 조사결과가 나온 바 있다. 1995년 정신질환을 이유로 병원 진료를 받은 사람은 여성이 9만여 명으로 남성보다 4만 명이나 많았다. 여성 정신질환자는 특히 30살을 넘어서면서 급격히 늘어나는 것으로 나타났다. 대체로 우리나라 여성 중 우울증 환자는 약 6%로서 남자(약 2%)보다 3배 가량 많다고 한다.

그 이유에 대해, 캐나다의 미르코 딕식 박사는 1997년 감정에 관여하는 화학물질인 세로토닌의 분비기능이 남녀간에 차이가 있기 때문이라고 밝혔다. 여성들은 뇌의 세로토닌 생산속도가 느린 까닭에 우울증에 빠질 가능성이 높고 빈도가 잦다는 것이다.

"귀 잘생긴 거지는 있어도 코 잘생긴 거지는 없다?"

제 4 장

육체

왜 남자는 큰 키, 여자는 롱다리를 추구할까

한번은 나폴레옹이 의자 위에 올라가서 책장에 꽂힌 책을 꺼내려고 했다. 이것을 본 장군 하나가 다가서며 말했다. "죄송합니다만 제가 폐하보다 크니까……." 그러자 나폴레옹은 얼굴을 찡그리며 이렇게 대답했다. "그대가 나보다 큰 것은 아닐세. 등이 좀 높을 뿐이지."

160cm 조금 넘었던 나폴레옹은 키에 관해 유난히 민감한 반응을 드러낸 것으로 유명한데, 이런 정서는 서양사회에서 남달랐다. 체구로 상대를 제압하는 문화풍토에서 키는 상대의 시선을 제압하는 원초적 무기였던 것이다.

특히 고대 그리스인들은 장신을 선호하면서도 자신들의 키가 세계의 균형이라는 자부심을 지녔으니, 프로크루스테스 침대 신화에 그런 마음이 담겨 있다. 사람을 잡아다가 자기 침대에 눕힌 다음 작을 때는 잡아당겨서 늘이고 클 때는 침대 밖으로 나온 부분을 잘랐다는 프로크루스테스의 이야기는 다름 아닌 북쪽의 키 큰 게르만 민족과 남쪽의 키 작은 아랍 민족에 대한 우월감의 표시라는 해석이다.

또한 고대 그리스 조각상의 평균키를 조사한 바에 따르면 178cm라 하니 그리스 남자들이 이상적으로 생각한 키를 짐작할 수 있는데, 이 키는 비너스상보다 10cm 더 크다. 그 시절에도 남자가 여자보다 커야 된다고 생각한 것이다.

이에 비해 우리나라에서는 큰 키에 대하여 부정적이었다. '키 크고 싱겁지 않은 사람 없다', '키 크고 속없다', '땅 넓은 줄은 모르고 하늘 높은 줄만 안다', '작은 고추가 맵다'는 따위의 속담이 그런 정서를 대변하고 있다.

그렇지만 사실상 우리 역시 그리스인들과 같은 생각을 갖고 있었으니, 키 큰 북방 오랑캐를 얕보는 동시에 남쪽의 일본인을 키가 작다 하여 '왜인'이라 불렀다. 요컨대 키에 관한 한 남자들은 동서양을 막론하고 상당한 콤플렉스를 지녔던 것이다.

그런데 우리 조상의 키는 얼마였을까. 임진왜란 때 어느 한 부대 관병(官兵)들의 키를 조사한 바에 따르면 152.7cm인 것으로 밝혀졌다. 1960년대 초에 조사된 평균키가 165cm, 최근 조사된 평균키가 172cm인 바, 남자들의 키는 꾸준히 커지고 있는 것이다. 비단 우리뿐만 아니라 인류의 평균키는 계속 커져왔다. 2백만년 전 원시인류의 평균키는 137cm였지만, 18세기 초 미국 남자의 키는 168cm였고, 1995년에는 178cm에 달했다.

흥미롭게도 여성의 키도 같이 커왔는데, 항상 남성보다 10cm 정도 작다는 특징이 있다. 인류학자들은 '남성이 여성보다 키든 몸무게든 10% 큰 것이 자연의 법칙'이라 해석하고 있다. 한편, 현대여성들 자신도 큰 키를 선호하는 경향이 있는데, 이 경우 키 자체보다 '롱 다리'를 추구한다는 점에서 남자와는 다소 차이가 있다.

남자는 왜 여성의 보조개를 좋아할까

"여인의 보조개는 한 나라를 위태롭게 한다"라는 영국 속담은 다소 과장이 있긴 하지만 여성의 보조개에 대한 남성의 관심이 어떠한지를 보여주고 있다. 비단 영국뿐 아니라 세계 많은 문화권에서 보조개는 귀여움 혹은 어여쁨의 상징으로 통하고 있다. 더욱이 남성의 보조개는 관심의 대상에서 제외되고 오직 여성의 보조개만 좋게 여겨진다. 왜 그럴까?

'보조개'는 웃거나 말할 때에 볼에 오목하게 들어가는 자국을 일컫는 말이다. '볼우물'이라고도 한다. 영어 '딤플(dimple)'은 물 속에 있는 깊은 구멍을 뜻하는 고대 그리스어 'timpel'에 어원을 두고 있다. 어느 말이든 모두 그 형태에서 비롯되었는데, 흥미롭게도 '물(水)'과 관련된 공통점이 있다. 다시 말해 보조개는 '볼에 있는 조개', 볼우물은 볼에 난 우물, 딤플은 물속의 구멍을 의미하는 바 모두 수성(水性)을 지니고 있는 것이다.

서양의 경우 보조개는 그리스 시대부터 주목받았다. 고대 그리스인들 사이에서는 뺨의 모양이 아름다움의 기준으로 삼았는데 이때 보조개는 플러스 알파의 역할을 했다. 그리스인들이 보조개를 얼마나 미의 기준으로 여겼는지는 신화에서도 확인할 수 있다. 그리스 신화에서 보조개는

사랑의 전달자 에로스(큐피드)가 파놓은 사랑의 샘이며, 남성은 여성의 보조
개를 보는 순간 사랑에 빠지게 된다.

　이런 영향으로 유럽에서는 보조개에 대한 미신과 전설이 많이 생겼다. 하
느님이 손가락으로 눌러 생긴 특별한 자국이라거나 천사의 실수로 생긴 자국
이라는 이야기 따위가 그것이다. 인간을 만들 때 신성을 배제하여 만드는데,
천사 하나가 실수하여 신성의 액체 한 방울 떨어뜨린 것이 보조개가 됐다 하
며, 그 천사는 이 때문에 천국에서 추방당했다고 한다.

　우리나라 잡가에도 "저 큰 애기 보조개에 무슨 손가락이 달렸기에 선머
슴아 사타구니 밤새워 긁어대나" 하는 내용이 있음으로 미루어 오래 전부터
여인의 아름다움으로 여겨져 온 것으로 짐작된다.

　이렇듯 보조개가 긍정적 평가를 받아온 데에는 여러 이유가 있다. 첫째,
정신력이나 얼이 담겨있다고 믿는 볼에 자리 잡고 있다는 위치성과 보조개는
그리 흔하지 않은 신체 표시라는 희귀성이다. 둘째, 오목한 데가 많은 갓난아
이를 연상시키는 순수성이며 이는 처녀성으로 연결된다. 셋째, 오목한 형태로
인한 여성성이다.

　바꿔 말해 그 어느 곳보다 맞으면 기분 나빠할 정도로 은연중 소중히 여
기는 특별한 부위에 생긴 희귀한 여성성이 묘하게도 여자의 귀여움 혹은 아름
다움으로 이어진 것이다. '모나리자의 미소'가 신비스럽게 여겨지는 까닭도
그 웃음이 엷은 보조개를 연상시키는 데 있다.

남자가 여자보다 힘이 센 이유

해마다 전남 보성에서는 풍년을 기원하는 '들돌놀이'
가 벌어진다. 마을 당산나무 옆에 있는 80kg짜리 들돌을 가
장 잘 들어올리는 사람을 장원으로 뽑아 상을 주는데, 이것
은 단순한 힘겨룸판이 아니라 일꾼들의 품삯을 합리적으로
산정하기 위한 지혜의 반영이었다. 즉 들돌을 들어 어깨 뒤
로 넘길 수 있으면 상일꾼, 무릎 위까지 올리면 중일꾼, 들어
올리지 못하면 담살이 등으로 구분해 그에 걸맞은 품삯을
지급했던 것이다.

힘과 관련하여 빼놓을 수 없는 특이한 사례로 갑신정
변에 활약한 '천하장순이' 여인이 있다. 「수호지」에 나오는
여장부의 이름을 따서 '고대수'라는 별명으로 불린 42세의
궁녀가 바로 그다. 건장한 체구에 장정 5~6명을 당할 수 있
었던 그녀는 거사 당일 통명전에 불을 질러 김옥균 일행을
구했으며, 우리나라 최초의 여성 혁명가가 되었다.

일반적으로 남자는 여자보다 힘이 세다. 힘이란 근육
과 뼈에 의한 운동능력을 말하며, 그 힘은 영양분이 산소에
의해 산화될 때 생기는 에너지다. 그러면 남녀간 힘의 차이
는 왜 생기는 것일까?

우선 근육에 운반되는 산소의 양에 다소 차이가 있다.
피 속에는 산소를 운반해주는 적혈구가 있다. 피가 빨갛게

보이는 것은 붉은 적혈구의 구조 때문이다. 그리고 적혈구에는 특별히 산소와 결합하는 헤모글로빈이라는 단백질이 가득 차 있다. 남자의 경우 피 1cc당 약 500만개의 적혈구가 있는데, 여자는 남자보다 50만개가 적은 450만개에 불과하다.

우리 몸 속에 약 5ℓ의 피가 들어 있다고 보면 남자는 여자보다 25억개의 적혈구를 더 갖고 있는 셈이 된다. 즉 산소 운반 능력면에 있어서 10의 1의 차이가 난다. 따라서 똑같은 상황에서 이 차이만큼 근육에서 만들어지는 에너지가 다르므로 남자가 힘이 센 것은 당연한 일이다.

두 번째는 성(性)호르몬의 종류가 다르다는 데서 찾을 수 있다. 사춘기가 되면 남자는 남성 호르몬의 분비가 급격히 증가하여 골격을 단단하게 해주고 근육도 발달시켜 준다. 이에 반해 여성 호르몬은 근육과 골격의 발달에 큰 영향을 미치지 않는다.

이처럼 남자들은 여자에 비해 튼튼한 골격과 강한 근육을 갖고 더 많은 양의 산소를 공급받기 때문에 일반적으로 더 강한 힘을 낼 수 있는 것이다. 하지만 이것은 태어날 때 결정된 운명이지 자기가 열심히 노력하여 후천적으로 얻은 힘이 아니므로 자랑거리가 될 수는 없다.

여성들 중에는 맹신적이다 싶을 만큼 쌍꺼풀을 좋아하는 사람이 많다. 우리 전통 미인도에 나타난 옛날 미인의 눈은 전부 가로로 길게 찢어진 모양인 데다 반달형으로 가늘고 검은 눈썹, 깊고 젖은 눈, 쌍꺼풀이 없는 양 눈 사이는 적당히 멀었다. 더군다나 쌍꺼풀 진 눈은 아들 못 낳을 상(無子相)이라 하여 철저히 기피의 대상이 됐던 바, 미인의 기준이 천지개벽한 셈이다.

그런데 왜 여자들은 쌍꺼풀을 좋아하는 것일까? 그것도 남성의 선호와 상관없이. 주지하다시피 쌍꺼풀은 서양인의 얼굴 특징이고, 한국인의 얼굴에는 드물다. 이것은 기후와 밀접한 관련이 있으며 추운 지방에서 살아온 북방계와 더운 지역에서 성장해온 남방계의 얼굴 특징이기도 하다.

대개 북방계는 눈썹이 흐리고 쌍꺼풀이 없으나 남방계는 눈썹이 짙고 쌍꺼풀이 있다. 북방계의 경우 윗 눈꺼풀에 지방이 많은 데다 안내각췌피라는 피부자락이 눈을 누르는 까닭에 눈초리가 올라가고 눈이 작으며 쌍꺼풀이 생기기 힘들다. 이에 비해 유목문화권의 서양인들은 이목구비가 뚜렷하고 눈이 크며 쌍꺼풀이 진하다. 요컨대 날씨가 쌍꺼풀을 좌우한 것이다.

그렇지만 쌍꺼풀에 대한 선호를 낳은 것은 날씨가 아

니라 마음 때문이다. '사람이 천냥이면 눈이 팔백냥'이라는 속담이 있듯 눈은 기능적으로도 중요하지만 심리적으로도 특별한 의미를 지니고 있다. 눈은 세상을 보는 창문인 동시에 다른 사람에게 자신의 속내를 드러내는 '마음의 창'이라는 인식이 널리 퍼져 있는데 따른 현상인 것이다.

　이 경우 눈은 클수록 시원하고 깊으며 맑은 인상을 주므로 눈을 크게 보이는 쌍꺼풀 진 눈을 아름다운 눈으로 여긴다.

　속눈썹이 길어 보인다는 미용적 장점도 쌍꺼풀 진 눈을 선호하게 만드는 이유 중의 하나이며, 또한 큰 눈이 순박한 짐승의 눈이라는 특징도 쌍꺼풀에 대한 선호를 은연중 부채질한 것으로 여겨진다. 맹수의 날카로운 눈에서는 불안감이 느껴지지만, 사슴의 눈에서는 가녀린 아름다움이 느껴지는 것이다.

　한편 성형외과 전문의들에 따르면, 우리나라에서는 1960년대를 전후해 쌍꺼풀 수술이 시작됐는데 초기에는 쌍꺼풀의 높이가 높았고 큰 반달 모양이었다. 그 뒤 70년대와 80년대 중반까지는 눈 안쪽 쌍꺼풀이 시작되는 지점이 보이지 않도록 안에서 출발해 눈꼬리쪽으로 가면서 넓어지는 형태가 유행이었다.

　최근에는 눈 안쪽 쌍꺼풀의 시작이 명확하게 보이지 않도록 하되 너무 깊은 데서 시작하지는 않으며, 바깥쪽은 비교적 떠 있게 하는 모양이 인기다. 이형태는 태어날 때부터 쌍꺼풀을 가진 사람의 자연스런 눈과 같다는 점에서 성형도 궁극적으로 자연미를 추구하고 있음을 알 수 있다.

남자 코가 크면 정력도 셀까

"귀 잘생긴 거지는 있어도 코 잘생긴 거지는 없다"는 옛말이 있다. 또 뭉툭하게 생긴 코를 일러 '개 밥 도둑'이라고도 했다. 관상학적으로 코를 얼마나 중요시했는지 짐작하게 해주는 말이다. 이에 대해 추리소설가 에드가 앨런 포는 "몽당코의 신사란 있을 수 없다"고 맞장구쳤고, 나폴레옹 역시 "다른 결함이 없다면 코 큰 사람을 우선적으로 인재로 쓴다"고 말한 바 있다.

그 뿐만이 아니다. 중국인들도 코를 가장 중요한 인체의 상징으로 여겼다. 코를 한자로는 '鼻(코 비)'라고 쓰는데, 自(스스로 자) 아래에 畀(줄 비)자를 받쳐 놓는 글자이다. 본래는 '自'만으로 코를 뜻했으나 그 글자가 '자기'라는 뜻이 되자, 콧물의 뜻이 있는 '畀'를 받치어 '코'의 뜻으로 쓰게 됐다. 코는 얼굴 중심에 있고 가장 높은 곳이라는 데서 '비롯하다'의 뜻으로도 쓰인다. 예컨대 비조(鼻祖)는 시조(始祖)를 뜻한다.

그러나 일반인이 가장 인상적으로 기억하는 코에 관한 말은 "남자의 성기는 곧 코의 크기와 비례한다"일 것이다. 고대 로마인들은 남자의 코 길이가 그의 정력을 말해준다고 생각해서 '로마의 코'라는 말로 정력 강한 남성을 표현하기까지 했다.

정말일까? 결론부터 말하자면 '아니다'이다. 많은 사람들이 여기에 관심을 갖고 상관관계를 조사했지만 별다른 특징을 찾지 못했다. 작은 키로 유명한 아프리카의 피그미족을 보더라도 '코 크기＝성기 크기'가 오류임을 쉽게 알 수 있다. 피그미족 남성들은 대부분 납작한 코를 갖고 있는데, 그들의 성기는 인체에 비례할 때 매우 큰 편이며, 정상인과 비교할 때도 그 크기가 뒤지지 않는다. 그럼에도 사람들이 코와 성기의 크기를 비례해서 생각하는 것은 유감(類感) 정서에서 비롯된 것이다.

또 하나 '코의 크기는 정력의 세기와 비례'한다는 시쳇말도 있다. 과연 그럴까? 이것 역시 낭설이다. 이미 많은 전문가들이 여성의 섹스 만족도는 애정·분위기·애무·시간 따위에 의해 결정되고, '남성'의 크기는 그다지 문제되지 않는다고 밝힌 바 있다. 통계에 따르면, 동양보다 서양 여성이 오르가슴을 많이 느낀다고 하는데, 이것 역시 서양 남성의 성기가 크기 때문이 아니라 분위기와 애무에 의한 것이라고 한다.

한편 동양인 중에는 서양인들의 코 크기에 콤플렉스를 가진 경우도 있다. 서양인들의 코는 어찌하여 그리 큰 것일까? 인류학자들의 연구에 따르면, 인류의 코는 지역의 습도와 관련하여 결정됐다고 한다. 공기에 적응하는 과정에서 커지거나 작아졌다는 얘기다.

실제로 건조한 지역에 사는 사람들이 다습한 지역의 주민보다 코가 높고 크다. 농경문화권이 유목문화권보다 습도가 많은 바, 동양인의 코가 서양인에 비해 납작하고 작아진 것이다.

남자보다 여자에게 대머리가 적은 까닭

고대 그리스의 한 철학자가 산책을 나갔다가 번민에 빠진 젊은이를 보았다. 그 젊은이는 연신 자기 머리털을 쥐어뜯으며 크게 탄식하고 있었다. 그러자 철학자는 젊은이에게 이렇게 말했다. "어허, 이 사람아. 대머리가 되면 슬픔도 없어지는 줄 아나?"

대부분의 문화권에서 대머리는 흔히 놀림의 대상이 된다. 이 경우 완전한 대머리가 아니고 이마가 다소 벗겨진 사람도 대머리로 여겨진다. 혁명가 레닌은 나이 스물에 벌써 머리가 벗겨졌는데, 그때 친구들은 그를 이렇게 놀렸다고 한다. "넌 갓난아이 적에도 대머리였겠지."

대머리를 '결함'으로 여기기는 우리 사회도 마찬가지여서 "공짜 좋아하면 이마가 벗겨진다"고 하거나 사람 없는 빈산에 외로이 비치는 밝은 달에 비유해 '공산명월(空山明月)'이라고 놀리기도 한다. 그런가하면 대머리 남편을 둔 여성에게 "(남자가) 정력 강해서 좋겠다"라며 놀림인지 부러움인지 헷갈리게 말하기도 한다.

대머리를 놀리는 정서는 있어야 할 머리털이 없는 데서 비롯됐다. 그렇다면 정말로 공짜 좋아하면 이마가 벗겨지고, 대머리는 정력이 강할까? 아니다, 그렇지 않다. 옛날부터 사람들은 머리털을 대단히 아꼈고 탐욕을 불행의 씨앗으로 보았다. 다시 말해 탐욕 경계를 위해 가장 소중히 여기는 머리털 상실을 강조한 것이 "공짜 너무 좋아하면 대머리가 된다"라는 속언을 낳은 것이다.

또 '대머리=강한 정력'의 등식도 전혀 근거 없다. 섹스 밝히는 남자를 여자가 연신 밀어낸 까닭에 이마가 벗겨졌다는 야릇한 추측이 그런 속언을 만들어냈을 뿐이다.

또 하나 대머리와 관련하여 빼놓을 수 없는 것이 여성의 대머리이다. 여성은 대머리가 없는 것일까? 아니다. 통계적으로 남성보다 여성의 대머리가 훨씬 적긴 하지만 여성 중에도 대머리는 있다. 다만 가발을 쓰고 다니기에 발견하기 힘든 것이다.

클레오파트라가 머리털을 신비롭게 보이기 위해 머리장식을 한 예에서 알 수 있듯 여성에게 머리털은 아름다움의 상징인 까닭에 여성은 대머리를 남자보다 무척 부끄럽게 여긴다. 그런데 왜 여자에게 대머리가 적을까?

사람 몸에는 약 50만 본의 털이 있고 털에는 일정한 수명이 있다. 머리털의 수명은 대략 14~32년 정도까지이므로 그 이후의 연령층 사람들은 충분히 손질하여 탈모를 막도록 주의해야 한다. 그리고 대머리와 흰머리의 정체는 아직 밝혀지지 않았다. 어느 것이나 노화현상임에는 틀림이 없는데, 여성에게 대머리가 적은 점과 19세 이전에 거세한 남성에 대머리가 없음으로 미루어 대머리 원인을 남성 호르몬 과잉으로 보는 설이 유력하다.

여
자
는

왜

몸
무
게
에 집
착
할
까

남자들이 키에 신경을 곤두세워왔다면, 시대에 따라 다소 차이가 있긴 하지만 대부분의 문화권에서 여성들은 몸무게에 남다른 신경을 써왔다. 가녀린 여성이 인기를 끌 때는 마른 여성이, 풍만한 여성이 선호될 때는 글래머스타일로 만들기 위해 갖은 애를 썼다.

문제는 현대에 가까울수록 남성들이 여성에게 은연중 비정상적인 몸무게를 강요하고 있다는 점이다. 다시 말해 '쭉쭉빵빵'으로 회자되는 굴곡있는 몸매와 날씬함이라는 어려운 조건으로 여성의 육체를 속박하며, 여성이 그러한 남성의 욕구에 부응하고자 애쓰고 있는 것이다.

사정이 이러하니 오늘날 여성에게 몸무게를 물으면 눈총을 쏘기 일쑤이고, 몸무게는 알아서는 안될 비밀처럼 여겨진다. 어느 여성 가수는 공개석상에서 몸무게가 밝혀지자 대성통곡을 하기도 했다. 나아가 현대여성들은 날씬한 몸매에 집착한 나머지 비정상적인 몸무게를 이상적으로 여기고 있다. 즉 키나 체형과 상관없이 무조건 적은 몸무게를 선호하는 것이다.

이런 정서는 20세기 중엽 이후 활성화된 미인대회의 영향으로 심화됐으며, 날씬한 만큼 심각한 영양부족 상태를 불러일으키고 있다. 한 예로 2000년 3월 21일 발간된 미국의

학협회 저널에 따르면 존스홉킨대 인간영양센터의 벤저민 카발레로 박사는 역대 미스 아메리카 78명의 키와 몸무게를 토대로 이들의 건강상태를 측정한 결과 상당수가 영양부족이라고 밝혔다. 연구팀은 미스 아메리카들의 신장은 2% 정도 커졌지만, 몸무게는 12%나 감소했다고 밝혔다.

사람이 자신의 몸무게에 관심을 가지고 측정한 것은 16세기부터의 일이다. 당시 이탈리아의 산토리오라는 물리학자는 날마다 각기 다른 시간에 자신의 몸무게를 잼으로써 배설과 발한에 따라 몸무게가 얼마나 빠지는가를 측정했는데, 오늘날 여성들은 엉뚱하게도 몸무게를 날씬함의 잣대로 삼고 있는 것이다.

한편, 다이어트하는 여성은 많지만 체질적으로 몸무게가 잘 줄어들지 않는 여성도 있다. 왜 그럴까. 그에 대한 답은 영국 사우샘프턴 대학과 미국 시카고 노스웨스턴 의과대학의 연구결과에서 일부 찾을 수 있다.

연구진에 따르면 1920~30년 사이에 출생한 1천 7백 50명의 남녀 성인을 대상으로 비만 정도를 조사한 결과 추운 겨울에 태어난 대상자들이 비만의 척도를 나타내는 신체밀집지수가 높은 것으로 밝혀졌다고 한다. 즉 추운 겨울에 태어난 아기들은 성인이 된 후 비만에 걸릴 가능성이 크다는 얘기다.

또한 그 인과관계는 정확히 알 수 없으나 추운 지역으로 이주한 사람들의 자녀들이 쉽게 비만에 걸리는 현상에 대한 해답일지도 모른다고 했는데, 다이어트해도 살이 빠지지 않는 여성은 한 번 생일을 계산해 볼 일이다.

빨강머리 주근깨 여자

서양의 아동소설 주인공 중에는 빨강머리를 가진 주근 깨 소녀가 많다. 대표적인 이가 빨간 머리카락을 양 갈래로 꼭꼭 땋아 늘어뜨리고 천방지축 일을 벌이는 「말괄량이 삐 삐」다. 스웨덴 아동작가 A. 린드그렌이 밝힌 바에 따르면, 「키다리 아저씨」를 본 딸이 무작정 긴 양말을 신은 아이 이 야기를 들려달라고 졸라대는 바람에 떠오르는 대로 만든 것 이 바로 삐삐 시리즈라고 한다.

"주근깨 빼빼 마른 빨강머리 앤"이라는 주제가 가사로 널리 알려진 「빨강머리 앤」도 빼놓을 수 없는 유명한 소녀 다. 작가 L. 몽고메리의 고향인 캐나다 프린스 에드워드 섬 은 단지 빨강머리 앤의 무대라는 이유로 해마다 백여만 명 의 관광객이 찾아든다고 하니 그 유명세가 만만치 않다.

그런데 왜 빨강머리 주근깨 소녀가 주인공일까?

주근깨는 얼굴의 군데군데에 생기는 갈색의 뚜렷한 점 을 일컫는 말이다. 멜라닌 색소성 질환인 주근깨는 주로 얼 굴이 붉은 사람의 피부에 잘 생기며, 동양인에 비해 서양인 에게서 많이 발견된다. 자외선에 많이 노출된 생활을 하는 까닭이다. 얼굴에 뒤덮여 있는 주근깨는 서양사람들에겐 보 편적인 현상이어서 흉이 되지 않으며, 그래서 주근깨 투성 이의 소녀 삐삐나 앤은 서양인에겐 아주 귀여운 존재로 통한다.

　또한 의학적으로 보면 빨강머리 유전자와 주근깨를 나타내는 유전자가 같은 염색체 위에 존재하여 연관되어 있기 때문에, 빨강머리를 가진 사람은 주근깨가 잘 나타난다고 한다. 물론 유전자 교차현상으로 달라질 수도 있다.

　주근깨는 유전적인 성향이 강하다. 가족 중 여러 사람에게서 나타나며, 5 ~6세 유아기부터 시작되어 시간이 갈수록 수가 늘어나 사춘기에 가장 심했다가 이후 조금씩 줄어든다. 유전적 요인을 지닌 사람이 자외선에 노출되면 피부 세포의 멜라닌 색소가 늘어남에 따라 색깔이 짙어진다.

　남성보다 여성에게 주근깨가 많이 나타나는 이유는 여성 호르몬과 관계 있다고 한다. 일반적으로 여성은 피임약을 복용하거나 출산을 한 뒤 얼굴에 기미가 생기는데, 거무스름한 얼룩점인 기미 역시 여성 호르몬의 변화와 태양광선이 중요한 요인으로 꼽히고 있다. 차이가 있다면 기미는 점차 많이 사라지지만 주근깨는 좀처럼 없애기 힘들다는 점이다.

　때문에 여성들에게 주근깨는 상당한 골칫거리다. 근세 유럽에서 주근깨 제거 화장품으로 인기 높았던 것들은 대개 수은을 다량 함유하고 있어서 결국 피부를 망친 일이 적지 않았는데, 요즘에도 엉터리 화장품으로 인한 피해가 종종 일어나고 있다. 너무 무리한 방법을 사용하는 것보다 어느 정도 효과가 있다는 녹차와 된장찌개를 상식함이 어떨지….

왜 여드름은 남자에게 많이 생길까

주근깨가 소녀의 상징이라면 여드름은 소년의 상징이다. '청춘의 불꽃'이라는 미사여구로도 불리는 여드름은 주로 사춘기에 이른 남녀의 얼굴·가슴 등에 도톨도톨하게 나는 작은 종기를 가리키는 말이다. 피지가 털구멍을 빠져나가지 못함에 따라 피지선이 막혀서 생기는데, 민감한 사람은 10대에 사춘기가 시작되면서 순환하는 남성 호르몬의 수준이 급증하여 피지선의 활동이 지나치게 활발해지기 때문에 나타난다. 얼굴뿐 아니라 가슴이나 등에 생기는 경우도 있으며, 40세 무렵에 생기는 일도 있다.

여드름은 안드로겐이라는 호르몬과 밀접한 관계가 있다. 선천적으로 지성 피부를 타고난 사람은 같은 양의 안드로겐에 대해 그렇지 않은 사람보다 훨씬 민감하게 반응하기 때문에 얼굴에 기름기가 많고 모공도 넓어지며 여드름도 많이 생기게 된다.

그렇다면 건성·지성을 막론하고 사춘기에 여드름이 많이 생기는 이유는 무엇일까? 그것은 남성 호르몬과 밀접한 관련이 있다. 여성은 사춘기를 맞이하게 되면 여성 호르몬의 작용에 의해 신체가 여성답게 변하며 생리가 시작된다. 동시에 여성에게도 천천히 남성 호르몬의 분비가 시작되는데 이 호르몬이 피지의 분비와 관계가 있다. 즉 안드로겐이라는 남성 호르몬이 분비되어 피지선을 자극하여 분비를 촉진하는 것이다.

　남성은 말할 것도 없이 여성보다 남성 호르몬이 많이 분비되는 까닭에 피지 분비 역시 더 왕성하다. 여드름 소년이 많은 이유가 바로 여기에 있는 것이다. 또한 사춘기 때에는 과중한 공부 때문에 힘들거나 수면부족이 계속됨에 따라 피부가 거칠어지고 여드름이 심해지기 쉽다.

　그런데 여드름이 많은 사람은 비듬도 많고 대머리가 될 가능성도 높다고 한다. 왜 그럴까? 털이 자라는 데는 반드시 호르몬이 필요하며, 그 중 안드로겐의 영향을 받는데, 수염과 달리 머리카락은 오히려 성장이 억제된다. 쉽게 말해 과다 분비된 지방이 비듬을 만들어내고 머리털을 없애는 것이다. 간혹 '대머리에도 비듬이 생길까' 의문을 품는 사람이 있는데, 대답은? 생긴다!이다.

　여드름 방지 및 치료방법은 다양하다. 몇 가지를 소개하면 자주 세수하고, 얼굴을 만지지 않아야 하며, 야채를 많이 먹고 충분한 수면을 취해야 한다. 특히 낙천적 마음가짐이 중요하다. 왜냐하면 안드로겐은 스트레스를 이겨내는 일종의 '전투 호르몬'인 바, 고민이 있으면 끊임없이 생성되기 때문이다.

　한편 '여드름 사내와 주근깨 여자'라는 속설이 있는데, 이는 정욕이 강한 남녀를 일컫는 말이다. 여드름과 주근깨는 낡은 피가 얼굴에 나타나는 것이고 뜨거운 피가 넘쳐나는 사람이라고 생각한 데서 비롯된 관념이다.

여
자
는
왜
작
은
발
을

예
쁘
게

여
길
까

인체 중에서 발은 인간관계를 의미한다. 사귀는 사람
이 마음에 들지 않을 경우 '발을 끊었고', 누군가를 돕고자
할 때는 '발 벗고' 나섰으며, 어떤 일에서 물러서려 할 때는
'발을 뺐다'. 그런데 발이라도 특별한 의미가 있는 발이 있
다. 바로 큰 발이다. 남녀 불문하고 큰 발을 싫어하기는 마찬
가지여서 '발이 크면 도둑놈'이라는 속말까지 생겼고, 특히
여성의 큰 발은 그 여성에게 치명적인 흉으로 통했다.

그런 까닭에 여자아이의 경우 발을 작게 만들고자 어
렸을 때 일부러 신발을 작게 신는 경우가 드물지 않았으며,
웬만해서는 남에게 맨발을 내보이지 않도록 교육받았다. 이
런 정서는 많이 약해졌으나 오늘날에도 '왕발'과 '맨발'은
부끄러움으로 여겨지곤 한다. 왜 그럴까?

여성들의 왕발 기피증은 '작은 발이 아름답다'는 왜소
미와 통한다. 얼굴도, 손도, 발도 작은 것을 예쁘게 생각했던
관념이 왕발을 부끄럽게 만든 것이다. 또한 발은 섹스 어필
로서 성기와 연관있는 바 '작은 발=작은 성기'로 여겨진 점
도 은연중 작용했다.

이에 비해 남성은 장대한 체구를 남성미의 이상형으로
여기면서도 왕발을 좋지 않게 생각했으니 이상한 일이 아닐
수 없다.

그 비밀은 유교 관념에 있다. 유교사회에 있어서 남성의 이상형은 기골 장대한 사나이가 아니라 지성과 인격을 갖춘 '군자'였다. 군자는 학문과 인품을 닦는 일에 최선을 다하면 그만이었고, 육체노동은 천한 사람들이 하는 일이었던 바, '큰 몸집=육체노동자'라는 관념이 형성되기에 이르렀다. 그리고 큰 체격의 사람이 큰 발을 갖고 있음은 당연한 이치이므로, 큰 발을 천한 사람으로 여기게 됐으며, 나아가 도둑놈이라고까지 놀리게 되었다.

오늘날 '발이 넓다'는 말은 '교유 관계가 폭넓다'라는 의미로 통하지만, 옛날에는 그다지 좋은 의미가 아니었다는 점도 왕발에 대한 부정적 시각의 일단을 보여준다. 양반사회에서 활동이 많은 사람은 부지런하다는 의미 이외에 점잖지 못하다는 면모도 포함된 것으로 해석했기 때문이다. 사교성 좋은 사람을 일러 '마당발'이라 하는 데서 짐작할 수 있듯, 사람을 많이 대하는 것은 마당쇠나 할 일이었던 것이다.

이런 관념은 "군자(君子)는 많은 사람을 (얇게) 사귀는 것이 아니라 한 두 명일 지라도 마음맞는 사람을 (깊게) 사귀어야 한다"고 생각했던 것과도 무관하지 않다.

하지만 요즘에는 발에도 자유화 바람이 부는 실정이다. 맨발은 물론, 발톱에 매니큐어를 칠해서 한껏 모양을 자랑하기까지 한다. 불과 얼마 전까지만 해도 맨발로 다니면 크게 혼난 일과 참으로 대조되는 일이지만, 작은 발에 대한 선호는 여전하다는 점에서 '귀여움=여성미'의 역학관계는 쉽게 무너지지 않을 것 같다.

굵은 저음과 낭랑한 목소리

18세기 유럽에서는 교회의 엄격한 규율에 따라 여자 가수는 무대에 설 수 없었다. 부득이 높은 음을 내야 할 필요가 있자 변성기 이전의 소년을 거세시켜 남자 소프라노인 카스트라토를 만들어냈으며, 수많은 카스트라토는 독특한 미성으로 사람들을 사로잡았다. 그런데 왜 변성기 이전에 거세했을까?

변성기가 나타나는 사춘기를 완전히 지난 이후 거세당하면 남성적인 특성들이 대개는 그대로 남아 미성을 가질 수 없는 까닭이다. 여기서 거세란 성기 전체가 아니라 고환을 제거하는 것이다. 고환에서 남성 호르몬이 생성되기 때문이다. 하지만 섹스를 하기는 불가능하므로, 전설적인 카스트라토 파리넬리는 아름다운 목소리에 홀린 수많은 여자들과 사랑을 나누다가도 마지막 순간에는 형에게 잠자리를 넘겨줘야만 했던 것으로 전해진다.

음성과 성적 매력과의 관계는 꽤나 밀접하다. 자연계에서 조류와 벌레들은 수컷이 아름다운 노래를 불러 암컷을 유혹하고, 인간사회에서도 남자가 굵직한 저음이나 편안하게 들리는 감미로운 목소리로 여성을 유혹한다.

예컨대 이탈리아의 명가수 엔리코 카루소의 목소리는 여자들의 몸에 울림을 준 까닭에 더욱 인기가 높았다고 하며, 오늘날 유명 영화배우들의 대부분은 좋은 목소리를 겸비한 경우가 많다. 여성들이 사춘기에 노래 잘하는 남성에게 쉽게 반하는 이유도 목소리의 유혹과 그 맥락이 닿아 있다.

여성만 목소리에 민감한 것이 아니다. 남성들도 귀여운 듯 낭랑한 여성의 목소리에 매력을 느낀다. '낭랑'이란 옥이 서로 부딪쳐 울리는 맑은 소리를 일컫는 말이다. '은쟁반에 옥구슬 굴러가는 소리'라는 표현이 바로 낭랑을 가리키는 것이며, 흔히 여성의 아름다운 소리를 상징한다.

그렇다면 왜 남성과 여성은 각기 상대방의 특징적인 목소리에 끌리는 것일까? 그 이유는 필요성에 있다. 쉽게 말해 여성은 생활에 안정을 가져다줄 수 있는 남성을 원하고, 남성은 삶을 즐겁게 해줄 밝은 여성을 원하는 바, 그런 욕구가 목소리에 반영되는 것이다. 일반적으로 굵은 목소리는 안정감을, 맑은 목소리는 즐거움을 준다.

일설에는 '미성을 지닌 여성은 잠자리도 좋다'고 하여 윤기있는 여성을 또 다른 시각에서 파악하기도 한다. 성대의 근육구조는 여성의 성기 구조와 긴밀히 통한다고 믿는 데서 비롯된 관념이다.

한편, 이런 특성은 개인적인 성격을 반영하기도 한다. 낭만을 꿈꾸는 여성은 감미로운 남성의 목소리를 좋아하는 데 반해, 안정을 원하는 여성은 굵은 저음을 좋아하는 것이 그것이다. 같은 차원에서 내향적인 남성은 차분한 목소리의 여성을, 외향적인 남성은 높고 빠른 목소리를 좋아한다.

남녀의 생식기는 왜 상반된 온도를 좋아할까

음낭이라는 작은 주머니 속에 들어있는 한 쌍의 고환은 남성 성기능의 핵심이다. 남성을 남성답게 만드는 남성 호르몬과 더불어 애기씨인 정자를 생산하기 때문이다. 왕조시대의 궁중 내시는 고환을 거세당했기에 섹스를 즐길 수 없음은 물론 후손을 볼 수 없었다.

고환은 또한 외부의 충격에 상당히 취약하다. 만약 고환을 누군가로부터 한 대 얻어맞기라도 하면 그 고통은 엄청나서 펄쩍 뛸 수밖에 없으며, 심할 경우 남성 기능을 상실할 수도 있다. 이렇듯 중요한 역할을 하면서도 왜 고환은 인체 내부 깊숙이 숨겨있지 않고 밖으로 드러난 채 음낭이라는 주머니 속에 담겨져 있을까?

그 이유는 온도에 있다. 일반적으로 음낭은 세 가지 특징이 있다. 땀으로 인한 증발열을 몰아내고, 자잘한 주름살로 방열 면적을 넓혀주며, 열이 잘 통하지 않는 피하지방을 없애준다. 쉽게 말해 음낭은 고환을 냉각시켜주기 위해 존재하는 것이다. 더위를 먹으면 음낭은 축 늘어지고 고환은 기운 빠진 모습을 보인다. 축 늘어져 힘없는 상태를 가리켜 '오뉴월 쇠불알'이라고 하는 까닭도 여기에 있다.

그렇다면 고환은 왜 차가운 것을 좋아할까? 인체의 장기는 부위에 따라 체온이 각기 다르다. 예컨대 심장은 38도,

위장은 37도에서 정상적인 활동을 펼친다. 여름에 차가운 음식을 갑자기 많이 먹으면 배탈이 나는 이유도 여기에 있다. 그런가하면 고환은 온도가 높으면 정자를 생산하지 못한다. 보다 정확히 말해 체온보다 3~4도 낮을 때 정자 생산에 가장 적합하며, 그러하기에 신선한 공기를 마음껏 쐴 수 있도록 배 아랫부분에 덜렁 달려있는 것이다.

흥미롭게도 고환이 차가운 것을 좋아하는 반면, 여성의 음부는 차가운 것을 싫어한다. 아니 싫어하는 정도가 아니라 몸에 이상증세까지 느낀다. 흔히 '냉(冷)'이라는 말로 불리는 대하증은 여성 특유의 질병으로서, 아랫도리를 차게 함으로써 생기는 병이다. 차가운 곳에 오래 앉아서 냉기를 느끼기라도 하면 대하증에 걸리기 쉬우며, 생식기에서 흰빛 또는 누른빛 등의 분비액이 흘러내리는 곤욕을 치르게 된다.

남녀의 생식기는 왜 상반된 온도를 좋아할까?

정자는 활발히 움직여서 난자에 도달해야 하는 운명을 가지고 있다. 움직이면 열이 나므로 낮은 온도는 운동 전의 상황에 유리하다. 아마도 이런 상황이 체온보다 낮은 온도에서 정자를 만들어지게 한 것이 아닐까 추론해 본다. 반면에 성장·보육에는 따뜻함이 필수이므로 아기를 몸속에서 키우는 여성의 자궁은 따뜻해야만 한다.

전적으로 필자의 추론이지만 어찌됐든 양(陽)을 상징하는 남성은 차가움을 좋아하고, 음(陰)을 상징하는 여성은 따뜻함을 좋아하게 되어 있는 인체 구조가 참으로 신비하다.

여성에게는 왜 수염이 없을까

1871년 러시아에서 태어난 올가는 어느 날 서커스단에 버려지는 신세가 되었다. 왜? 원인은 수염에 있었으니, 올가는 여성임에도 남성 못지않게 코와 입 주변에 수염이 덥수룩하게 자라는 증세를 가지고 있었다. 그리고 어머니는 그 것을 꺼림칙하고 괴이하게 여긴 나머지 서커스단에 자식을 버린 것이다. 올가는 자신의 수염을 지긋지긋하게 여겨 날마다 면도했으나 그럴수록 수염은 더욱 억세지고 많아졌다. 급기야 21살 때부터는 친구의 권유로 면도하는 일을 그만두고 서커스단 공연으로 돈을 벌기 시작했다고 한다.

잘 알다시피 수염은 남성의 상징이다. 사춘기에 접어들면 소년의 얼굴에는 수염이 자라기 시작하고, 남성 심벌을 상실한 내시는 수염 없는 모습이 된다. 그렇다면 수염은 왜 남성에게만 자라는 것일까?

그 이유는 남성 호르몬에 있다. 일반적으로 수염, 가슴의 털, 다리의 털 등은 남성 호르몬의 영향을 받고 있다. 쉽게 말해 남성 호르몬이 왕성할수록 수염이 여기저기 많이 자라며, 남자에게는 성기의 털이 없는 무모증이 거의 생기지 않는 이유도 여기에 있다.

그렇다면 여성은? 여자에게도 남성 호르몬이 분비되고 그에 따라 털이 자란다. 여자에게 음모와 겨드랑이 털이 있는 것은 남성 호르몬의 작용 때문이다. 하지만 여성의 몸에 흐르는 남성 호르몬은 양이 적으므로 수염이 나지 않을 뿐만 아니라 다리의 털도 흔적만 보이기 일쑤다. 다만, 올가의 경우 남성 호르몬 과다로 인한 일종의 과잉 현상이라고 할 수 있다.

이처럼 털이나 수염이 남성의 특징이 되다보니 털보는 흔히 정력의 상징처럼 여겨지기도 한다. 과연 그럴까? 한 연구에 따르면 털 많은 것은 건강과 정력의 상징이 아니라고 한다. 수염이 덥수룩한 털보나 가슴에 털이 무성한 남자가 터프한 남성미를 발산할지는 몰라도 정력과는 아무 관계가 없다는 것이다.

재미있는 것은 애정관계가 수염의 성장에 영향을 준다는 외국의 보고이다. 예를 들어, 외딴 섬에 있는 남자가 육지로 돌아와 부인을 만나면 당분간은 수염이 자라는 속도가 평상시보다 빨라진다고 한다. 특히 첫날은 그렇다고 하며 (섹스를 충족한) 2~3일 후에는 성장 속도가 평상시와 같아진다.

또한 오랜만에 여자를 보기만 해도 수염의 성장이 자극을 받는다고 하는데 이런 움직임은 남성 호르몬 때문이라고 한다.

한편, 현대 남성은 면도를 한다. 이런 에티켓은 언제부터 시작됐을까? 그 기원은 기원전 4세기 말엽의 알렉산더대왕으로 거슬러 올라간다. 당시 알렉산더는 전투할 때 군사들의 수염이 적군에게 잡아당겨지지 않도록 하기 위해 면도를 명령했고, 이것이 점차 관습화되었다.

조선 세조 8년 8월의 일이다. 묘한 사건이 조정에 논란을 불러일으켰다. 사대부 이순지의 딸이 과부가 된 뒤 사방지(舍方知)라는 여장남인(女裝男人)과 10년 동안 동거해온 사실이 적발된 것이다. 조정에서는 즉각 진상 파악에 나섰는데, 조사 결과 놀라운 사실이 밝혀졌다. 사방지는 태어나서부터 줄곧 여자 행세를 했으나 상황에 따라서는 남자로서도 활동했다는 것이었다. 당시 여형사 역할을 담당했던 혜민국의 의녀(醫女)가 사방지의 성검사를 실시한 바에 따르면 사방지는 남녀 성기를 모두 지니고 있었다. 이에 대해 『조선왕조실록』에 다음과 같이 적혀 있다.

"여복(女服)을 하였으나 음경과 음낭은 남자였다. 다만 정도(精道)가 경두(莖頭) 아래에 있어 다른 사람과 조금 다를 뿐이었으며, 전체적으로 남자의 형상이 더욱 많았다."

사방지는 자신의 특이한 신체구조를 이용하여 침모(針母)로 기거하면서 동성애를 했던 것이며, 그 이전에는 타락한 승려에게 매춘부 역할을 하는가 하면 내시촌에서 내시의 아내들과 동침했었다. 이 사건은 임금의 배려로 가문으로부터의 파문으로 끝났다. 하지만 그 후에도 이들의 밀회는 계속됐으니, 두 사람은 그야말로 인간적 사랑을 나눈 것으로 여겨진다.

그렇다면 사방지는 괴물일까? 결론부터 말하자면 아니다! 일반인들이 가진 잘못된 상식 중 하나가 남성과 여성은 단순히 XY, XX염색체로만 결정된다는 믿음이다. 그러나 현대과학의 발달과 함께 여성과 남성의 구분은 그렇게 간단한 문제가 아니라는 사실이 밝혀졌다.

인간의 생식기는 처음에 여성이 원형으로 되어 있다. 이후 성호르몬의 영향으로 남성과 여성으로 분화되는데, 남성호르몬 안드로젠이 부족하면 여성적인 기관이 발달한다. 드문 경우지만 XY 남성염색체를 가진 태아라도 안드로젠이 부족하면 여성으로 발달하게 된다.

거꾸로 임신부가 남성호르몬인 안드로젠이 과다하게 포함된 약을 잘못 복용할 경우 XX염색체를 가진 여아가 남성으로 둔갑해 태어나기도 한다. 안드로젠의 양에 따라 여성이면서도 남성과 비슷한 소음경이나 음낭주머니를 갖고 태어나는 경우도 있다.

의학계에 따르면 남성을 결정하는 Y염색체는 X염색체에 비해 질량이 5분의 1에 불과해 유전물질로는 최소량만을 갖고 있다. 이에 따라 유전학자들은 "남성이 유전과 관련된 병에 여성보다 더 예민하다"고 말한다.

유전자의 오류가 나타난 형태로는 XXY(클라인펠터 증후군), XYY(터너 증후군) 등이 있다. 과학자들은 이 경우를 '자웅동체성(양성)'이라고 부른다. 사방지는 남성과 여성의 생식기관이 모두 발달한 터너증후군 환자였던 것이다.

젖
가
슴
은
왜
두
개
일
까

중세 유럽에서 마녀사냥 광풍이 불어 수많은 여성들을 죽음으로 몰아넣은 사실은 유명하다. 그런데 무엇을 기준으로 하여 마녀로 판정했을까? 그 대표적인 기준은 젖꼭지였다. 마녀들은 2개 이상의 젖꼭지로 그들의 심부름꾼들을 먹여 살렸다고 믿었던 것이다.

그런 믿음에 따라 마녀로 여겨지는 여성들은 꼼짝없이 몸수색을 당했고, 마녀 사냥꾼들은 숨겨진 젖꼭지를 찾느라 마녀 혐의가 있는 여인의 은밀한 구석까지 샅샅이 뒤지곤 했다. 그 결과 실제로 세 번째 젖꼭지가 발견되어 마녀로 처형된 사람이 있었고, 비정상적인 젖꼭지는 없었지만 다른 표시로 억울하게 죽임을 당한 사람도 적지 않았다.

그렇다면 세 개의 젖꼭지를 가진 사람은 정말 마녀일까? 당연히 그렇지 않다. 어떤 조사에 따르면 200명에 1명꼴로 세 개의 젖가슴을 가진 여성이 있고, 다만 세 번째 젖가슴의 경우 봉오리만 살짝 솟아있거나 혹은 꼭지만 달랑 붙어있기에 두 개의 가슴과는 큰 차이가 있다고 한다.

불운한 인생을 살았던 영국의 앤 볼린(엘리자베스 여왕의 어머니)은 젖가슴 세 개를 지녔다는 이야기가 있으며, 인류학자 데즈몬드 모리스는 밀로의 비너스 역시 살짝 솟은 세 번째 젖가슴을 가지고 있다고 주장했다.

젖꼭지는 왜 있는가? 그야 아기에게 젖을 먹이기 위해서다. 한자 유두(乳頭)는 젖의 꼭대기를 뜻하고, 영어 nipple은 튀어나온 부분을 뜻하는 고대영어 nypel에 어원을 두고 있는데서 짐작할 수 있듯, 젖꼭지는 수유 신호로서의 기능을 가지고 있다. 유방 안으로 파묻혀 있는 함몰유두가 문제시되는 것도 그 때문이며, 아기는 태어나자마자 본능적으로 튀어나온 젖꼭지를 빨아 필요한 자양분을 얻는다.

젖꼭지를 에워싸고 있는 젖꽃판 역시 할 일이 있어 존재한다. 젖꽃판은 유선을 자극하는 기능을 하므로 아기는 젖꽃판과 젖꼭지 모두를 입안 가득 넣고 잇몸으로 질겅질겅 짜대야만 젖이 나온다. 젖꼭지만 빨아본들 젖이 나오지 않는다.

그뿐 아니다. 여성의 젖꼭지는 섹스 신호로서의 기능 또한 지니고 있다. 젖꽃판은 처녀 상태의 여성과 출산 여성의 차이점을 분명히 보여준다. 처녀의 경우 대체로 분홍빛이지만 임신 후에는 그 빛깔이 점점 진해지며, 수유를 끝낸 뒤에는 그 빛깔이 약간 맑아질 뿐 결코 처녀시절의 빛으로 돌아가지 않는다. 이것은 벌거벗은 채로 돌아다녔던 인류 초기사회에서 짝짓기할 때 판단에 도움이 됐으리라 여겨진다.

그렇다면 왜 두 개인가? 그에 대해 모리스는 인류 초기 여성은 세 개 이상의 젖가슴을 가졌는데 진화하면서 필요성에 비례하여 두 개가 됐다고 분석하고 있다. 즉 한번에 하나 혹은 쌍둥이를 낳는 일이 일반화되면서 불필요한 젖가슴이 사라졌다는 것이다.

남성의 목젖

일반적으로 남성의 목은 짧고 굵지만, 여성의 목은 상대적으로 길고 가녀리다. 목 짧은 변강쇠와 백조같은 목을 지닌 우아한 공주는 그런 특징을 극단적으로 반영한 사례라 할 수 있다. 남성의 경우 억센 근육이 그 주요 원인이며, 여성의 경우 짧은 흉곽으로 인해 가슴뼈 꼭대기가 등뼈와의 관계에서 남성보다 낮다는 것이 그 원인이 된다. 이런 성별 차이는 원시시대 때 남성이 수렵생활을 하는 과정에서 부러질 위험이 적은 목을 지니게 된데서 비롯된다.

그렇지만 남녀의 성별을 구별짓는 보다 큰 특징은 목젖이다. 사춘기에 이르러 남성에게만 목젖이 생기는 것이다. 이때부터 목젖은 남성의 두드러진 특징이 되며, 음식이나 침을 꿀꺽 삼키면 목젖이 위 아래로 움직이게 된다. 그렇다면 왜 남성에게만 목젖이 있을까?

목젖을 영어로는 '아담의 사과'라 하며, 성서에 그 유래를 두고 있다. 아담이 먹지 말라는 금단의 열매를 한입 베어물자 그의 목에 박혀 움직이지 않게 됐다고 하는데, 설화에는 '사과'라는 낱말이 쓰이지 않았으나 뒷날에 와서 금단의 열매가 사과로 통함에 따라 '아담의 사과'로 됐다.

하지만 과학적으로는 목젖 존재의 완전한 이유가 밝혀지지 않고 있다. 일부 전문가들은 음식물을 삼킬 때 식도가 아닌 기도로 들어가는 것을 방지하는 역할을 한다고 주장하는데, 여성은 목젖이 없지만 음식물을 삼키는데 전혀 지장이 없다.

목젖이 비브라토라고 불리는 진동음을 내는데 도움이 된다는 점에서 여성에 대한 호소력에서 그 이유를 찾는 학자도 있으며, 일부 공감이 간다.

현재까지 인정받는 분명한 이유 하나는 힘과의 상관관계에 있다. 목젖에는 조그만 근육조직이 있는데, 이 근육 때문에 목젖은 뻣뻣해지거나 모양을 바꿀 수 있고, 목의 텅 빈 공간을 채울 수 있는 힘을 얻게 된다고 한다.

다시 말해 힘을 쓰고 살던 수렵시절 목젖은 어깨근육의 힘을 도와주는 역할을 했으리라는 것이다. 이에 근거하여 일부 해부학자들은 목젖이 퇴화기관이라고 말하기도 한다.

한편, 목젖은 심하게 코를 골면서 중간 중간 호흡이 끊기는 수면성 무호흡과도 관련이 있는 것으로 알려졌다. 다른 나라는 물론 우리나라의 경우 2000년 11월 한 병원에서 안산지역 주민 4천여 명을 대상으로 조사한 결과 남성 16%, 여성 8% 가량이 습관성 코골이를 하고 있음이 밝혀진 바 있다.

목젖 주위의 과도한 살을 절개해 기도를 확장하면 무호흡증을 치료할 수 있다고 하는데, 여성 역시 적은 수치일지언정 코골이 환자가 있다는 점에서 목젖 존재의 의문이 완전히 풀리지는 않는다.

코골이 … 남자는 저음 왕복, 여자는 고음 포효

안중근 의사는 술을 무척이나 즐겼는데, 어느 날 동지들과 더불어 큰일을 하고자 맹세하고부터는 한번도 술을 입에 대지 않았다. 안중근 의사가 이토오 히로부미 저격에 성공한 뒤, 체포되어 여러 연루자와 같은 감방에 갇혔을 때의 일이다. 나라를 위하여 큰일을 하기는 했으나 장차 다가올 보복을 생각하고 대부분 침울한 표정을 지었다. 더러는 한숨을 몰아쉬기도 하고 또 더러는 넋이 빠진 듯 멀거니 앉아 있기도 했다. 그러나 안중근 의사는 껄껄 웃으며 이렇게 말했다.

"여러분은 다 대장부가 아니오? 대장부가 소신껏 한 일에 대하여 추호도 후회나 두려움이 있을 까닭이 있겠소? 무엇을 두려워하며 걱정하고들 계시오?"

안중근 의사는 시종일관 의연한 태도를 보여주었던 것이다. 그의 마음이 얼마나 대범했는지는 잠자는 자세에서도 확인되었으니, 안중근 의사는 잠자리에 들면 뒤척 눕는 법 없이 쉬이 잠이 들고 코를 골았다고 한다.

그런데 여기서 말하고자 하는 것은 의사 안중근의 기개가 아니라 '코골이'이다. 남녀의 관점에서 보면 코를 골며 자는 사람은 대개 남성이며, 그러하기에 만화나 영화에서 코골며 험하게 자는 사람은 남성인 경우가 많다. 통계에 따르면 남성은 여성보다 코를 골 확률이 8배나 높으며, 잠자는 중 몇 초 동안 숨이 끊어지는 현상(SAHS)을 보일 확률도 더 높다.

왜 남자가 여자보다 코를 잘 골까? 잠잘 때 코를 고는 것은 일종의 병으로, 코에서 목구멍에 걸쳐 있는 주름이 늘어져 호흡할 때마다 흔들리는 것이 원인이다. 일반적으로 몹시 피곤한 날에는 주름이 늘어져 보통 때보다 한층 더 심하게 곤다.

남녀 코골이 차이는 영국 의사들에 의해 그 이유가 밝혀진 바 있다. 영국의 애덤 위틀 박사가 1999년 3월 의학잡지 『소랙스』에 발표한 자료에 따르면, 남성이 여성보다 코를 많이 고는 것은 목 부분의 근육이 두텁기 때문이라고 한다. 다시 말해 남성은 여성보다 목이 짧고 피부가 두꺼운 까닭에 주름이 늘어져 코를 잘 곤다는 것이다. 또한 여성의 몸에는 전반적으로 지방질이 많지만, 목 부분 연조직 분포상태를 조사한 결과 남녀간 지방질 차이가 없었다고 한다.

한편, '코골이 박사'로 유명한 일본 이케마츠(池松武之)교수의 연구에 따르면, 턱이 짧고 눈이 큰 여자가 코를 잘 곤다고 한다. 또 아름다운 미인일수록 대부분 조용하며, 잠자는 습관이 험한 여성일수록 코고는 것이 심하고, 중년이 되면 더욱 심해진다고 한다. 그런가하면 남자는 낮은음의 왕복형이 많고, 여성은 높은음의 포효형이 많다는 특징도 있다.

음모陰毛, 그 존재의 이유

마릴린 먼로가 미국 프로야구선수 조 디마지오와 결혼해서 살던 시절 잠시 일본에 온 일이 있었다. 그때 그들이 제국호텔에 여장을 풀자, 호색가들은 먼로의 음모를 입수하기로 작정하고 룸보이에게 많은 돈을 주고 단단히 부탁했다. 그로부터 며칠 뒤 곱슬곱슬한 블론드 음모 두 가닥이 한 호색가에게 전해졌고, 그는 좋아서 어쩔 줄 몰라 했다. 그러나 먼로가 죽은 뒤, 그녀의 검시에 입회했던 한 의사는 먼로의 음모는 블론드가 아니었다고 증언했다. 그녀는 머리카락만을 금발로 염색했을 뿐 음모는 원래대로 간직했던 것이다.

음모, 우리말로 하면 거웃은 인체의 털 중에서 유난히 민감하게 여겨지는 부분이다. 20세기 이전에 누드화를 그릴 때도 존재 여부와 관계없이 여인의 거웃은 그려지지 않았다. 만약 거웃이 작품 속에 보이면 외설로 간주되어 화가는 큰 시련을 당하기 일쑤였다. 오늘날에도 거웃은 여전히 성기와 관련된 특수성 때문에 호사가들의 관심 대상이 되고 있다. 그렇다면 거웃은 왜 있는 것일까?

거웃은 대개 사춘기를 전후하여 생긴다. 남자의 경우 대체로 13~14세쯤 성기 주변에 털이 나기 시작하며, 겨드랑이 밑의 털은 이보다 조금 늦는 것이 일반적이다. 여학생은 가슴이 발달하면서 성기 주변에 털이 나고, 겨드랑이 밑의 털은 초경 후에 나는 것이 보통이다.

그런 까닭에 사춘기 때 거웃으로 인해 고민하는 청소년이 적지 않다. 남자의 경우 성기 주변에 거웃이 생기지 않아 목욕탕에 가기를 꺼리는가 하면, 여자의 경우 털이 너무 많아 고민에 빠지기도 한다. 몸에서 털이 난다는 것은 이제 어른이 돼 간다는 증거인데, 그 증거가 보이지 않으니 심리적 불안감에 빠지는 것이다.

하지만 시기적인 차이가 있을 뿐 대부분의 사람들은 거웃을 확인하게 된다. 다만 여자아이가 털이 무성한 것은 몸속에 남성 호르몬의 수치가 높은 것이라고 볼 수 있는데, 의학계 보고에 따르면 성장하면서 여성 호르몬의 수치가 자연적으로 높아지므로 별 문제는 없다고 한다.

거웃의 존재 이유에 대해서는 여러 설이 있다. 성기를 보호하기 위해 있다고 하는 설과 성적 냄새를 보관하고 운반하는 역할을 위해 있는 것이라는 설이 그것이다. 일반적으로 후자의 설이 타당하게 여겨지고 있는데, 그 이유는 무모증 여성 역시 성생활에 전혀 지장이 없기 때문이다.

여성의 거웃에 대한 관심은 끝이 없어서, 당나라의 측천무후와 양귀비의 거웃은 무척 길었다고 전해진다. 문화권에 따라서는 남성들이 여성의 무모증을 꺼려하거나 좋아하기도 하는데, 일본의 한 춘화에는 다음과 같은 문구가 보인다.

"무모는 거침이 없어 좋고, 모심은 헤치고 들어가는 맛이 좋다."

흥분하면 여자는 기절, 남자는 죽음

2002 월드컵은 한국의 6월을 확실히 지배했다. 한국이 포르투갈을 꺾고 16강을 결정지으면서 시작된 열풍은 아시아 최초로 월드컵 4강에 진출하는 쾌거로 이어져 온 국민이 하나가 되는 기쁨을 맛보았고 축구 이야기로 전국이 들썩거렸다. 그런데 안타까운 소식도 있으니, 그 기쁨을 채 누리지도 못하고 감격의 충격으로 세상을 떠난 이가 여러 명이나 된다는 사실이다.

축구를 보면서 흥분하기는 남녀 모두 마찬가지이다. 극도로 흥분할 경우 대체로 여성은 기절하는 데 비해, 남성은 죽음에 이른다는 점이 다를 뿐이다. 요컨대 충격을 받았을 때 남자는 죽을 확률이 높지만, 여자는 기절할 가능성이 크다. 왜 그럴까?

연구결과에 따르면, 남성은 64개의 주요 죽음 원인 가운데 57개 부분에서 더 빨리 또는 더 많이 죽는다. 일반적으로 여성은 치명적 감염에 대하여 남성보다 더 오래 견디는 반면에 가벼운 질병에는 더 자주 고통 받는다. 예를 들면 관절과 관련된 염증은 남성보다 여성에게 8배나 더 많이 나타나며, 호흡기·소화기 따위 급성 질환이나 당뇨·고혈압에도 더 쉽게 걸린다. 또한 여성은 남성보다 10배나 더 자주 두통에 시달린다.

하지만 여성은 건강에 대한 관심이 남성보다 강한 까닭에 그에 적극적으로 대처하므로 수명에 미치는 영향이 적다. 여성 호르몬은 몸을 유연하게 해서 사고가 발생할 경우 다치거나 숨질 위험을 낮춰주기도 한다.

흥분할 때도 마찬가지다. 여성들은 큰소리를 지르다가 기절하는 일이 드물지 않은데, 이것은 호흡곤란으로 인한 빈혈 때문에 생기는 현상이다. 이 경우 여성은 잠시 후 깨어나므로 어찌 보면 죽음에 이르기 직전에 몸이 스스로 경고하고 구제하는 셈이다.

이에 반해 남성은 지나치게 흥분하다 죽는 일이 적지 않은데, 그 사인은 심장마비가 대부분이다. 다시 말해 남성은 흥분할 경우 심장박동수가 빨라지면서 심장이 그 속도를 감당 못함에 따라 사망에 이르는 것이다. 여성은 아무리 흥분해도 여간해서 남성의 심장박동수만큼 올라가지 않는다. 왜 그럴까? 그 이유는 생리적 차이에 있으니 남성 호르몬이 주범이다.

남성 호르몬은 남성을 남성답게 만드는 기능도 하지만 한편으로 심장병 등 심혈관계 질환의 발생 위험을 높이는 부작용도 있다. 병원에서 심장병 환자에게 남성 호르몬을 처방하지 않는 것도 그 때문이라 한다.

그런 까닭에 과로사도, 복상사도 여성보다 남성에게 많이 일어난다. 지나친 일로 인해 죽음에 이르는 것을 뜻하는 과로사의 원인은 심장마비이며, 섹스 중 흥분하여 죽는 복상사의 사인도 마찬가지다. 아무쪼록 남성은 지나친 흥분을 조심해야 할 일이다.

"여자의 운명은 최초의 키스를 할 때 결정된다"

- 모파상

제 5 장

섹스

섹스 / 남자는 변화, 여자는 농도

여자와 남자를 기쁘게 만드는 비법에 관한 유머 하나. 먼저 여자를 만족시키는 방법을 보자. 선물을 하거나 기념일을 챙겨주거나 노래를 불러주거나 예쁘다는 칭찬을 하는 등 그 방법은 무려 28가지나 된다. 이에 비해 남자를 기쁘게 만드는 방법은 단 두 가지. 술을 사준 다음 '허락'하는 것이다. 남자는 그야말로 단순해서 섹스만 충족시켜준다면 된다는 분석인데……

남자는 정말 호색동물일까? 일반적으로 '남성이 여성보다 섹스를 밝힌다'고 널리 알려져 있는데, 이는 어느 정도 사실이다. 그렇지만 여성의 성욕도 만만치 않다. 예컨대 고대 로마의 메살리나는 끓어 넘치는 성욕을 충족시키기 위해 변장한 채 홍등가에까지 몸소 진출한 바 있고, 르네상스시대의 여걸 카테리나는 애인을 여럿 바꾼 것으로 유명하다. 권력을 가진 여자는 남자와 마찬가지로 성욕의 발산을 자유스럽게 마음껏 누린 것이다.

그렇다면 무슨 차이가 있단 말인가. 남자와 여자를 구별짓는 특징은 '성욕의 농도'가 아니라 '섹스의 대상'에 있다. 대개의 여자는 한 파트너와의 농도짙은 몰입을 즐기지만, 남자들은 여러 파트너를 은연중 갈구한다. 한 여성과 연애를 하는 도중에도 다른 섹시한 여자에게 눈길을 돌리기 일쑤이며, 결혼 후에도 크게 달라지지 않는다.

　여자들은 남자의 그런 특성을 이해하지 못한다. 사랑하는 사람이 있는데 어떻게 다른 사람과 섹스를 할 수 있단 말인가. 왜 그럴까? 남자들에게 섹스는 운동이다. 영혼을 나누는 신성한 교류라기보다는 쾌감을 위한 배설행위인 것이다. 이 점에서 어떤 여자들은 남자를 저질로 보거나 혐오하기도 하지만, 섹스는 분명히 운동이다.

　사랑하는 사람이 있다고 하자. 여성들은 분위기 좋은 곳에서 와인 한 잔을 마시고 멋진 노을을 배경으로 달콤한 키스를 한 뒤 낭만적인 섹스를 꿈꾸지만, 남성들은 누울 공간만 있다면 장소와 시간이 어떻든 섹스를 하고 싶어 한다.

　그런데 이때의 섹스는 영혼의 문제가 아니라 육체의 문제일 뿐이다. 만약 사랑이 충만한 상태에서의 섹스만 가능하다면 창녀와의 섹스는 어떻게 설명해야 할까. 그렇다. 국가에서는 인정하지 않지만 전국 각지에 사창가가 많이 있다는 사실은 남자들이 섹스를 배설운동으로 생각하고 있음을 증명하고 있다. 그러나 이때의 섹스는 일회성이지, 지속적인 바람이 아니다.

　그렇다면 여성은 남자의 이런 행위를 눈감아 주어야 한다는 말인가. 아니다. 사랑은 지키는 것이다. 마음은 물론 섹스에 관한 한 남녀 모두 체위든 횟수이든 간에 상대의 만족을 위해 최선을 다해야 한다. 몸이 멀어지면 마음도 멀어진다.

키스할 때는 왜 눈을 감을까

세계 영화사의 첫번째 에로 스캔들은 섹스가 아니라 키스 장면이었다. 1896년 촬영된 영화 〈메이 어윈과 존 라이스의 키스〉는 콧수염을 기른 남자가 젊은 여인의 턱을 치켜든 채 입 맞추는 장면을 클로즈업시켜 보여주었는데, 이 때문에 영화사상 최초로 검열을 받아야 했다. 이 영화는 한편으로 영화 속에 키스 장면을 유행시킨 출발점이기도 했다. 사람들이 '다른 사람들의 키스'에 큰 호기심을 보였던 바, 이후 감독들은 영화마다 키스 장면을 넣었던 것이다.

우리나라의 경우 처음 키스 장면이 등장한 영화는 1954년에 제작된 한영모 감독의 〈운명의 손〉으로, 이향과 윤인자가 첫 키스장면을 연출해 장안의 화제가 됐다. 요즘에도 영화의 키스장면은 여전히 화제가 된다. 애정영화의 경우 사랑의 절정을 키스로 표현하기 일쑤이며, 영화사는 배우들의 첫 키스니 어쩌니 하며 홍보에 열을 올린다. 사람들은 왜 키스에 눈길을 빼앗길까?

오늘날 애정 표시의 필수품처럼 된 키스에는 수많은 종류가 있으나 크게 세 가지로 구분할 수 있다. 우정·경애를 나타내는 방법으로 뺨에 행하는 오스쿨룸, 가벼운 애정을 나타내기 위하여 입술 위에 행하는 바수임, 성욕에 불타서 입 속으로 혀를 밀어 넣는 수아비움이 그것이다. 이 분류는 고대 로마부터 있었으니, 우리에게 프렌치키스라고 알려진 키스는 이탈리아의 수아비움이 원조라 할 수 있다.

그런데 성문제 전문가들이 여러 실험을 거쳐 내놓은 키스 형태를 보면, 남녀 사이에 흥미로운 차이를 발견하게 된다. 여자들이 키스할 때 거의 분위기에 완전히 빠져 눈을 감는데 반해, (일부) 남자들은 호기심으로 눈을 뜨고 상대방을 관찰하는 버릇이 있다는 것이다. 그런가하면 여자들은 남자보다 키스에 훨씬 많은 관심을 가지고 있다.

프랑스의 가수 미스탱게트는 "키스는 쉼표, 의문부호 혹은 감탄부호일 수 있다. 그것은 모든 여자가 알아야 할 기초적인 철자"라고 말했으며, 작가 모파상은 "여자의 운명은 최초의 키스를 할 때 결정된다"라고 말하기까지 했다. 이런 차이는 어디에서 비롯될까?

키스할 때 눈을 감는 이유는 오르가슴을 느끼는 순간 시각정보가 필요없기 때문이다. 키스를 받아들이는 순간은 사랑의 마음이 최고조에 달 있다. 그러므로 (잠재의식적으로) 보다 깊숙한 오르가슴을 느끼기 위해 눈을 감는 것이다. 실제로도 시각정보를 차단하면 청각과 촉각에 의한 쾌감 집중력이 높아진다. 또한 여자의 경우 남자보다 분위기에 민감한 반응을 보이는 바, 완전한 분위기를 즐기기 위해 눈을 감는다.

키스에 대해 미국의 시인 O. W. 홈즈는 이렇게 말한 바 있다.

"입 맞추는 소리는 대포소리만큼 요란하지는 않지만, 그 메아리는 훨씬 더 오래 지속된다."

성장하면서 이동하는 여성의 성기

어느 문화권을 막론하고 성기에 대한 터부는 대단하다. 아무리 개방적인 나라라 하더라도 가슴 노출은 허용될지언정 성기 노출은 금기시될 정도다. 하지만 인간의 마음은 어떠한가. 말리면 더욱 하고 싶어 하는 법이다. 웬만해서는 보기 힘든 이성의 성기를 보기 위한 장치가 생겼으니 바로 '성기 노출 쇼'다. 다리를 번쩍 치켜드는 캉캉을 필두로 시작된 성기 노출 쇼는 급기야 노골적으로 성기를 드러내는 스트립쇼를 널리 퍼지게 만들었다. 일본에는 남자가 의자 밑으로 들어가 앉아있는 여성의 성기를 구경하는 섹스산업까지 있다.

왜 이처럼 성기에 민감한 반응을 보이는 것일까? 그 까닭은 성기가 섹스를 직접적으로 연상시키는 데 있으며, 그런 인식은 사춘기를 전후하여 형성된다.

사춘기는 인생에 있어 매우 중대한 변화를 겪는 시기다. 정신적으로는 삶의 문제에 관심을 갖게 되고, 육체적으로는 어른이 되는 징후가 본격적으로 나타나기 때문이다. 이 시기가 되면 성기의 가장자리와 겨드랑이에 털이 자라나고, 목소리가 변하며, 젖가슴이 커지는 등 남성과 여성을 확실히 구분할 수 있는 특징적 모습들이 나타난다.

그런데 이런 변화 외에도 여성에게는 남성에게서 볼

수 없는 기이한 현상이 생긴다. 바로 성기의 이동이다. 즉 여성의 성기는 성인이 되면서 아래로(혹은 뒤쪽으로) 아래로 이동한다. 어릴 때는 한 눈으로 전체를 볼 수 있도록 표면에 나타나 있지만, 성인이 되면 사타구니 사이로 숨어 버리는 것이다. 예컨대 갓난아기의 경우 남녀를 막론하고 성기의 위치가 비슷하여 정면에서 볼 수 있다. 그러나 여자아이는 자라면서 자신도 모르는 사이에 점차로 성기 이동의 변화를 겪게 된다.

그리하여 어른이 된 여성은 특별한 경우가 아니면 선 채로 자신의 성기를 볼 수 없게 된다. 이러한 성기의 이동은 골반이 발달하면서 나타나는 현상이며, 성교의 자세와도 관련이 있다고 한다. 즉 섹스 체위에 있어서 남성을 받아들이기 쉽도록 조정되는 것이다.

대부분의 동물들이 섹스를 할 때 후위 체위를 하는데 비해, 인간만이 앞·뒤 체위가 모두 가능한 것은 여성 성기의 독특한 위치와도 관계가 깊다 할 수 있다. 고대 그리스인들은 무려 70가지에 이르는 체위를 즐겼고, 인도인들 역시 그에 못지않은 체위를 발견했다고 하는데, 이는 모두 인간의 특수한 성기 구조를 바탕으로 하고 있는 셈이다.

반면에 남성의 성기는 아이 때나 어른 때나 이동하지 않는다. 하지만 발기를 한 상태에서의 남성 성기는 대체로 비슷한 각도를 보이는데, 이 역시 자연의 오묘한 조화라고 하겠다.

섹스할 때 불켜는 남자, 불끄는 여자

채플린은 초기에 형식대로 판에 박은 섹스를 했을 뿐 남녀간의 기쁨은 안중에도 없었다. 자기가 하고 싶을 때 하고, 섹스를 거부하는 아내에게 실탄이 장전된 권총으로 위협한 적이 한두 번이 아니었다. 그는 나이 어린 여성을 매우 좋아했는데, 섹스를 할 때는 대개 속전속결로 진행했다.

그러나 섹스 횟수가 많아지면서 조금씩 변태적인 면모를 보이기 시작했다. 섹스를 하기 전에 전희를 즐기기 시작했고, 이때 그는 〈화니힐〉과 〈채털리부인의 사랑〉에서 에로틱한 문장을 뽑아 낭독하기를 좋아했다. 그런 변화는 경험의 산물이었으니, 고조된 분위기를 통해 자신의 쾌감을 한층 더 높일 수 있다는 판단에 따른 것이었다.

채플린은 또 다른 섹스 습관도 있었다. 다른 사람들의 섹스 장면을 엿보고서 흥분하는 도착증도 있어서, 여배우 존 배리모어의 침실을 내려다볼 수 있는 위치에 자택이 있는 것을 기회로 고성능 망원경을 장치하고 은근한 즐거움을 누리기도 했다. 그런가하면 그는 남의 눈 앞에서 섹스를 하고 싶어하기도 했다.

비디오 영상물과 인터넷으로 인해 볼거리가 풍성해진 요즈음 섹스광들은 채플린의 농도를 넘어서는 경향이 있다. 상업용 포르노물에 만족하지 않고 이른바 '몰카'에 탐닉하는가 하면 유명 연예인의 섹스 비디오를 눈에 불에 켜고 찾는다.

그에 따라 일부 호텔이나 여관에서는 비밀리에 몰카를 설치하고 상습범 (?)들은 탐지기를 갖고 다니는 형편이다. 그러나 오늘 말하고자 하는 것은 그런 문제점이 아니라 몰카가 만들어지는 과정에 대한 남녀간의 생각 차이이다.

얼마 전 모방송국의 고발 프로그램에서는 몰카가 유통되는 과정을 방영 했는데, 거기에서 한 여성과 남성이 나눈 대화가 인상적이었다. 여자가 "불 끄 면 안될까요?" 묻자, 남자가 "당연하지!" 대답했던 것이다.

한 동안 우리 사회를 시끄럽게 만들었던 O양 · B양 비디오와 자기 카페 의 옥상 침실에서 수많은 여성과의 정사를 촬영한 명동 카사노바를 비롯해 몰 카의 대부분은 여성은 꺼리지만 남성이 자진해서 촬영했다.

왜 여자들은 촬영에 소극적인데 남자들은 적극적일까? 그 차이는 섹스의 주도권을 누가 가지고 있느냐는 잠재의식에서 출발한다. 동등하게 섹스를 즐 길 때는 어느 한쪽의 피해의식이 없으므로 마찰이 일어날 가능성이 적으나, 어 느 한쪽이 상대방에게 섹스를 봉사의 의미로 제공할 때는 이야기가 달라진다.

이 경우 여성이 수동적인 경우가 대부분이며 자신의 치부를 기록물로 남 기는데 부담감을 느끼는 것이다. 또한 남자는 시각 자극을, 여자는 청각 자극 을 통해 쾌감이 증진된다는 차이도 비디오 촬영에 남성이 적극적이 되도록 하 는 이유가 된다.

몽정夢精 남녀

〈해바라기〉로 유명한 화가 빈센트 반 고흐가 21세 때의 일이다. 당시 빈센트는 하숙집 딸 로이야를 사랑했으나 소심한 성격 때문에 마음을 드러내지 못하고 있었다. 사랑을 감출수록 병은 깊어가는 법이어서 빈센트는 마침내 상사병에 걸릴 정도로 온종일 그녀를 그리워하게 됐고, 꿈에서까지 만나기에 이르렀다. 꿈이 무엇인가? 간절히 원하는 바를 뜻대로 얻을 수도 있는 상상 아닌가.

빈센트는 잠자리에 들면 벌거숭이로 나타난 늘씬한 몸매의 로이야를 마음껏 감상하는가 하면 짜릿한 섹스를 나누기도 했다. 허나 꿈은 야속한 면도 지니고 있었기에 빈센트는 절정의 순간 혹은 바로 그 직전에 깨어나기 일쑤였다. 그때마다 빈센트는 (축축한 아랫도리를 느끼며) 자신의 용기 없는 성격을 자책했다고 한다.

2003년 상반기 〈몽정기〉라는 영화가 청소년 사이에서 화제였다. 도대체 몽정이 무엇이기에 그럴까? 몽정(夢精)은 '수면 중에 자연적으로 일어나는 사정(射精) 현상'을 뜻하는 말로서, 정액을 배설하기에 '몽설(夢泄)'이라고도 한다. 대개의 남자들은 13~15세 때 몽정을 체험하는데, 이는 한편으로 성인이 되었음을 의미하는 자연현상이다.

일반적으로 몽정은 사춘기에 많이 일어나지만, 미혼남

성들도 월 1~2회 겪을 뿐만 아니라, 기혼남성 중에도 몽정을 하는 사람이 더러 있다고 한다.

몽정의 원인에는 여러 사유가 있으나 대체로 성에 관련된 꿈을 꾸면서 하는 경우가 많으며, 성기에 별다른 자극이 없는데도 오르가슴을 느끼고 사정을 하는 순간 잠에서 깨어나게 된다. 몽정은 고환에서 만들어진 정자가 포화상태에 이르면 몸 밖으로 배출되는 현상이다.

그런데 왜 낮이 아니라 밤에 그런 일을 겪는 것일까? 평상시 남성은 사정중추가 흥분될 때만 발기하고 정액을 배출한다. 더구나 낮에는 뇌 중추신경이 사정중추를 억제하므로 대낮에는 정액이 대책없이 나오는 일이 없다.

그러나 밤이 되면 뇌 중추신경의 억제가 약해지므로 정액이 주인의 허락 없이 나올 수 있는 상태가 된다. 잠을 자다가 몽정을 하는 것은 이런 이유 때문이다.

그렇다면 여자들도 몽정을 할까? 엄밀히 말해 여자는 사정하지 않기 때문에 몽정이란 말 자체가 성립되지 않는다. 다만 '성몽(性夢)'이란 말로 여성의 수면 중 느끼는 절정감(오르가슴)을 표현할 수는 있다. 또한 여성은 시각적 자극에 상대적으로 둔감한 까닭에 남성만큼 성적 감흥을 느끼지 않는다.

어찌됐든 몽정은 남녀에 관계없이 항상 아쉬움 속에서 끝난다. 이는 금욕에 따른 생리해소현상이 심리적 만족으로까지 이어지지 않음을 상징하는 것이니, 바람직한 사정은 현실에 있음을 일러주고 있는 셈이다.

남성의 크기나 모양을 짐작할 수 있는 비법

이름난 술꾼인 팔봉이가 어느 날 친구 하봉과 어울려 술을 마셨는데 아직도 술이 모자랐다. 둘의 수중에는 동전 한 푼 없었고, 다만 하봉이가 부인의 부탁을 받아 도중에서 사둔 커다란 소시지가 하나 있을 뿐이었다. 팔봉은 그것을 보고 좋은 생각이 있다며 따라오라고 말했다.

팔봉은 하봉을 이끌고 어떤 술집에 들어가, 맥주 두 병을 주문하여 단숨에 마셨다. 그리고는 바지 단추를 슬그머니 풀어 미리 그곳에 넣어 두었던 소시지를 여종업원에게 슬쩍 보여주었다. 여종업원은 놀라 아우성을 쳤고, 술집 주인이 달려와서 팔봉이를 밖으로 끌어내 버렸다.

"별 미친놈 다 보겠네."

술집 주인의 욕지거리에도 불구하고, 하봉은 팔봉의 짓거리에 감탄하여 말했다.

"그것 참 좋은 생각이야. 그렇게 하면 되겠어."

둘은 그런 식으로 여러 술집을 돌아다니며 마셨다. 여덟 번째 집으로 들어가려 할 때, 하봉이 말했다.

"자네만 그걸 쓰게 하여 미안하니, 이번엔 내가 쓰겠네. 그러니 그 소시지를 이리 주게."

그러자 팔봉은 깜짝 놀라며 말했다.

"소시지라고? 아, 그건 벌써 없어졌어. 두 번쨴가 세 번째 집에서 야단법석이 났을 때 말이야."

팔봉의 일화에서 알 수 있듯, 성기는 남성의 주요 화제거리다. 문제는 여성이 가슴 크기에 강박관념을 갖고 있듯 남성 역시 성기의 모양이나 크기에 대한 강박관념에 사로잡혀 있다는 것이다.

성의학자들에 따르면 인종에 따라 성기 크기는 분명히 차이가 있으나 '사용'에 있어서는 별다른 차이가 없다고 한다. 예컨대 흑인의 성기는 백인의 그것보다 크다고 알려져 있지만 일반적으로 흑인의 성기는 발기가 사라질 때 백인 것만큼 오그라들지 않기 때문에 커 보일 뿐 실제적으로는 별 차이가 없다고 한다. 동양인 역시 평상시에는 그 크기가 백인만 못하지만 확대비율이 훨씬 높아서 효율적이라고 한다.

그럼에도 불구하고 남성들은 자기의 성기가 남과 비교해서 큰지 작은지 호기심이 많다. 하지만 일일이 목욕을 같이 하지 않고서야 어찌 알 수 있을까? 놀랍게도 알 수 있는 방법이 있으니….

3천명이 넘는 남성과 섹스를 했다는 미셸 사반나라는 여성의 주장에 따르면 이렇다. 대개의 경우 손의 폭이 좁고 깡마른 손가락을 가진 남성은 길고 가는 성기를, 살찐 손의 주인공은 부드럽고 무기력한 성기를, 크고 억센 손과 모양 좋은 손가락을 가진 남성은 크고 멋진 성기를, 주걱 모양의 손가락을 가진 남성은 부드러운 귀두의 성기를 지니고 있다고 한다. 믿거나 말거나!

남성상위, 여성상위

남녀가 사랑의 행위를 할 때 취하는 자세에 대해서는 오랜 옛날부터 여러 가지 설이 있어 왔다. 그런데 이 경우 체위는 남성 위주로 시도되었으며, 특정 목적에 따라 갖가지 체위를 시도하기도 했다. 중국의 모택동은 권력을 잡은 후 역대 황제들처럼 최고걸작 춘화(春畵)와 「금병매」를 포함한 에로 문학작품들을 소장하고 있었는데, 다양한 체위에 많은 관심을 보였다고 한다.

왜 남자는 체위에 관심이 많은 것일까? 그 답은 간단하다. 성감을 최대한 증감시키기 위함이다. 중국의 「소녀경」에는 30개의 기본체위, 인도의 「카마수트라」에는 529개의 서로 다른 체위가 소개되어 있는데, 많은 문헌이 섹스에 관해 논할 때 다양한 체위를 가르친 것은 체위에 따라 느끼는 쾌감이 다르다고 보았기 때문이다.

다시 말해 언제나 일정하게 똑같은 농도의 쾌락이 아니라 기분에 따라 그에 맞는 적당한 쾌감을 찾기 위해서는 많은 체위를 알아두어야 한다고 주장한 것이다.

그렇다면 왜 체위는 남성 위주일까? 옛날의 경우 섹스를 주도한 것은 대부분 남성이므로 체위에 대한 안내는 남성 위주일 수밖에 없었다. 예컨대 고대사회의 기독교문화권에서는 남성상위의 관념이 철저히 사회를 지배했다. 초기

기독교 신앙에서 성행위는 오직 생식만을 위해 존재하여야 했고, 여성은 성적인 즐거움을 누릴 자유가 없었다. 오직 남편의 강한 욕망을 충족시켜주는 여성으로서의 의무를 다해야 했다. 이런 전통은 면면히 이어져 내려와서 대부분의 미국인들은 1950년대까지 어두움 속에서 남성상위 체위만을 주로 행해 왔다.

하지만 여성의 인권이 보장된 나라에서는 여성상위가 많이 행해졌다. 이를테면 고대 이집트에서는 여성상위가 사회적으로 용인됐는데, 종교적인 면에서 하늘은 여신이 지배하고 대지는 남신이 지배한다고 믿었으므로 여성상위가 용납됐다.

또한 여성의 인권이 향상된 현대사회에서는 여성상위가 이전보다 많아졌으니, 1940년대에 발간된 「킨제이 보고서」에 의하면 미국의 중산층 부부들이 가장 흔하게 즐겨 하는 체위는 여성상위로 16%였고, 30년 뒤인 1970년대 중반에 나온 「헌트 보고서」에 따르면 3분의 1이 넘는 여성들이 여성상위를 가장 즐긴다고 답했다.

또한 1994년 9월 「플레이보이」지 독일어판이 발표한 바에 따르면, 보수적인 기민당 지지자들중 70% 이상은 부부생활시 불을 끈 상태의 정상체위를 선호하고 있는 것으로 나타난 반면, 진보적인 자민당 지지자들은 대체로 체위를 잘 바꾸는 것으로 드러났다. 대체로 진보주의자들은 여권을 존중하는 바, 여권이 향상됨에 따라 여성이 성생활에 있어서도 적극적인 주도권을 행사하고 있음을 알 수 있다.

섹스 파트너 교환하는 스와핑의 유래

요즘 스와핑(swapping)이 인터넷에 개설된 사이트를 타고 빠르게 번지고 있다고 한다. 흔히 서로의 배우자를 바꿔 섹스 파트너로 삼는 것으로 알려진 스와핑은 혼음과는 엄연히 구분된다. 혼음이 몇 쌍의 남녀가 뒤섞여 섹스를 하는 것이라면, 스와핑은 배우자의 동의를 얻은 상태에서 각자 상대편 배우자와 교환 섹스를 하는 것이다.

스와핑의 유래는 제2차대전 직후로 거슬러 올라간다. 당시 미군장교의 집단 거주지에서는 키클럽(Key Club)이라는 비밀스러운 모임이 생겼는데, 이 클럽의 회원들은 각자 아내가 기다리는 장교 숙소의 현관문 열쇠를 섞어 넣고 제비뽑기를 한 후 당첨된 집에서 하룻밤을 지냈다. 색다른 섹스를 즐기기 위한 이 놀이가 스와핑의 시초인 셈이다.

영화에서도 그 흔적을 발견할 수 있으니, 폴 마주르스키 감독이 만든 〈파트너 체인지 Bob & Carol & Ted & Alice〉는 스와핑의 근원을 1960년대 히피문화와 성혁명에서 찾는다. 히피 공동체에서 생활하는 이웃사촌인 밥-캐롤, 테드-앨리스 두 부부가 스와핑을 시도하는 것으로 묘사된 이 영화를 통해 당시 스와핑이 히피들 사이에서 행해졌음을 짐작할 수 있다.

1965년을 전후하여 미국에는 스윙클럽(Swing Club)이라는 파트너 교환장소가 생겨났으며, 대형침대와 소파가 갖춰진 이곳에서 입장한 남녀들은 자연스럽게 서로의 파트너를 바꾸면서 비밀스러운 섹스를 즐겼다.

스윙크럽이 난무하면서 변형된 모임이 만들어지기도 했다. 일명 폴리아모리(Poly Amory)이다. '다중 결혼'이라는 뜻인데, 이 모임에 속한 남성과 여성은 섹스를 포함하여 모든 여성과 남성의 남편이 되고 부인이 된다.

흥미로운 것은 스와핑이 고학력자들 사이에 성행한다는 점이다. 지금까지 밝혀진 바에 따르면 회원제로 운영되는 스와핑 단체의 구성원은 대부분 대졸 이상의 어느 정도 경제력이 있는 사람들이라고 한다.

이들은 정기적으로 만나 섹스를 교환한다고 하며 비밀 엄수를 절대조건으로 삼고 있다. 그 사회적 파장이 얼마나 클지 알고 있는 까닭이다. 사실 그들이 우려하는 대로 일반인들은 스와핑을 매우 변태적인 행위로 여기고 있다.

하지만 스와핑은 쉽게 사라지지 않을 것 같다. 스와핑은 부부 중에 어느 한 사람이라도 동의하지 않으면 불가능하다는 점에서 남녀 모두의 성욕이 공동으로 강렬하게 작용하기 때문이다.

스와핑은 육체와 정신을 별개로 여기는 부부관을 바탕으로 하고 있다는 점에서, 육체와 정신을 한 가지로 보는 전통적 부부관과도 차이가 있다. 성욕에 관한 한 남녀에 차이가 없는 셈이다.

남성 동성애자가 더 많은 까닭

대부분의 사람들은 이성에게 성적 매력을 느낀다. 그러나 극소수이긴 하지만 동성에게만 또는 양성(兩性) 모두에게 성적 매력을 느끼는 사람도 있다. 그리스의 유명한 시인 사포는 동성연애자였으며, 프랑스의 서정시인 폴 베를렌은 양성연애자였다. 그런가하면 영국의 소설가 버지니아 울프는 30세에 결혼을 했으나 16세부터 40대에 이르기까지 레즈비언과 사랑을 나누는데 더 큰 만족을 느꼈다고 한다.

하지만 동성애자 혹은 양성애자의 운명은 그렇게 좋지 않았다. 베를렌은 아내와 더불어 젊은 시인 아르튀르 랭보를 사랑했으나 결국 양쪽으로부터 버림받았고, 울프는 투신 자살하고 말았다. 동성애자를 바라보는 사회의 차가운 눈길이 그들을 저 세상으로 몰고 갔던 것이다.

동성애는 변태적인 것일까? 역사를 거슬러 올라가면 동성애 풍속이 의외로 오랜 시절부터 있었음을 알게 된다. 예컨대 고대 그리스의 아테네에서는 남성간 동성애가 공공연히 행해졌으며, 그런 모습은 도자기에 그림으로도 그려졌다. 또한 그리스와 터키 사이의 레스보스섬에서 여성 동성애가 많은데서 여성 동성애자를 가리키는 '레스비언'이란 말이 생긴 사실도 동성애의 유행 정도를 짐작하게 해준다.

그러나 이때를 제외하고 대부분의 문화권에서 동성애

는 철저하게 금기시됐고 그에 따라 동성애자는 지하로 숨게 되었다. 어쩌다가 발각된 동성애자들은 무거운 죄로 처벌받기 일쑤였다. 이를테면 영국의 시인 O. 와일드는 1891년 A. 더글러스와 동성애를 한 나머지 2년간 감옥생활을 치러야 했다.

세월이 흘러 오늘날 동성애에 대한 인식은 예전보다 나아졌지만 여전히 많은 문화권에서는 기피 대상이 되고 있다.

동성연애자의 수는 정확히 밝혀지지 않고 있다. 대중의 혐오감 탓에 신분을 드러내길 꺼리기 때문이다. 미국의 경우 1988 · 93년 두 차례에 걸친 조사에서 남성의 2% 가량이 동성애자라고 밝혀졌으나, 실제로는 이보다 많고 또한 여성보다 남성 동성애가 더 많을 것으로 추측되고 있다.

실제로 군대에서 선배 군인이 하급 병사를 성폭행하는 남색(男色) 사례가 드물지 않게 발생하고 있으며, 화장실 낙서의 경우 유달리 남성쪽에 동성애 파트너를 구하는 광고가 많다는 연구결과도 있다.

남성 동성애자가 많은 이유에 대해 미국의 사회학자 R. 베이커는 영장류의 특성 탓이라고 분석했다. 즉 어린시절에는 동성애를 경험하고 나중에 이성애로 바뀌는 것인 바, 동성애로 연습하여 이성애로 본격적인 사랑을 한다는 것이다.

하지만 최근 들어 동성애는 '선천성'임이 명백해지고 있다. 그러므로 동성애자들이 범죄를 저지르거나 그런 분위기를 조장하는 것이 아닌 한, 그들에 대한 시각을 조금은 바꿔야하지 않을까 싶다.

남자의 사정과 여자의 오르가슴

섹스 또는 에로 영화에서의 하이라이트는 아마도 남성의 노력으로 인해 여성이 교성을 지르는 장면일 것이다. 일반적으로 교성은 여성이 오르가슴을 느꼈을 때 내지르는 소리로 여겨지는 바, 그 순간이 최고의 절정인 까닭이다.

흔히 여성의 오르가슴은 남성의 사정(射精)과 동등한 쾌락으로 인식되며, 그런 생각 때문에 성행위를 할 때 (남성을 위해) 인위적으로 교성을 내는 여성도 드물지 않다고 한다. 영화 〈해리가 샐리를 만났을 때〉를 보면 식당에서 여주인공이 교성을 질러 남자를 당혹시키는 장면이 있는데, 교성이 작위적으로 가능함을 보여주는 사례라고 할 수 있다.

'오르가슴(orgasme)'이라는 말은 '수분이 늘어나다'는 뜻의 고대어 'organ'에 어원을 두고 있다. 여성이 섹스에 만족을 느끼면 분비물이 많아지는 데서 비롯된 말인 것이다.

흥미로운 것은 남성이 한 번의 사정으로 절정을 느끼는데 비해, 여성은 여러 번 반복해서 오르가슴을 만끽한다는 점이다. 의학자들의 연구에 따르면 여성의 오르가슴은 밀려오는 파도처럼 서서히 높아지고 서서히 식어간다. 지속 시간 역시 상당히 길다. 이에 비해 남성은 짧은 시간에 높아졌다가 앗 하는 사이에 사정에 이르게 된다.

왜 이런 차이가 있을까.

한번의 섹스에서 남성이 오르가슴을 한 번 느끼는데 비해, 여성이 여러 번 느끼는 것은 어찌 생각하면 신의 배려인지도 모른다. 남성이 빈번한 섹스 욕구를 통해 그때마다 한 번씩 오르가슴을 느끼는데 비해, 여성은 욕구분출의 횟수에 있어서는 남성보다 적지만 한 번의 기회에 그간 밀린 욕망을 단숨에 만회하니 말이다.

또 하나의 의문이 있다. 대개의 남성이 사정을 하는 데 비해, 여성의 경우 오르가슴을 느끼는 경우가 상대적으로 적다는 점이다. 얼마 전 SBS 방송국에서 30대 주부를 대상으로 조사한 바에 따르면, 오르가슴을 느낀 사람은 50% 안팎이었다고 한다.

왜 여성은 현실에 있어서 오르가슴에 다다르지 못하는 경우가 많을까. 이에 대해 섹스에 대한 명상센터 '에로스협회'에서 일하는 프랑스의 엘렌 르슈발리에는 이렇게 분석했다.

"1970년대부터 여성들은 오르가슴이 섹스에서 얻을 수 있는 궁극적인 만족이고, 여성들은 오르가슴에 도달할 권리를 가지고 있고, 섹스 파트너가 신경을 충분히 쓴다면 여성은 당연히 오르가슴을 느낀다고 생각해 왔다. 그러나 실제로 대부분의 여성들은 현실에서 오르가슴을 얻지 못하고, 그렇기 때문에 오르가슴에 대한 신비를 키우고, 환상 속에서 그 욕구를 채우고자 한다. 오르가슴에 대한 강박관념이 오히려 자연스런 성욕을 제한하고 원초적인 욕망을 잃게 하는 것이다."

여자가 오르가슴을 느끼는 이유

1993년 2월, 인도 철학자 라즈니쉬의 제자인 사와미 사트야베단트는 재미있는 말을 했다. "여성은 한번의 섹스에서 여러 번 오르가슴을 느낄 수 있으며, 이는 남성보다 능력이 뛰어나다는 증거"라 했던 것이다. 그는 덧붙여서 "남성에 비해 여성이 직장 상사 역할도 훨씬 잘 해낼 수 있지만 아이를 낳는 능력을 가진데 대한 남성의 무의식적인 열등감과 적개심이 문제"라 주장하기도 했다.

정말 여성이 오르가슴을 느끼는 이유는 무엇일까. '왜 여성에게 오르가슴이 필요한지'에 대해서는 얼마 전까지 의문으로 남아 있었다. 남성의 오르가슴은 쉽게 정의된다. '사정' 그 자체인 것이다. 성기는 딱딱해져 여성 질 내부에 삽입을 가능하게 해주고, 보다 자궁에 가까워지도록 길어진다. 그리고 정액은 힘차게 쏟아짐으로써 난자에게 사랑의 여행을 떠난다. 요컨대 남성의 사정은 자신의 유전자를 많이 퍼뜨리기 위한 몸부림인 것이다.

여성 역시 마찬가지다. 오르가슴이 가까워오면 자궁내부가 수축되고 질 안으로 자궁구가 열리게 된다. 오르가슴을 맞으면 자궁이 수축운동을 반복하고 정액을 흡수해 위로 끌어올린다. 그리고 몸이 활처럼 뒤로 휘어진다거나 오르가슴이 끝난 후 잠시 동안 꼼짝하지 않고 있는 것도 정액이 밖으로 흐르지 않도록 하기 위한 것이라는 추측도 가능하다.

몇몇 학자들은 오르가슴을 느끼면 누워있는 시간이 길어지므로 질 내에 정자를 더 많이 갖고 있게 돼 수태 가능성을 높인다고 설명한다. 또 오르가슴 때문에 여성이 남성에게 더 친밀감을 느낀다고도 지적한다.

실제로 1993년 영국 의학자들이 3백회 이상 성교를 관찰한 결과, 여성이 오르가슴을 느끼면 몸 안에 정자를 더 많이 갖게 된다는 사실을 확인했다. 요컨대 여성이 오르가슴을 반복적으로 느끼는 것은 정자를 받아들이는 시간을 길게 하기 위한 생리 시스템인 것이다.

여성은 배란 이틀 전쯤 되면 호르몬 분비가 왕성해지고 성욕도 높아져 오르가슴에 쉽게 도달할 수 있도록 몸이 만들어진다. 이 또한 오르가슴이 생식과 밀접한 관계에 있다는 것을 보여준다. 그러나 임신부에게 (섹스가 금기사항은 아니지만) 오르가슴은 좋지 않다고 한다. 자궁을 과도하게 수축시켜 조기진통으로 이어질 수 있기 때문이다.

한편, 미국 피츠버그대에서 유방암 환자를 대상으로 조사한 결과 오르가슴이 면역력을 향상시키는 것으로 나타났다. 여성 호르몬 에스트로겐의 분비를 늘려 골밀도를 높이고 혈액순환을 원활히 해 피부 탄력을 유지시킨다는 것이다. 남성도 남성 호르몬 테스토스테론이 증가돼 뼈와 근육발달에 기여한다. 오르가슴 만세!

남자들이 음녀를 무서워 하는 이유

여자들이 치한을 두려워한다면 남자들은 음녀(淫女)를 두려워한다. '음녀'란 문자 그대로 '성적으로 방탕한 여자'를 뜻한다. 섹스를 밝히는 것으로 따진다면 남자들이 여자에 뒤지지 않을 뿐 아니라 '강한' 남자는 영웅시되기까지 한다. 그런데 왜 성욕 강한 음녀는 터부시되는 것일까?

역사상 최고의 음녀는 단연 메살리나로 손꼽힌다. 로마 황제 클라우디우스의 세 번째 아내였던 메살리나는 50세의 황제와 32살이나 차이나는 까닭에 몰래 다른 남자를 찾았다. 연극을 구경하고 있다가 돌연 마음이 움직이면 그 연극을 중단시키고 배우를 자기 침실로 데려와야 직성이 풀리는 여자였다.

뿐만 아니라 청년장교 가운데 마음에 드는 사람이 있으면 망설이지 않고 그 사람을 불러들였다. 심지어는 창녀촌 주인에게 명령하여 창가의 방 하나를 빌었으며, 그 방문에 남근을 본떠 만든 손잡이를 달고 가명의 명패를 붙이고 손님을 받았다. 그런데다 자기의 추행을 밀고하려는 자는 가차없이 암살하든지 자살을 강요했다. 선천적 다음증(多淫症)이었던 그녀는 결국 노예의 밀고로 처형당했지만 그 이름은 역사상 악명을 떨치고 있다.

중국의 측천무후는 메살리나를 능가하는 여성이다. 그

녀는 황제의 사랑을 차지하기 위해 자신의 갓난 딸을 살해하고, 황제의 총애를 받던 소비의 팔다리를 잘라 술독에 넣어 죽인 독한 여자였으며, 황제가 죽은 뒤에는 중국 역사상 최초로 여황제에 등극한 야심가였다. 또한 그녀는 80세에 이르러서도 여러 명의 정부를 두고 더블 섹스를 즐겼을 만큼 왕성한 정욕을 불태운 것으로도 유명하다.

우리나라의 경우 조선 성종 때 수십 명의 남자들과 놀아난 끝에 사형당한 어우동이 음녀로 유명하다. 그녀는 왕손인 태산군과 결혼하고도 섹스 스캔들로 상류사회를 발칵 뒤집어 놓았다. '연비'라 하여 사랑을 맹세할 때마다 팔뚝에 연인의 이름을 쪼아 새기는 습속이 있었는데, 그녀의 팔뚝에는 알 만한 명사의 이름이 여섯이나 있었다. 어우동은 옥중에서도 부끄러운 기색없이 "고관대작이니 도덕군자는 허수아비의 옷과 같다"라고 외쳤다고 한다.

성욕의 왕성함은 비난받을 일이 아니다. 다만 사회 혹은 타인에게 피해를 주지 않도록 그것을 '얼마나 자제하느냐'만이 문제일 뿐이다.

그럼에도 음녀가 터부시되는 이유는 '공격적 기질'에 있다. 예를 든 데서 알 수 있듯 성욕을 자제하지 않고 아무렇게나 방출하는 여자는 가정이나 사회보다는 철저하게 자신을 우선시 한다. 인정도, 질서도 필요없다. 나아가 성욕 분출에 방해가 되는 사람들을 제거하기까지 한다.

이 점은 바람둥이보다 무섭다. 그런데다 남성들은 여성의 강한 욕망을 두려워하는 경향이 있다. 정복하고 싶은 우월심리가 정복당하는 섹스를 용납하지 못하는 것이다. 이래저래 음녀가 설 자리는 없다.

변태성욕자에 남성이 많은 까닭

안나는 어느 날 밤 애인과 데이트를 하고 늦게 집으로 돌아왔다. 그리고 다음 날 아침 늦게 일어나 목욕탕으로 가서 자기의 예술품과 같은 아름다운 흰 알몸을 거울에다 비쳐보고 이리저리 포즈를 취해 보았다. 언제 보아도 정말 멋진 몸매라는 황홀경에 빠진 채……

그리곤 옷을 입으려고 했다. 그때였다. 어디선지 사람의 소리가 들려 왔다.

"아가씨, 다른 포즈를 조금 더 취해 봐요. 아직 필름이 두서너 장 남았으니까."

이 유머는 피핑톰(훔쳐보기)에 바탕을 둔 이야기인데, 사실 피핑톰은 변태성욕의 한가지이며 변태성욕은 그 외에도 많은 형태가 있다. 노출증·트랜스베스티즘·소아기호증·새디즘·매저키즘……

인체의 은밀한 부분을 노출하기 좋아하거나, (트랜스젠더도 아니면서) 이성의 옷차림을 하며 묘한 느낌을 즐기거나, 아주 어린 이성과의 섹스를 탐닉하거나, 때리거나 맞아가며 몰두하는 성교들이 곧 변태성욕의 모습인 것이다.

그런데 흥미로운 것은 변태성욕자에 여성보다 남성이 많다는 점이다. 팬티·브래지어 등 여자 속옷을 훔치는 사람, 여성의 음모를 수집하는 사람 등등 변태성욕자의 대부

분은 남성이며, 채플린 · 모택동 · 피카소 · 도스토예프스키 등 유명한 변태성
욕자의 대부분도 남성이다. 왜 그럴까?

먼저 변태성욕자의 특성을 살펴보자. 그들은 처음에는 다른 사람과 똑같
은 방법으로 섹스를 시작하지만 점차 성적으로 한 방법에 집착하는 경향이 있
다. 보통사람들은 여러 방법으로 자신들의 섹스를 보다 좋은 방법으로 개선하
고자 노력하는데 비해, 변태성욕자들은 오직 한 가지 방법만을 지키면서 다른
방법에는 일체의 눈길을 주지 않는 것이다. 쉽게 말해 변태성욕자들은 한 우물
을 파는 외골수이며, 그 외골수는 변화를 싫어하는 보수성과 연결되어 있다.

일반적으로 보수적인 사람들은 진보적인 사람보다 섹스를 단순한 방법
으로 즐긴다. 체위든, 분위기이든 간에 좀처럼 변화를 시도하지 않는다. 그런
면에서 보면 보수주의자들은 변태성욕자가 될 가능성이 진보주의자에 비해
높다. 특히 상대 기분에 관계없이 일방적인 섹스를 좋아할 경우 더욱 그렇다.

하지만 변태성욕자들은 상대에게 피해를 끼치거나 상대의 동의를 얻지
않은 상태에서 성욕을 추구한다는 점에서 보수주의자와 근본적으로 차이가
있다. 예컨대 여성에게 매질을 한 뒤 섹스를 하거나 목욕하는 여인을 훔쳐보면
서 수음을 하는 따위가 그것이다.

요컨대 남성은 여성보다 권위적이면서 보수성이 강한 바, 그런 특성이 남
성의 일방적 변태성욕으로 이어진다고 볼 수 있다.

꿀과 알코올, 그리고 성욕

꿀은 고대 이집트에서부터 오늘날까지 결혼의식에 필요한 물질로 이용되었다. 비타민 B 복합체를 함유한 식품인 꿀은 여성과 남성의 성적인 건강을 유지시켜 줄 뿐 아니라 정액을 만드는데 필요한 미네랄이 다양하게 포함되어 있기 때문이다. 그런 까닭에 고대 북유럽에서는 '허니문'이라 하여 갓 결혼한 신혼부부가 한 달간 정력을 돋우기 위해 포도주에 꿀을 섞은 벌꿀술을 마셨다고 한다.

꿀이 지닌 명성은 꿀이 체내의 에너지 근원으로 쉽게 소화되고 흡수되는 식품 중의 하나라는 사실에 기인한다. 최음 성분이 있는 꽃들과 약초들에서 얻어낸 잡꿀은 특히 놀라운 효과가 있는 것으로 평가받고 있다.

한편 동양인들은 로얄젤리를 귀하게 여겨왔는데, 여왕벌만 독식하는 로얄젤리는 생명 유지의 필수 요소들 모두와 다량의 비타민과 미네랄을 함유하고 있는 까닭에 자양강장제로 인기를 끌고 있다.

꿀이 에너지원으로서의 정력식품이라면, 알코올은 신경계작용으로서의 정력식품이라 할 수 있다. 일찍이 셰익스피어는 "욕정을 불러일으키지만 사랑을 나누는 데 아무런 지장이 없는"이라는 표현으로 술을 최고의 최음제이자 강장제로 평가했다.

실제로 적당한 음주는 긴장을 풀어주고 성관계를 원활하게 해준다. 하지만 지나친 음주는 중앙신경조직을 진정시키면서 사정과 오르가슴에는 지나칠 정도로 간섭한다. 때문에 알코올을 많이 마시는 사람은 호르몬 생산을 억제당해 결국 영원히 성생활과 작별하게 되는 경우가 많다.

아리스토텔레스와 플루타르크가 조심스러운 어조로 "술을 많이 마시는 사람 치고 훌륭한 애인은 없었다"고 말했던 것도 그 때문이다. 같은 이유에서 고대 그리스인들은 이런 문구를 남겼다.

"술은 너무 과하지도 않고 모자라지도 않을 만큼만 마시는 것이 최상이다. 술은 신혼방과 연인들의 사랑에 가장 적합하다. 하지만 술기운이 너무 강렬하면 섹스를 하는 것은 멀어져 버리고 남자들은 잠 속으로 떨어져 버린다."

옛날에는 여성이 술에 취하면 욕정에 겨워한다고 생각해서 남자들이 일부러 술을 먹이곤 했다. 고대 로마인들도 술은 여자의 탐욕과 욕정을 돋운다고 생각했고, 정숙한 여자는 절대 술을 가까이하지 않아야 한다고 믿었다.

하지만 대부분의 현대 과학자들은 알코올이 최음제 작용을 한다는 말은 단지 사회적 통념일 뿐 그 이상은 아니라고 말한다. 분위기만 된다면 포도주나 칵테일 한 잔으로도 여성들은 선정적인 분위기에 잘 빠지지만, 분위기없는 술자리는 기분만 망치게 만든다고 한다. 다시 말해 남성은 음주량에 의해 성기능을 통제 받는 반면, 여성은 알코올이 아니라 분위기에 좌우되는 것이다.

막노동꾼과 책상물림의 섹스에 차이가 있을까

누군가 힘자랑을 하는 사내가 있다고 하자. 그 모습을 보는 남자들 입에서 가끔 튀어나오는 속언이 있다. "무식한 놈이 힘만 세다"가 그것이다. 물론 이 말에는 학식이 부족한 사람에 대한 멸시적인 의식이 숨어있으며, 근육질 남자에 대한 부러움 섞인 시샘 또한 담겨 있다.

그런데 여기서 살펴보고자 하는 것은 '지식의 높낮이'가 아니라 '근력과 섹스능력'과의 상관관계이다. 쉽게 말해 남자들이 그렇게도 갈구하는 엄청난 정력이 과연 힘에서 나오는지 알아보고자 하는 것이다.

일반적으로 정력은 근력과 비례하는 것으로 여겨진다. 울퉁불퉁한 근육질을 보노라면 당연히 정력 또한 대단하리라 연상되기 때문이다. 그런데다 유약한 남자의 정력에 불만을 품은 유부녀가 건장한 다른 남자와 놀아났다는 불륜사건이 가끔 언론에 보도되는 까닭에 그런 인식은 더욱 그럴듯하게 여겨지고 있다.

하지만 그것은 어디까지나 추측이지 실제는 그렇지 않다. 동서고금을 살펴보면 정력가들은 근육질 남자가 아니라 (섹스에 관한 한) 머리가 좋은 사람이었다. 이집트의 클레오파트라가 수많은 남자들과의 실전 연습 끝에 섹스 노하우를 깨우치고 로마 장군들을 잇달아 사로잡은 것처럼, 정력가로 인정받은 남자들 역시 나름대로 여성을 만족시킬 수 있는 방법을 찾아내고 실전에 활용한 것이다.

그런 점을 분명히 알려주는 사람이 있다. 바로 모파상이다. 「여자의 일생」으로 널리 알려진 프랑스의 작가 모파상은 평생을 독신으로 살았지만 프랑스 역사상 매우 정열적인 성생활을 한 사람으로도 유명하다. 20여년에 걸쳐서 끊임없이 섹스를 했고, 수천명의 여자들을 상대했으며, 대부분의 여성을 확실하게 만족시켰다.

사람들이 그 비법을 묻자, 모파상은 자신은 물론 여성의 성욕을 완벽히 만족시킨 사실이 특별히 지성에 힘입은 바 크다며 이렇게 말했다.

"일반적으로 막노동을 하는 무식한 사람들이 항상 책상에 붙어 앉은 사람보다 섹스에 강할 것으로 생각하기 쉽다. 그러나 나는 그렇게 생각하지 않는다. 상대에게 되도록 많은 쾌락을 주기 위해서는 머리를 잘 써야 한다."

그렇다. 섹스는 노력에 의해 능력도, 쾌감도 비례하여 느끼는 것이다. 그 노력이란 음식일 수도 있고, 운동일 수도 있으며, 인체 탐구일 수도 있으나 대체로 인체 탐구로 귀결된다. 다시 말해 괄약근을 강화하거나 효과 빠른 성감대를 찾아냄으로써 쾌감을 증진시키는 것이다.

막노동꾼이거나 박사라서 정력에 차이가 있는 것이 아니라 섹스에 관한 연구와 노력 정도에 따라 그 능력이 달라진다. 남녀를 불문하고 근육질 스포츠 선수보다 허리 놀림이 유연한 종목의 운동선수들이 정력이 좋다고 하는 이야기도 그런 점을 뒷받침해 준다.

왜 남자는 섹스 때 소리내는 여자를 좋아할까

중세 유럽의 한 영주가 성문 문지기 아내가 잠자리에 들기만 하면 밖에서 들릴 정도로 크게 소리낸다는 소문을 들었다. 아내의 정숙한 섹스에 불만을 갖고 있던 영주는 소리내는 여자와 한번 자고 싶은 생각이 간절했다. 마침내 영주는 문지기를 불러 큰돈을 주면서, 아내를 하루 밤만 빌려 달라고 명령하듯 말했다.

문지기는 내키지 않았으나 어쩔 수 없었다. 드디어 밤이 되었다. 그런데 이상한 일이었다. 영주가 갖은 기술을 발휘하며 아무리 노력해도 문지기의 아내는 교성(嬌聲)을 내지 않았다. 문지기의 아내가 성욕을 일부러 참는 것 같지는 않았으며 반응이 없음이 분명했다. 영주는 크게 실망했고 결국 '소리'를 포기하고 말았다. 다음 날 아침, 영주는 그 문지기를 불러 물었다.

"내가 아무리 재주를 부려도 그대의 처는 소리내지 않으니, 어떻게 된 일이냐?"

그러자 문지기는 황송하다는 어조로 말했다.

"황송한 말씀이나, 소리를 내는 것은 아내가 아니라 바로 저입니다."

그랬다. 여자가 밤마다 뛰어난 기술을 발휘한 까닭에 문지기가 쾌감을 만끽한 나머지 소리를 질렀던 것이다.

이 유머는 '성교할 때 소리내는 사람은 여자'라는 속설에 기인한 유럽의 민담인데, 여기에는 섹스에 대한 두 가지 정보가 담겨 있다. 기술과 소리가 그것이다. '기술'이란 무엇인가? 간단히 말해 상대를 만족시켜주는 성적 능력이며, 내 기분을 위해서가 아닌 만큼 상대에 대한 배려를 바탕으로 하고 있다.

일반적으로 섹스 기술에 관한 한 남자의 능력은 여자를 따라가지 못한다. 왜? 근본적으로 남성의 성기는 마찰과 접촉에 의해 쉽게 흥분하는 반면 여성의 성기는 점진적 자극과 더불어 심리적 환경을 필요로 하기 때문이다.

바꿔 말해 남성은 여성의 간단한 자극에도 성욕을 느끼지만 여성은 남성의 강렬한 자극에도 성욕을 어느 정도 억제할 수 있는 바, 남성의 기술은 여성의 열린 마음을 전제로 해야만 통한다고 볼 수 있다.

이에 비해 '소리'는 전적으로 확인의 영역이다. 여자는 성교 때 황홀경에 이르면 곧잘 소리내는 경우가 있으며, 이는 서양도 동양도 마찬가지다.

흥미롭게도 남성은 여성의 교성에 민감한 반응을 보인다. 왜일까? 그 이유는 교성이 성욕을 자극해서가 아니라, 여성을 만족시켜주었다는 남성의 자존심 충족에 있다. 더군다나 여성이 오르가슴을 느낄 때 소리까지 낸다면 남성의 만족감은 더욱 배가될 것이다.

요컨대 섹스의 교성은 만족을 나타내는 확인이며, 기생이나 창녀는 이런 심리를 꿰뚫고 있는 까닭에 거짓으로나마 소리를 낸다고 한다.

복상사는 왜 남자에게 많이 일어날까

중국 전한(前漢)의 9대 황제인 성제(成帝)는 철저하게 쾌락을 추구한 인물이다. 그는 외척에게 나랏일을 맡긴 채 술과 여자에 빠져 사치스러운 생활을 했는데, 절세미인을 둘이나 만난 것이 화근이었다.

성제를 사로잡은 여인은 조비연과 조합덕 쌍둥이 자매였다. 비연은 어린 나이에 남녀의 성에 관한 서적을 탐독하여 일찍이 조숙했으며, 합덕은 노래를 잘 부르고 살결이 특히 아름다운 여인이었다. 성제는 두 여인의 침실을 오가며 밤낮으로 육욕의 세계에 빠졌고 급기야 정력이 바닥나기에 이르렀다. 그리하여 성제는 신솔교라는 강장제를 복용하면서 가까스로 섹스를 할 수 있었다. 그것을 한 알 먹으면 한 번의 즐거움이 가능했기 때문이다.

어느 날 성제는 합덕과 술을 마셨다. 잔뜩 술이 취한 합덕은 황제에게 일곱 알을 한꺼번에 먹였다. 그날 밤 침실에서는 밤새도록 웃음소리와 교성이 흘러나왔다. 그런데 이튿날 엄청난 일이 벌어졌다. 성제가 합덕의 침상에서 죽어 있었던 것이다. 문책을 받은 합덕은 높은 전각에서 몸을 날려 자살했고, 성제의 사망 원인은 비밀에 부쳐졌다.

성행위 중 사망하는 성교사(性交死)를 흔히 복상사(腹上死)라 한다. (성교를 하다가) '여자의 배 위에서 죽었다'는 뜻에서 그런 말이 지어졌는데, 동서양을 막론하고 복상사로 세상을 떠난 통치자가 여럿 있지만 워낙 예민한 사안인지라 대부분 비밀에 부쳐졌다. 따라서 복상사의 정확한 발생빈도는 알기 어렵다. 그러나 현대 들어서 점차 늘어 부검시 1% 이상 발견된다고 한다.

복상사의 특징은 여성보다 남성에서 더 흔하고, 성행위 도중보다는 그로부터 몇 시간 뒤 심장마비로 사망한다는 점이다. 그 원인은 남성상위에 있다. 미국에서 건강한 남성들의 성행위 뒤 심장 상태를 점검한 실험에 따르면, 남성의 최고 심장박동수는 여성상위에서 평균 1분에 110회였는데 비해 남성상위에서는 127회였다. 산소 소비량도 여성상위보다 남성상위에서 32% 많았던 바, 심장의 부담이 큰 것이다.

더욱이 복상사의 40% 정도는 음주 뒤에 나타난다고 하는데, 전신 각 기관이 피로해진 상태에서 성행위 시간이 길어지기 때문에 심장 피로가 최고조에 달하게 된다.

또한 복상사는 부부관계보다 혼외관계에서 더 많이 발생하고, 주위 환경이 바뀌어도 늘어난다고 한다. 다시 말해 부인과의 성행위보다는 애인 등과의 관계에서 더 많이 발생한다는 것이다.

실제로 황제들의 복상사도 예외없이 후궁과의 잠자리에서 발생했고, 현대인의 경우도 비슷하다고 한다. 전문가들은, 다른 여성에게서 신선미와 쾌락을 더 많이 느낄 수 있고, 부정한 일이라는 정신적 부담 때문일 것이라고 추정한다.

잉꼬부부의 섹스 — 알고 보면 변태

"늙은 범이 살찐 암캐 물어다놓고 이는 없어 먹도 못하고 흐르흐르릉 아웅 어루는 듯, 춘향의 가는 허리를 후리쳐다 담쑥 안고 기지개 아드득 떨며, 귓밥도 쪽쪽 빨며 입술도 쪽쪽 빨면서 주홍(朱紅)같은 혀를 물고, 끙끙 끙끙 흐흥거려 뒤로 돌려 담쑥 안고, 젖을 쥐고 발발 떨며…"

「춘향전」의 사랑 놀음에 등장하는 대목인데, 춘향과 이도령의 뜨거운 애욕은 여기서 멈추지 않는다. 두 사람은 발가벗은 채 업고 돌아다니는 놀이를 즐기고, 이도령은 "어따 네 똥집 꽤 무겁다만 내 등에 업힌 기분이 어떠냐"고 기분마저 묻는 여유를 부린다. 이에 춘향은 흥에 겨워 "한껏나게 좋소이다" 화답한다.

일반적으로 '춘향'은 한 남자를 섬긴 정조지킨 여성으로 유명하다. 그런 까닭에 영화로 만들어진 「춘향전」의 여배우들은 관능미보다는 청순미를 기준으로 선발됐고, 사람들도 춘향에 대해 매우 지고지순하고 '깨끗한' 이미지를 가지고 있다. 이도령 또한 양반 중심의 사회에서 표연히 낮은 신분의 여성을 사랑하고 의리를 지킨 포용력있는 사람으로 인식된다.

한 마디로 「춘향전」의 남녀 주인공 '깨끗하면서도 강인한 정신력'의 상징으로 여겨지는 것이다. 그렇다면 과연

이도령과 춘향은 서로의 어디가 그렇게 좋아서 어렵게 다시 만나 백년해로를 한 것일까?

이도령은 멀리 떨어진 곳에서 춘향을 본 이후 첫눈에 이끌렸으나, 두 사람을 결정적으로 가깝게 만든 것은 육체관계였다. 첫날밤 춘향은 몹시 부끄러워했고 이도령 역시 욕심을 채우느라 서둘러 관계를 맺었지만, 이후부터 두 사람은 몹시 끈적끈적하고 진한 애정 놀음을 즐기며 사랑을 키워나간다. 다시 말해 두 사람 애정의 핵심은 섹스였고, 이른바 '속궁합'이 맞았기에 훗날 모진 고생을 해가면서도 다시 만나려 애썼던 것이다.

그런 점에서 '잉꼬부부의 섹스는 변태'라고 말할 수 있다. 다만 여기서의 '변태'는 상대자를 괴롭히며 얻는 쾌락적인 성행위가 아니라 둘의 합의 하에 즐기는 다양한 애정행위를 의미한다.

우리 주변에는 잉꼬부부가 적지 않은데, 누가 봐도 수긍이 가는 커플이 있는가 하면 쉽게 고개가 끄덕여지지 않는 커플도 드물지 않다. 예컨대 남녀의 미모나 몸매에 큰 차이가 있어서 어딘지 어울려 보이지 않는 커플이 그렇다. 그럼에도 당사자들은 매우 행복해한다. 이 경우 외모 차이가 많을지라도 두 사람의 속궁합이 맞고 섹스에 있어서 서로 상대방을 위해 최선을 다하고 있을 거라고 보면 틀림이 없다.

남녀 불문하고 어린 나이일수록 외모에 집착하는 반면, 나이 먹은 사람일수록 관능미에 더 많은 점수를 주는 이유도 바로 여기에 있다.

처녀성 따지는 남자, 동정 밝히는 중년 여성

지난 8월 중순경 브라질에서는 남성 중심적인 라틴아메리카 마초(macho) 문화의 상징이던 1916년의 옛 민법을 개정하기로 의회가 승인하여 눈길을 끌었다. 결혼 첫날 밤 신부가 처녀가 아닐 경우 결혼 자체를 아예 무효로 할 수 있는 브라질 남성들의 가부장적 권리가 거의 1세기만에 사라지게 된 것이다.

고도의 첨단문명을 자랑하는 시대에 그런 법이 남아있었다니 놀랍기 그지없지만 세계적으로 살펴보면 아직도 그런 관습이 여기저기 많이 남아 있어 또 놀라게 된다. 예컨대 일부 이슬람문화권에서는 결혼하기 전에 처녀성을 상실한 여성은 죽음을 각오해야 한다. 화간 · 강간을 따지지 않고 무조건 집안의 수치로 여겨 아버지나 오빠가 죽이기 때문이다. 물론 정부에서는 그런 악습을 없애려 하지만 사람들은 법을 무시하면서까지 관습의 이름으로 사형(私刑)을 집행한다. 혼전(婚前) 순결이 무엇이기에 이토록 집착하는 것일까?

처녀(處女)는 '아직 시집가지 않은 성숙한 여자'라는 뜻의 말이다. 또한 '최초의', '아무도 손대지 않은'이라는 뜻도 지니고 있다. 그러니까 미혼 여성은 '아직 임자가 나타나지 않은 수동적인 대기물'인 셈이다. '총각'이 단지 결혼하지 않은 성년 남자를 의미함을 감안하면 처녀에 대한 남성의 인식이 어떠한 것인지 쉽게 짐작할 수 있다.

그런데 요즘 우리나라의 혼전 성문화가 급격히 달라지고 있다고 한다. 과거에는 남자는 물론 여성 자신도 절대적으로 여성의 순결을 중시했으나 요즘에는 '사랑한다면 혼전 성행위가 가능하다'는 의견이 절반을 넘어서고 있다는 것이다. 한 걸음 나아가 연인은 아니지만 룸메이트로 동거하는 남녀도 있으며, 순결보다 경험에 무게 중심을 두는 사람도 적지 않다고 한다.

그렇다면 처녀성에 대한 관심이 사라진 것일까? 천만에! 이른바 영계를 밝히는 남자가 많다는 사실이 처녀에 대한 남성의 욕망을 여전히 잘 보여주고 있지 않은가 말이다. 여성의 인권이 강화되면서 여성의 섹스 권리가 늘어났을 뿐, 남성의 관심은 마찬가지인 것이다.

흥미로운 점은 섹스 경험이 많은 일부 여성들이 남성 못지않게 이성(총각)의 동정을 탐한다는 것이다. 일본이 급속한 경제성장을 이룬 1960년대에 그런 풍조가 있었으며, 당시의 세태에 대해 소설가 미시마 유끼오는 이렇게 말했다.

"세상은 참 묘해서, 처녀가 아닌 중년 여성들 중에 특히 동정만을 귀중하게 여기는 '동정 도둑'이 있다. … 동정 도둑에는 나르시시즘과 열등감이 뒤얽힌 여자가 많은 것 같다."

요컨대 남자든 여자든 간에 보상심리가 강한 사람일수록 처녀(동정)를 밝히는 것이다.

'영웅(英雄)'이란 국어사전에 따르면, 지혜와 지능이 뛰어나고 힘과 배짱도 빼어난 사람을 가리키는 말이다. 영웅은 보통사람들이 꿈도 꾸지 못하는 큰일을 이루어 대중으로부터 열광적으로 존경받는다. 이 말은 본래 뼈대가 있는 도드라진 풀을 영(英)이라 하고 무리 중에서 돋보이는 짐승을 웅(雄)이라 하는 고대 중국어에서 유래했으며, 이에 연유하여 뛰어난 사람을 영웅이라 한다. 단어로는 「삼국지」 위지전에 유비가 처음 말한 것으로 기록돼 있다.

동서고금의 역사를 살펴보면 알렉산더 · 칭기스칸 · 카이사르 등등 영웅은 수없이 많다. 이 경우 영웅은 전쟁을 승리로 이끌었거나 효과적으로 권력을 차지한 사람이 대부분이다. 그러나 오늘날 영웅의 개념은 많이 달라졌으니, 스포츠 선수나 연예계 스타처럼 대중의 인기를 얻는 사람들이 영웅과 같은 존재로 여겨지고 있는 것이 현실이다.

그런데 대개 영웅은 색을 밝힌다. 근대정치사를 들여다보자. 1960년대 이후 우리 사회를 떠들썩하게 한 사건 중에는 섹스 스캔들이 수없이 많다.

국회의원이 여비서나 탤런트와 관계를 맺고 술집 호스티스를 무절제하게 건드리는가 하면, 심지어 여고생과 물의를 일으킨 경우도 있다. 한 정치인은 죽은 여인의 아들로부터 친자 확인소송을 당하는 수모까지 감수해야 했고, 어떤 전직 대통령은 여성 편력이 화려했던 것으로 소문이 자자했다.

영웅이 섹스를 밝히기는 서양도 마찬가지다. 10세기 중엽 교황 요한 12세는 베드로성당에 유곽을 차려 운영하면서 많은 정부를 거느렸고, 빌 클린턴 전(前)미국 대통령의 섹스 스캔들은 세계적으로 알려진 바 있으며, 미국의 NBA를 비롯하여 미식축구·메이저리그·프로복싱계에서 슈퍼스타들의 혼외정사가 심심치 않게 터져 나온다.

영웅은 왜 색을 좋아할까? 미국의 보스턴대학 조지프 테스 신경심리학과 교수는 그 이유를 "성공한 사람들이 흔히 갖는 불패(不敗) 콤플렉스와 정복욕이 섹스 탐닉과 깊은 관계가 있다"고 말했다. 다시 말해 많은 여성과 섹스를 하면서 정복의 쾌감을 만끽한다는 것이다.

한편으로 권력자에게 어떤 이익을 챙기려는 주변 여성들의 처신이 권력자의 타락을 부추긴다는 주장도 있다. 간단히 말해 남녀의 이해관계가 맞아떨어져 영웅호색이 만들어진다는 것이다. 그렇다면 권력을 쥔 남자들만 색을 밝힌다는 말인가?

영웅호색은 남자만의 이야기가 아니다. '해가 지지 않는 영국'을 건설한 엘리자베스 여왕은 레이세스터 백작과 불타는 밤을 즐겼으며, 중국의 측천무후는 애인을 바꿔가며 성욕을 불태웠다. 요컨대 호색은 권력자의 정복욕과 관계된 것이고, 권력을 잡은 사람들은 대개 남자들이었기에 영웅호색이란 말이 생긴 것이다.

남성이 빠져드는 천하명기의 조건

마리아 칼라스는 비범한 발성 능력으로 1950년대 중반부터 약 20년 동안 오페라계에서 활약한 소프라노 가수이다. 힘차면서도 명확한 음역과 카리스마적인 연기능력을 지녀 큰 인기를 끌었으며, 로시니 · 도니체티 등의 작품을 새삼스럽게 세상에 알리는 역할도 했다. 또한 은퇴할 무렵까지 40편이 넘는 배역을 맡았고, 20편이 넘는 오페라 전곡을 녹음함으로써 전설적인 존재가 되었다.

그런데 마리아 칼라스에게는 일반인들이 알지 못한 남다른 능력이 있었으니, 그것은 오나시스의 입을 통해서 밝혀졌다. 오나시스가 누구인가. 한 국가의 해군보다 더 큰 규모의 선박을 보유함으로써 '그리스의 선박왕'으로 불린 인물이자 바람둥이로 유명한 남자이다. 미국 대통령 케네디가 암살된 이후, 재클린 케네디에게 청혼하고 결혼하여 세계적인 화제를 낳기도 했다. 그런 오나시스가 오페라 프리마돈나 마리아 칼라스와 하룻밤을 보낸 뒤 이렇게 말한 바 있다.

"칼라스는 여자 중의 여자이다."

이후 오나시스는 칼라스와 오랫동안 깊은 관계를 유지했는데, 그다지 예쁘지도 않은 칼라스에게 느낀 매력은 무엇이었을까? 매력의 비밀은 '명기'였다. 남자들이 걸쭉한 육담을 늘어놓는 자리에서 '꽉꽉 조이는 느낌'이라는 말로 표현하는, 속칭 '죽여주는 여자'였기에 오나시스는 칼라스에게 완전히 빠져들었던 것이다.

전하는 말에 따르면 명기는 만들어지는 것이 아니라 타고난다고 한다. 물론 클레오파트라처럼 훈련에 의해 명기를 보유할 수도 있지만 대개는 선천적 운명이라는 것이다. 중국인들은 아예 구체적으로 구분하기까지 했으니 지렁이 천 마리, 좁쌀 천 개, 끈 달린 주머니가 그것이다.

'지렁이 천 마리'란 남성의 심벌을 넣으면 수많은 지렁이가 얽혀들 듯 오묘한 율동으로 감싸는 것을 말하며, '좁쌀 천 개'는 남성이 움직일 때마다 스치는 쾌감을 안겨주는 여성의 질내에 있는 좁쌀같은 수많은 돌기를 가리키며, '끈 달린 주머니'는 남성이 삽입하는 순간 주머니의 끈을 조이듯 꽉 죄는 힘을 의미한다. 이 세 가지 중 하나라도 있으면 명기이고, 모두 갖췄으면 천하명기라는 것이다.

일반적으로 남자의 성감은 마찰이나 죄는 느낌에서 좌우된다고 하는데, 남성이 명기에 빠져드는 것은 그 때문이다. 하지만 남성은 명기에 관심을 갖기 전에 먼저 돌아볼 일이 있다. 과연 자신이 명기를 연주할 능력을 지녔는가 하는 점이다. 아무리 좋은 악기도 연주자의 실력이 형편없으면 제 소리를 내지 못하듯이, 여성의 성능력은 남성의 테크닉과 비례하는 까닭이다.

통계에 의하면 세계 기혼 여성 중에서 섹스에 만족하는 비율은 30%를 넘지 않는다고 한다. 권리도 좋지만 의무도 생각해 볼일이다.

침실 파업에 여성이 주도권을 쥐는 연유

아리스토파네스는 기원전 4세기 경 활약한 고대 그리스의 희극 작가인데, 그의 작품 중 〈리시스트라타〉는 독특한 내용으로 유명하다. 날마다 전쟁에 몰두하는 아테네 남자들의 아내들은 아크로폴리스의 정문 앞에 모여 어떻게 하면 남편들을 전쟁으로부터 벗어나게 할 수 있는지 상의한다.

이에 리시스트라타의 선동으로 그리스의 모든 여인들은 남자들이 강화조약을 맺을 때까지 잠자리를 거부하기로 굳게 다짐한다. 그리고 적대국인 스파르타의 아내들과도 내통하여 같은 심정임을 확인하고 동참을 받아낸다. 결국 아내들의 무기한 침실 파업에 남편들은 항복하며 그에 따라 평화가 찾아온다.

그로부터 2천 4백여 년이 지난 2001년 7월 중순 터키 서부 해안에 위치한 시르트 마을의 여성들이 수돗물 공급 대책을 요구하며 침실파업에 돌입했다. 소설이 아니라 실제 사건이 일어난 것인데, 사건의 발단은 27년 전 설치된 상수도관이 파손된 데 있었다. 수 킬로미터 떨어진 샘까지 찾아가 물을 길어 와야하는 고통을 겪어온 시르트 마을 여성들은 관계 당국에 수차례에 걸쳐 수돗물 대책을 호소했으나 제대로 받아들여지지 않자 남편들과 섹스를 거부하는 침실 파업에 돌입한 것이다.

파업은 한 달을 넘게 계속됐고 정부에 대한 남편들의 원성이 높아졌다. 이처럼 문제가 이상한 방향으로 흘러가자 터키 지방업무 담당부서가 8km에 달하는 파이프 라인을 시르트 마을에 연결시켜 수돗물 공급을 원활히 하기로 합의했으며, 이에 따라 시르트 마을 여성들은 침실 파업을 풀었다.

시르트 마을 남성들은 자신들이 파이프라인을 직접 설치해야하지만 "침실 파업만 철회한다면 그 정도 수고는 아끼지 않겠다"며 안도의 한숨을 내쉬었다고 한다.

두 이야기는 섹스에 관한 한 남성의 참을성이 더 부족함을 여실히 알려주고 있다. 그뿐이랴. 남편들의 불성실함에 분노할 때마다 잠자리를 따로 한다는 가정도 드물지 않은데, 이 경우 침실파업의 강자는 여성이요, 약자는 남성이기 일쑤다. 왜 남자들은 여자보다 금욕을 견디지 못할까?

그 가장 큰 이유는 성 충동에 있다. 어떤 보고에 따르면 남자는 성욕면에서 여자보다 4 대 1의 비율로 강하다고 한다. 충동이 강하니 상대적으로 참기 힘들 수밖에 없다. 성욕의 발생과정도 남성이 단순하다. 남성은 이성에 대한 존재의식이나 접촉은 물론 연상 작용을 통해서도 강렬한 방출 충동을 겪는다. 이에 비해 여성은 이성을 정서적으로 접근하려는 접촉욕이 강하다. 단지 보기만 했다고 흥분하지는 않으며 마음을 닫으면 성욕도 약해진다.

요컨대 남성은 육애적인 측면에서 배출 욕구를 강하게 느끼지만, 여성은 심리로써 육애를 억누를 수 있는 힘이 상대적으로 강하기 때문에 침실파업에 관한 한 주도권을 쥐는 것이다.

동성애자의 섹스는 이성애자와 어떻게 다를까

오래전 일이다. 외국 여행 중 어느 술집에서 한 잔 즐기고 있는데, 낯선 백인이 다가오더니 말을 걸어왔다. 웬일인가 싶어 용건을 물었더니 자기 집으로 가서 술을 마시자는 게 아닌가. 느낌이 이상해서 거절했으나 그는 밖으로 따라 나와서까지 거듭 같은 부탁을 했다. 결국 그는 아쉬운 눈빛을 남기며 사라졌는데, 참으로 묘한 느낌이 오래도록 기억되고 있다.

그는 동성애자로 여겨지며, 그때 나는 동성애자의 섹스를 이해할 수 없었다. 남자끼리의 섹스는 물론 여성끼리의 섹스는 더욱 이해되지 않았다. 하지만 최근에 여러 연구 결과를 통해 동성애자의 사랑이 선천적 요인에 의한 것임이 밝혀졌다.

1998년 미국 텍사스대학의 심리학 교수인 데니스 맥퍼든 박사는 "동성애 여성은 이성애 여성과 비교할 때 귀의 생리적 차이가 크고 그로 인해 남성적 입장에서 여성을 사랑하는 것"이라고 발표했다. 또한 맥퍼든 박사는 이런 차이는 동성애 여성의 내이(內耳)가 출생전 남성 호르몬에 노출되어 이루어졌을 것으로 설명했고, 동성애 여성의 청각중추가 남성화됐다는 것은 성의 신호를 지시하는 뇌 속의 특정 부위도 남성화되었을 가능성을 시사하는 것이라고 말했다.

요컨대 동성애 여성은 내이 속에 있는 소리증폭기인 와우의 가능이 남성과 비슷한 반응을 보이는데, 바로 이것이 남성화의 출발점이라는 주장이다.

맥퍼든 박사의 연구 결과는 '성(性)의 선택 대상은 출생 전에 정해진다'는 이론을 뒷받침하는 새로운 증거이고, 이미 이전에 동성애 남자와 이성애 남자는 뇌의 2개 부위가 서로 다르거나 유전자에 차이가 있다는 연구보고서들이 발표된 바 있으므로, 동성애자는 남성이든 여성이든 간에 운명적으로 제3의 성을 걷고 있는 셈이다.

그렇다면 동성애자는 어떻게 쾌감을 얻을까? 남성 동성애자는 항문성교를 즐기는 것으로 알려져 있으므로 굳이 설명할 것이 없다. 그러나 여성동성애자인 레즈비언의 경우에는 일반 여성과 큰 차이가 없다. 한 조사에 따르면 이성과의 섹스에 있어서 여성상위를 체험한 여성의 90%가 단순한 피스톤 운동보다는 치골부위를 밀착시킨 채로 가볍게 비비는 데서 훨씬 강한 만족감을 얻었다고 한다. 레즈비언의 섹스도 그와 크게 다르지 않아서 서로의 외음부를 밀착시키는 움직임으로 쾌감을 얻는다고 한다.

물론 페니스 대용품이나 손 또는 혀를 사용하는 경우도 있지만, 그보다는 스킨십을 통해 오르가슴을 얻는다는 것이다.

이성애자의 입장에서 볼 때 동성애자의 섹스는 호기심의 대상일 수 있다. 하지만 그 눈길에 단지 자신과 다르다는 이유로 혐오를 보내는 것은 한 번 생각해 볼 일이다.

남녀 누가 더 성병에 잘 걸릴까

성병은 주로 성행위에 의해 전염되는 병을 가리키며, 은유적으로 사교병·화류병이라고도 말한다. 임질·매독·음부 헤르페스 따위가 대표적인데, 임질은 가장 오래된 성병으로서 그 역사가 5천년에 이른다. 인류 초기 문명을 이룩한 고대 인도와 중국은 물론 그리스·로마에서도 임질이 만연했다.

어디 그뿐이랴. 세기적 바람둥이 카사노바를 위시하여 '자연으로 돌아가자'고 외쳤던 교육사상가 장 자크 루소 등 적지 않은 근대 유명인들도 임질로 고생했다. 특히 카사노바는 임질에 감염되면 수은요법으로 치료받고, 또 임질에 걸리면 다시 치료받는 악순환을 감수하면서 섹스를 즐겼다.

매독의 역사는 15세기를 기원으로 보며, 역사에 큰 획을 긋기도 했다. 1495년 샤를 8세가 이끈 프랑스 군대의 패배는 표면상 퇴각이었지만 숨은 이유는 매독이었다. 프랑스 군인들은 나폴리 창녀들에게 성병을 얻어 게걸음으로 어기적거리면서 다닌 바 정상적으로 전투를 할 수 없었던 것이다. 매독으로 고통을 겪은 유명인도 드물지 않다. 모파상은 매독으로 인해 평생 편두통에 시달렸고, 결국 정신병원에서 숨을 거두었으며, 이탈리아의 독재자 무솔리니도 매독에 걸려 정서불안과 과대망상에 시달렸다.

이처럼 성병이 인류를 괴롭힌 사례는 수없이 많다. 19세기 말까지 임질과 매독을 구분하지 못하긴 했어도 성병 그 자체는 인류의 역사와 함께 한 것이다.

흥미롭게도 성병이 남녀에게 미치는 영향에는 미묘한 차이가 있다. 예컨대 임질의 경우 남녀 모두의 생식 기능을 손상시키지만, 그 파장은 여성이 더 심각하다. 여성의 경우 방광염·불임증·내막염·복막염 등 갖가지 부인병을 더불어 겪는다.

그러나 매독의 경우에는 사정이 다르다. 매독에 걸리면 모기에 물린 것 같은 피부 발진이 생기며, 갑자기 머리카락이 빠지는 탈모 증상이 나타나고, 입안에 궤양이 생길 수 있다. 이런 증상은 여자보다 남자에게 더 흔하게 생기는데, 후유증 역시 남자가 더 심각해서 슈베르트, 니체, 하이네, 보들레르 등이 매독으로 고통받다가 죽었다.

그런가하면 AIDS(후천성면역결핍증)의 경우 여성이 더 잘 걸린다. 미국 의료진의 연구에 따르면 남성이 에이즈에 걸릴 확률은 0.06%이고, 여성이 에이즈에 걸릴 확률은 남성보다 8배 높다고 한다.

결과적으로 말해 여성은 남성보다 성병에 취약하다. 이는 남성 성기와 요도는 질의 점액과 접촉하는 시간이 짧은데 비해 여성 생식기는 습기가 많은데다 감염된 정액을 몸속에 오래 지니는 상황에서 비롯된다.

하지만 인체 대응력은 남성이 더 약해서 희생도 크다. 성병으로 죽은 유명인의 다수가 남자인 것도 그 때문이다.

원시문화권과 문명사회에서 선호하는 체위가 다른 까닭

헉! 문명사회인들이 원시문화권 사람들을 처음 만났을 때 당황하는 일 중의 하나는 아마도 나체일 것이다. 아프리카나 동남아시아에서 옛 전통을 고수하며 사는 원주민들을 보면 온전히 알몸이거나 성기만을 가린 경우가 많다. 여성의 경우 자연스럽게 가슴을 드러내고 다니고 남자도 그런 가슴에 별다른 눈길을 보내지 않는다. 오직 문명권 사람들만 벌거벗은 여성의 가슴을 보고 어쩔 줄 몰라 한다.

그렇다면 원시문화권 사람들과 이른바 문명인의 성생활에는 어떤 차이가 있을까? 어느 인류학자의 연구에 따르면, 원시문화권에서 가장 많이 행해지는 체위는 남녀가 가로 누워서 마주 보며 하는 측위라고 한다. 그 다음으로 인기있는 체위는 문명인들이 정상위라고 생각하는 남성상위이며, 동물에게서 흔히 볼 수 있는 배후위가 그 뒤를 따르고 있다.

이에 비해 문명사회에서는 정상위, 여성상위, 배후위, 측위의 순위로 많이 행해지고, 그 외에도 기기묘묘한 수많은 체위가 시도되고 있다고 한다. 뿐인가 원시문화권에서 좀처럼 행해지지 않는 유방 애무나 페팅 혹은 펠라치오같은 성애 기교도 드물지 않다. 심지어 장소도 이색적인 것을 추구하는 바 2000년 이탈리아인들을 대상으로 한 설문조사에서는 세탁기 위와 차고 안 섹스가 1, 2위를 차지했다.

이런 차이는 얼핏 개인적인 취향에 따른 현상인 듯싶지만, 사실 그보다는 사회적 분위기와 훨씬 관련이 깊다. 쉽게 말해 문명사회일수록 섹스에 탐닉하는 경향이 있으며, 그를 위해 다양한 체위에 관심을 보이고 성욕을 강화하기 위해 최음제를 먹는다.

역사를 살펴보아도 물질이 풍족한 사회일수록 섹스에 대한 광적인 집착을 보이고 있다. 유럽문화의 원류로 인정받고 있는 고대 그리스나 유럽 최강의 국력을 자랑하던 로마시대에 온갖 퇴폐적인 문화풍속이 생긴 일은 결코 그들의 민족성 때문이 아닌 것이다. 이는 식욕이 해결되면 성욕을 추구하는 인간의 원초적 욕망과 관계있으니, 물질이 탐욕을 부추긴 셈이다.

그런가하면 문명사회에서는 원시문화권에 비해 여성의 권리가 많이 보장되어 있는데, 이것이 섹스에 대한 여성의 권리와도 연결되었다. 문명사회의 여성들은 수동적으로 받아들이는 섹스가 아니라 자기 욕망도 적극 드러내는바 (변화를 좋아하는) 남자의 취향과 맞아떨어져 다양한 체위를 즐기는 것이다.

측위는 (여성의) 성적만족도가 가장 많이 떨어지는 체위인 까닭에 문명사회에서 인기가 없는 것이나, 문명인의 섹스에서 애무를 당연하게 여김을 감안하면 쉽게 이해할 수 있으리라. 요컨대 물질문명의 풍요가 여성의 성욕과 다양한 체위를 낳은 셈이다.

"나이는 모든 것을 훔친다. 그 마음까지도"

- 베르릴리우스

제 6 장

감각

시력 뛰어난 육백만불의 사나이, 귀밝은 소머즈

　　어떤 남자가 전쟁터에서 두 다리를 잃는 부상을 당했다. 정부에서는 공로가 많은 그에게 특별한 인조 다리를 달아주기로 했다. 때마침 미국에서 육백만불의 사나이 다리 한쪽과 소머즈 다리 한쪽을 교체한다는 정보를 입수하고 즉각 그 중고 다리를 수입했다. 수술은 성공하여 그는 이전보다 더욱 뛰어난 다리를 지니게 됐으며, 다시 전쟁터로 뛰어들어 잇달아 큰공을 세웠다. 그러나 그에게는 남에게 말 못할 고민이 있었으니… 화장실에만 가면 한쪽 다리는 서려고 하는 데 비해, 한쪽 다리는 앉으려고 했다나 어쨌다나.

　　세간에 나도는 우스개인데, 이처럼 남녀 신체기능의 차이를 다룬 이야기는 헤아릴 수 없이 많다. 알면서도 언제나 관심의 대상이 되는 까닭이다. 〈육백만불의 사나이〉와 〈소머즈〉는 미국에서 장기간 상영된 사이보그 인간 이야기인데 방영 당시 "뚜뚜뚜"라는 효과음과 함께 초능력이 발휘되는 장면은 언제나 눈길을 잡아당기곤 했다.

　　차이가 있다면 육백만불의 사나이는 멀리 있는 사물을 자세히 볼 수 있는 시각 능력이 뛰어난 반면, 소머즈는 먼 곳에서 생긴 소리를 들을 수 있는 청각 능력이 뛰어났다는 점 뿐이다.

　　그런데 흥미롭게도 육백만불의 사나이와 소머즈의 초

능력은 근거없이 창조된 것이 아니라 실제 인체의 기능 차이를 바탕으로 하여 구성됐다. 다시 말해 시각이 발달한 남자와 청각이 발달한 여자의 신체 특징을 그대로 살린 것이다.

일반적으로 사람들은 구체적 증거를 보기 전에는 어떤 사실을 믿지 않는다. 이런 경향은 남성에게 더 강하게 나타나고, 남자들은 어떤 소문을 들었을지라도 눈으로 직접 보기 전에는 좀처럼 믿지 않는다. 관심이 가는 소식이면 직접 눈으로 확인한 뒤 결론을 내리기 일쑤다.

이에 비해 여성은 청각 정보를 상당히 신뢰한다. 직접 보지 않았더라도 소문만 듣고도 사실로 여기는 경우가 많으며 굳이 확인하려고도 하지 않는다. 육백만불의 사나이 시력과 소머즈의 청력은 바로 이 점에 착안하여 만들어진 것이다.

여성의 청각 능력이 남성보다 뛰어나다는 것은 생활 속에서도 쉽게 확인된다. 여자는 남자보다 잘 듣고 또 여러 소리 중에서 필요한 소리를 잘 구별해 낸다. 여자는 남자와 대화를 나누다가도 다른 소리를 들으면 그에 반응을 나타내지만 남자는 그렇게 하지 못한다.

쉽게 말해 여자는 제3자의 말소리를 알아듣는 능력이 남자보다 뛰어난 것이다. 밤중에 자다가 부스럭거리는 소리에 먼저 눈을 뜨는 것도 여자이며, 밤새 무슨 일이 있었는지도 모르고 잠에 취하는 것이 남자이다. 갓난아기의 울음소리를 듣고 어머니는 눈을 뜨지만, 아버지는 그런 일이 있었는지조차 모르는 것도 바로 이런 차이에서 벌어진다.

남자는 단맛, 여자는 쓴맛에 민감하다

말을 배우지 못한 갓난아기들은 표정으로 말을 대신한다. 예컨대 단 음식을 입에 넣어주면 좋아서 방실거리고 쓴맛 내는 물질을 주면 찡그리며 싫어한다. 이런 표정은 생명 유지를 위한 본능적인 작용 결과로 해석되며, 영양소와 독성분을 구별해내기 위해 발달된 감각으로 풀이된다.

일반적으로 사람들은 단맛을 좋아하고 쓴맛을 싫어하는데, 이것은 인류 초기 과일을 주식으로 삼던 흔적과 대개의 독성 성분이 쓴맛을 가지고 있으므로 이를 피하기 위한 것으로 짐작된다.

그런데 맛을 어떻게 느끼는 것일까? '통째 먹는 놈은 맛도 모른다'는 속담이 있듯, 음식의 맛은 씹어 잘게 부수고 삼키는 과정에서 느껴진다. 틀니 낀 사람이 음식 맛을 제대로 즐기지 못하는 이유도 여기에 있다. 음식물이 부숴진 다음에는 혀끝에서 짠맛과 단맛, 바닥쪽에서 쓴맛, 가장자리에서 신맛을 느끼고, 혀 위쪽 표면에 있는 미뢰를 통해 그 맛이 신경계로 전달된다.

그런데 흥미롭게도 맛에 있어서도 남녀간 차이가 분명하게 나타난다. 커피의 경우 대체로 남성들은 달게 마시는 반면, 블랙커피를 선호하는 사람들 중에는 여성의 비율이 높다. 쓴약의 경우에도 여성이 남성보다 잘 먹는다. 이런 차이는 어디에서 비롯된 것일까?

예일대학 의대 바르토셕 교수팀이 최근 발표한 바에 따르면 여성은 남성보다 훨씬 미각에 민감하다. 특히 여성의 25% 가량은 대단히 민감한 미각을 갖고 있는 것으로 밝혀졌다. 연구자들은 사람의 5번 염색체에 있는 유전자가 미각에 관여하는 것으로 추측하고 있다.

보다 특이한 점은 여성들이 단맛보다 쓴맛에 민감한 반면 남성들은 단맛에 민감하다는 사실이다. 바르토셕 교수는 "적어도 입맛에 관해서는 남녀가 서로 다른 세계에서 살고 있는 셈"이라고 말했다.

그렇다면 여성은 왜 쓴맛에 민감할까? 쓴맛을 내는 물질은 대부분 어느 정도 독성이 있다. 연구자들은 여성이 임신 중에 태아를 보호하기 위해 쓴맛에 더 민감하도록 진화한 것으로 추측하고 있다. 종족보존에 대한 본능이 입맛을 예민하게 만든 셈인데, 실제 최근 연구결과 여성들은 사춘기에 접어들면서 쓴맛을 더 잘 느끼게 되고 특히 임신 중에 민감도가 높은 것으로 나타났다.

바르토셕 교수는 "폐경기가 되면 쓴맛에 대한 민감도가 급격히 떨어지기 때문에 젊었을 때보다 블랙커피 등 쓴 음료를 더 즐겨 찾게 된다"라고 말했다.

한편, '매운맛'은 기본적인 미각이 아니라 구강내의 자율신경에서 느끼는 일종의 아픈 감각이다.

남자는 왜 모험을, 여자는 공포영화를 좋아할까

1982년 영국인 데이비드 커크는 자신의 다리와 발목에 탄력성있는 긴 줄을 묶고 잠시 심호흡을 한 다음, 로열 조지 다리에서 320m 아래 아칸소 강으로 몸을 던졌다. 그 순간 주변에서 지켜보던 사람들은 아찔함에 두려운 탄성을 냈고, 어떤 이는 미친 짓이라고 비난하기도 했다. 그러나 정작 커크 자신은 짜릿한 감흥을 제대로 느낄 수 없었다. 왜냐하면 예상보다 큰 충격으로 인해 의식을 잃었기 때문이었다. 하여 커크는 동료들이 다시 다리 위로 올려줄 때까지 거의 두 시간 동안 무의식 상태에서 줄에 매달려 있었다고 한다.

커크는 왜 이런 위험한 일을 자처했을까? 커크는 옥스퍼드에 근거를 둔 '위험한 스포츠 클럽'의 창립회원이고, 그 기념으로 번지점프를 감행한 것이었다. 어디 커크 뿐이랴. 모험의 짜릿함을 맛보기 위해 험한 산이나 오지를 찾아가는 사람이 적지 않다.

에베레스트산으로 대표되는 8천m 높이의 고봉을 연이어 등정하는 산악인에서부터 1977년 스파이더맨처럼 로프 없이 뉴욕의 세계무역센터 빌딩을 기어 오른 조지 윌링에 이르기까지 그 수는 헤아릴 수 없고, 모험에 나섰다가 목숨을 잃은 사람도 많다. 그리고 그 모험의 주인공들은 대체로 남성이다.

역사에서 북극·남극·정글·사막 따위를 모험한 탐험가로 기록된 사람들도 거의 대부분 남자인데, 그런 배경에는 남성 우위적 가치관이 내재돼 있음을 간과할 수 없다. 하지만 비교적 남녀평등이 이루어진 현대에서조차 남성이 여성보다 탐험에 적극적인 것을 감안하면 모험에 대한 남성의 열정은 본질적이라 말할 수 있다.

왜 남자들은 모험을 좋아할까?

사실 여자들도 모험을 즐긴다. 다만 여성은 예측하기 힘든 스릴이 있는 모험을 좋아한다는 점이 남성과 확연하게 구분되는 차이이다. 영화에 있어서 앞일을 파악하기 힘든 심리 스릴러물에 관심이 많고, 놀이기구의 경우 오르내림이 심한 롤러코스터를 좋아하는 것도 그 때문이다. 남자보다 겁이 많다고 알려진 여자들이 공포영화를 자주 찾는 이유도 여기에 있다.

이에 비해 남자들은 눈에 보이거나 눈으로 예상할 수 있는 모험을 좋아한다. 영화에 있어서 사건을 추적하는 탐정추리물을 좋아하고, 놀이기구의 경우 코스가 분명히 눈에 보이는 다이빙이나 번지점프를 좋아하는 것도 그 때문이다. 또한 남자는 반복되는 일상에 여성보다 상대적으로 싫증을 잘 내는 경향이 있는데, 이런 정서는 새로움을 찾아 떠나게끔 만든다.

요컨대 여자는 상상 속에서 떠나는 심리적 모험을, 남자는 실제로 눈에 보이는 것을 정복하는 육체적 모험을 좋아한다.

X=돈(재력), Y=힘(정력)일 때 남편에 대한 아내의 감정은 다음과 같다.

X=+, Y=+ : 잘났다, 잘났어!

X=−, Y=+ : 니가 짐승이지 사람이니?

X=+, Y=− : 니는 밥만 묵고 사나?

X=−, Y=− : 나가 죽어라!

우스개지만 사실 여기에는 여성의 심리가 잘 담겨져 있다. 불면증과 관계된….

한참 뜨거운 사랑을 나누다 불가피한 일로 부부가 헤어져있을 경우, 남자보다 여자가 깊은 밤 이불 위에서 뒤척이며 잠 못 이루는 경우가 많다. 불타는 애욕을 견디기 위해 허벅지를 찔렀다는 옛날 전설의 주인공도 항상 여자이며, 님이 그리워서 불면증으로 날밤을 새는 경우도 대부분 여자이다. 왜 그럴까?

의학보고에 따르면 남자보다 여자에게 불면증이 많다. 불면증은 대개 두 가지로 대별되는데, 위암·골절상 따위 원인적 질병과 마음에서 비롯된 신경질환이 그것이다. 후자의 경우 신경과민으로 진단되며 수면제를 통해 일시적 효과를 보기도 하지만 근본적인 치료는 정신의 안정에 있다.

특이한 것은 불면증을 호소하는 여성의 대부분이 기혼

이라는 점이다. 헤어져 있는 남편이 그리워서 혹은 같이 살고 있는 남편에 대한 저항심리가 주요 원인이고, 모두 욕구불만이라는 공통점을 가지고 있다.

또한 성적과민에 의한 불면도 있으니 '허벅지 찌르는 여인'의 전형이다. 은밀히 본 포르노 영화 또는 우연히 본 사소한 성적흥분이 기억나서 엎치락뒤치락 잠을 이루지 못하는 것이다. 이런 여성은 성적욕망이 넘치는 상태이며, 특히 음핵과민증 여성은 무엇이 스치기만 해도 흥분하고, 이 증세에서는 남성과 섹스를 하지 않고는 도저히 잠자기 어렵다고 한다.

성적 불감증도 불면증을 유발시키는데, 남편의 섹스에 만족하지 못하는 일이 반복될 경우 생긴다. 자위를 통해 스스로를 달래보기도 하지만 이성과 더불어 떠나는 섹스 여로에 비할 수 없으니 근본적인 해결책은 되지 못한다.

그렇다면 왜 남성은 여성보다 불면증에 덜 시달릴까? 그 차이는 상상력의 차이에 있다. 남자는 눈에 보이는 것이 아니라면 오래 상상하지 않는다. 섹스에 대한 욕망도 자극적인 대상이 있을 때 강렬하며 그렇지 않을 때는 이내 체념하고 잠에 빠져든다. 이에 비해 여성은 청각과 상상력이 풍부하여 자극적인 대상물이 보이지 않을지라도 성적 체험을 오래 상상한다.

섹스 심벌로 유명한 마릴린 먼로가 밤마다 수면제를 먹어야 했던 배경에도 성적 불감증으로 인한 불면증이 있었다.

허벅지 찌르는 여자의 범인은 상상력인 것이다.

여성은 꽃향기, 남성은 나무향기

향수는 향료를 알코올 따위에 풀어 만든 액체를 말하지만, 인류생활에 있어서는 묘한 역할을 해온 물질이다. 제사 때 제상을 정갈하게 하기 위해 처음 사용되던 것이 어느덧 남녀를 가깝게 하기 위한 용도로 바뀌었기 때문이다. 역사를 살펴보자.

고대 이집트의 부유한 여성들은 사교모임에 나갈 경우, 밀랍을 바른 꽃으로 만든 향이 나는 기름을 머리 위에 뿌렸다. 주위가 차츰 따뜻해지면서 녹은 밀랍이 얼굴과 목 위로 흘러내리면 피부에서 향기가 나게 되고, 이로써 사람들의 관심을 끌기 위해서였다. 유명한 클레오파트라는 건조시킨 붓꽃·몰약·육계 따위를 포도주 속에 넣은 다음 여기에 송진과 벌꿀 등을 합해 '키위'라는 조합 향료를 직접 만들어 내기도 했다. 그런가하면 고대 그리스인들은 성적 자극을 고조시키기 위해 향수를 사용했다.

알코올을 이용한 현재적 개념의 액체 향수는 1370년 헝가리에서 처음 선보였으며, 훗날 엘리자베스 1세는 '헝가리워터'를 즐겨 사용함으로써 그에 매혹당한 폴란드 국왕으로부터 프로포즈를 받기도 했다. 요컨대 여성의 향수는 남성을 유혹하기 위한 쓰임새를 가졌던 것이다.

이에 비해 남성의 향수는 애초부터 다른 용도로 태어

났으니, 17세기 중엽 이탈리아 태생의 장 폴 페미니스가 독일의 쾰른에서 처음 선보인 남성용 향수는 청량함을 목적으로 만들어졌다.

따라서 이 향수를 바르면 상쾌함을 느낄 수 있을 뿐더러 불쾌한 땀냄새를 가려주므로 여성에게 쉽게 다가갈 수 있었다. 그 뒤 이 향수는 유럽 남성들 사이에서 널리 애용되었으며, 땀에 섞이지 않아 땀냄새를 억제해주는 실용성은 남성용 향수의 특징으로 오늘날까지 이어지고 있다.

흥미롭게도 여성용 향수와 남성용 향수는 재료에서도 차이가 있다. 동물 향료보다 식물 향료를 원료로 삼는다는 점은 같지만, 대개 여성용 향수는 부드러운 꽃향기를, 남성용 향수는 은은한 나무향기를 지향한다. 또한 여성용은 쟈스민향·장미향처럼 달콤하거나 매혹적인 느낌을 강조하는 반면, 남성용은 레몬향·민트향처럼 상쾌함을 추구한다.

1970년대 우리나라에 맨담·쾌남 따위 남성화장품이 본격적으로 등장했을 때, 화장품 성분이 아니라 유명 모델을 통해 손을 탁탁 치는 모습을 광고한 것도 상쾌한 분위기를 전달하기 위해서였다.

남녀의 이런 차이는 어디에서 비롯됐을까? 남성보다 후각이 발달한 여성은 향기에 예민한 까닭에 향기있는 꽃을 남성보다 더욱 좋아한다. 여성이 꽃다발 선물을 좋아하는 이유 중의 하나도 꽃에서 풍기는 향기에 있고, 이렇듯 향기와의 밀접함 때문에 꽃향기 가득한 향수를 즐겨 쓰는 것이다. 반면에 남성은 화장의 포인트로서 향기를 택한 바, 시원한 상쾌함을 좋아한다.

미인은 정말 잠꾸러기일까

흔히 세간에 돌아다니는 속언 중에 '미인박명이요, 미녀는 잠꾸러기'가 있다. 정말일까?

사실 '미인박명'이란 말의 어원은 '짧은 목숨'과는 관련이 없다. 송나라 문장가 소동파가 우연히 절에서 나이 삼십이 넘은 예쁜 비구니를 보고 그녀의 아름다웠을 소녀시절을 생각하며 미인은 역사적으로 '팔자가 사나웠음'을 시로 쓴 것이 '짧은 수명'으로 와전된 것이다.

그렇지만 왕이 미녀에 홀린 나머지 국정에 소홀했음은 사실이다. 역사를 살펴보면 우두머리에게는 언제나 당대 최고의 미녀가 있었다. 로마의 명장 카이사르와 클레오파트라, 당나라 현종과 양귀비, 은나라 주왕과 달기, 주나라 유왕과 포사, 고려 공민왕과 노국공주 등등 그 예는 끝이 없다. 그런데 이들 미녀들은 대부분 비참한 최후를 맞이했고 환갑 나이를 넘기지 못했다. 문제는 이들 중에 나라를 망하게 만들었다는 오명을 뒤집어쓴 미녀들이 있었다는 점이다. 당시 백성들은 그 미녀를 화근으로 생각해서 가차없이 죽였다.

그런데다 궁궐 안에서 미녀는 항상 질투와 시기의 대상이었기에 오랫동안 사랑을 받기란 쉬운 일이 아니었다. 하여 한동안은 국왕의 총애를 받다가 어느 날 갑자기 새로 등장한 미녀 때문에 버림받는 일이 허다했다. 미인박명은 그런 정서를 바탕으로 생겨난 말이다.

　'미인=잠꾸러기' 라는 공식 역시 알고 보면 권력자의 사랑을 받는 여인의 일상에서 나온 말이다. 하루종일 뒤치다꺼리를 해줄 사람들의 도움을 받고 사는 미녀가 할일이 뭐가 있겠는가. 새벽같이 일어나서 밥을 할 필요도 없고 빨래하느라 대낮에 땀 뺄 이유도 없었다. 미녀는 그저 맛있는 것 실컷 먹고 늘어지게 쉬고 밤이 되어 왕을 위해 봉사하면 하루가 지나갔다.

　하지만 실제적으로 미녀를 잠꾸러기로 인식하게 만든 것은 현실이 아니라 동화였다. 17세기 중엽 이탈리아의 전설이 원전인 「잠자는 숲 속의 미녀」와 19세기 초 독일의 그림 형제가 동화집에 수록한 「백설공주와 일곱 난쟁이」가 그 대표적인 예로서 이후 사람들은 알게 모르게 '미녀=잠자는 모습=잠꾸러기' 로 생각하게 되었다.

　그렇다면 미녀는 정말 잠꾸러기일까? 오래 자면 미녀가 될까? 여러 실험 결과에 따르면 '적당한 수면' 은 피부상태를 탄력있게 해준다고 한다. 자고로 미녀는 좋은 피부를 갖고 있음을 감안하면 충분한 수면은 미녀가 되기 위한 조건일 수 있는 것이다.

　그러나 지나치거나 부족한 수면시간은 건강에 좋지 않으며, 하루 7시간을 자는 사람이 가장 장수하는 것으로 밝혀졌다. 그러므로 건강한 피부를 지닌 미녀가 되려면 중용을 취할 일이다.

여자보다 남자에게 색맹이 많은 까닭

헤라클레스가 연인 티로스와 함께 페니키아의 항구 도시 티레 해안을 산책할 때의 일이다. 헤라클레스의 개가 모래사장을 돌아다니다 조개를 물었고, 조개에서 흘러나온 즙이 개의 코를 물들였다. 티로스는 그 빛깔에 넋을 잃은 나머지 헤라클레스에게 자기를 사랑한다면 그 증거로 옷 색깔을 같은 빛깔로 물들여달라고 부탁했다. 하여 헤라클레스는 갖은 고생 끝에 가까스로 성공하여 티로스에게 아름다운 자줏빛 드레스를 선물했다고 한다.

이 그리스 신화에 등장하는 자주색이 실제로 인간 사회에 등장한 것은 기원전 15세기 경이며, 염료의 재료인 자줏빛 조개를 'purpura'라고 했고, 자주색을 뜻하는 영어 'purple'은 이에 어원을 두고 있다. 또한 자주색은 오랜 세월 귀한 색깔로 여겨졌으니 왕족이나 귀족만이 입는 신성함까지 부여되었다. 솔로몬 왕이 보랏빛 옷을 입은 것이나 중국 황제가 거처한 궁궐 이름을 자금성이라 한 것이나, 오늘날 가톨릭의 추기경을 'the Purple'라 하는 것은 그런 관습의 유산이다.

그런데 여기서 한 가지 짚고 넘어갈 점이 있으니 자줏빛과 보랏빛을 구분할 수 있느냐는 것이다. 사전적으로 풀이하면 보랏빛은 남빛과 자줏빛이 섞인 빛이고, 자줏빛은 짙은 남빛에 붉은빛을 띤 빛이다. 하지만 대개의 경우 명확히 구분하지 않는 경향이 있으며 남자일 경우 더욱 그렇다. 왜 그럴까?

색채를 남녀의 관점에서 살펴보면 여성의 능력이 남성보다 뛰어나다. 흔히 빛깔을 가리지 못하거나 다른 빛깔로 잘못 보는 상태를 일러 색맹이라 하는데, 색맹은 여자보다 남자가 약 20배 정도 더 많다.

또 부모 중 어느 한쪽이 색맹일 경우 색맹이 될 확률이 남자가 여자보다 높으며, 여자는 양쪽 부모 모두에게서 열성형질을 물려받을 때에만 색맹이 된다. 이처럼 남성에게 색맹이 훨씬 높은 빈도로 발생하는 것은 유전병 유전자가 성염색체인 X염색체 위에 놓여 있기 때문이라고 한다.

요컨대 남자가 자줏빛과 보랏빛의 구분에 둔감함은 태생적 불리함에 원인이 있는 것이다. 이에 근거하여 여성이 옷이나 화장에 많은 색채를 나타내거나 꾸미려는 이유가 선천적으로 색채에 강한 눈을 지니고 있기 때문이라 주장하는 학자도 있다.

더욱 흥미로운 점은 이렇듯 색채에 강한 여성들이 연한 자주색에 민감한 반응을 보인다는 사실이다. 실험에 따르면 자주색을 보는 경우 여성 체내의 호르몬 분비가 활발해지면서 정열적인 심리가 되고 남성의 유혹에 쉽게 끌린다고 한다. 그리고 보면 자줏빛에 홀린 티로스의 신화가 근거없는 이야기만은 아니라는 데서 새삼 인류의 지혜에 감탄하게 된다.

남자는 본론, 여자는 서론

미국 영화배우 로버트 테일러가 바바라 스탠위크와 결혼한 지 한 해 지난 1940년 8월 5일에 있었던 일이다. 그날은 로버트의 생일이었는데, MGM영화사가 인상깊은 생일잔치를 차려주기로 하고, 바바라에게만 살짝 귀띔을 했다. 거기에는 나름의 사연이 있었다. 즉 로버트와 바바라는 1936년 촬영된 영화 〈형수〉에서 남녀주인공으로 공연하며 사랑에 빠졌지만 인기관리상 결혼을 허락할 수 없다는 영화사의 반대 때문에 비밀동거로 만족해야 했다.

그렇게 3년을 보내고 1939년 5월 비로소 결혼식을 올릴 수 있었으니 영화사측에서는 그간의 미안함을 깜짝 파티를 통해서 보상하려고 했던 것이다. 영화사 간부와 남녀배우들은 그의 방에 모여 생일케이크는 물론 화려한 실내장식으로 한껏 낭만적 분위기를 꾸민 다음, 숨어서 전등을 끈 채 로버트가 돌아오기를 기다렸다.

이 사실을 모르는 로버트는 귀가해 방안에 들어오며 허겁지겁 아내 바바라에게 이렇게 말했다. "여보, 오늘 마음이 싱숭생숭해 곧장 당신에게 달려오는 길이오." 그러면서 바지와 팬티까지 단번에 벗어버리고 그녀가 있을 침대로 달려갔다. 그때였다. 누군가가 방의 불을 켰고, 그와 동시에 여러 사람들이 "서프라이즈!(놀랐지)" 외쳤다.

너무나 순식간에 벌어진 일이었고, 로버트의 아랫도리를 보고 모두가 놀랐다. 그 직후 로버트는 기겁을 하고 방을 뛰쳐나갔다고 한다.

　로버트는 애잔한 영화 〈애수〉에서 바바리 코트가 잘 어울리는 멋진 장교의 모습을 보였던 미남배우였지만, 현실에서는 이처럼 분위기를 상관하지 않는 '돌격형' 남성이었던 것이다. 비단 로버트의 일화를 들먹이지 않더라도 섹스에 대한 남자들의 성급함은 익히 알려져 있다.

　그렇다면 여성은 어떠한가. 〈로미오와 줄리엣〉에서 열연했던 올리비아 핫세의 경우를 보자. 그녀는 1967년 8월부터 이탈리아 로마에서 영화 촬영을 시작했는데, 약 7개월간에 걸친 공연 끝에 두 살 연상의 레너드 파이팅에게 사랑을 느꼈다. 처음에는 우정이었으나 어느덧 시간이 흐르면서 사랑으로 변했던 것이다.

　이를테면 영화를 연기하면서 분위기에 취해 현실과 작품을 혼동했던 것이며, 레너드에게 청혼하기까지 했다. 그러나 레너드는 애초부터 올리비아에게는 관심이 없어 그녀를 무시했다. 결국 두 사람은 촬영 종료와 함께 자연히 헤어지게 되었다.

　요컨대 남자는 본론, 여자는 서론에 관심이 많은 바, 이런 감각적 특성이 육체적 특성인 오르가슴에도 그대로 적용됨은 매우 흥미로운 일이다.

여성의 히스테리, 남성의 스트레스

"히스테리는 여성 천성의 자연스런 현상이요, 공통분모다."

미국의 극작가 T. 윌리엄즈가 말했듯 히스테리는 여성의 특징 중 하나이며, 일시적으로 일어나는 병적인 흥분상태를 통칭하는 말이다. 히스테리 증상은 공리적이고 자기중심주의적인 여성에서 흔히 볼 수 있다. 히스테리는 그리스시대에 이미 질병의 하나로 여겨졌으나 그리스 남성들은 "저 여자가 저렇게 행동하는 것은 정신상태에 문제가 있어서가 아니라 그녀의 자궁에 이상이 생겼기 때문이다"라고 선의로 해석했다.

말하자면 "생리를 함으로써 심리적 불쾌감을 느낀다"고 판단했던 것이다. 근대 들어 심리학자 프로이트가 히스테리에 대한 정신분석학적 개념을 공론화했는데, 일반적으로 히스테리는 단순하고 순박한 사람들에게서 많이 나타난다고 한다.

히스테리가 여성적 질병이라면, 스트레스는 남성적 질병이다. 스트레스는 적응하기 어려운 환경에 처할 때 느끼는 심리적·육체적 긴장상태를 뜻하는 말이며 우울증이나 심장마비를 유발하기도 한다. 흔히 직장의 인간관계 혹은 업무 과중이 원인으로 작용하여 발생하는데, 가정을 부양해야 하는 책임감과 보수를 위해 일해야 한다는 의무감 사이에서 겪는 갈등인 것이다. 여성의 사회적 진출이 활발해진 요즘에는 남녀를 가리지 않고 스트레스에 부딪치고 있다.

그런데 같은 정도의 스트레스를 받더라도 이로 인한 아드레날린 분비는 여성보다 남성쪽이 훨씬 많아 남자들의 심장병 발병 위험을 증가시키는 이유가 된다고 한다. 1994년 12월 영국 옥스퍼드대학의 테사 폴라드 박사는 1백 4명의 남녀를 대상으로 조사한 결과 이 같은 결론에 도달했다면서 "이는 여성이 스트레스에 대처하는 방법이 남성과 다르다는 사실을 시사하는 것"이라고 언급했다.

이와 관련하여 흥미로운 연구가 또 있다. 미국 국립노화연구소의 브레다 페닝스 박사팀이 6년 동안 3천 7백여 명의 남녀를 조사한 결과에 따르면, 남성은 스트레스에 의해 심장질환에 쉽게 걸리는 데 비해, 스트레스에 대해 남성과 다른 방식으로 반응하는 여성에게서는 이런 현상이 발견되지 않았다고 한다.

놀랍게도 여성의 스트레스 탈출은 전적으로 수다 덕분이다. 혼자 비밀을 간직하기보다는 친구에게 속마음을 털어놓는 성격이 스트레스를 벗어나게 만들어주는 것이다. 심리학 전문가들에 따르면 스트레스 치료에는 대화 · 청소 · 독서 · 쇼핑 따위의 주의분산법이 가장 효과가 있다고 하는데, 이는 여성들이 자주 접하는 행위인 것이다. 이에 비해 남성은 친구에게 고민을 털어놓기보다는 스스로 껴안고 해결하려는 경향이 있는데, 바로 이 점이 스트레스를 이기지 못하게 만드는 주범인 것이다.

왜 여자는 봄에 바람날까

대부분의 문화권에서 봄은 생명의 탄생, 아름다움 등을 상징한다. 옛날 아들을 낳고자 하는 집에서는 봄이 시작되는 입춘에 받아 둔 물을 아주 소중하게 여겼다. 부부가 이 물을 마시고 동침하면 아들을 낳는다는 속신 때문이었다. 입춘 때에 내리는 비가 만물을 소생시키듯이, 입춘에 받아 둔 물은 생명을 탄생시킬 것으로 생각했다.

그리스 신화에서 봄의 신이 헤르메스인 것도 봄의 생명력을 보여주는 사례다. 헤르메스는 농업의 신이며, 농사는 봄에 시작되기 때문이다. 그러나 그 무엇보다 강한 봄의 상징성이 있으니, '여성의 봄바람'이다. 왜 여자들은 봄이 되면 마음이 싱숭생숭해지고 바람이 날까?

여성이 봄에 바람난다는 속설은 일찍부터 인정돼왔다. 바람둥이의 이야기를 다룬 전래소설 「이춘풍전」의 주인공 이름이 춘풍(春風), 즉 봄바람이라는 점은 여성과 봄바람의 상관관계를 짐작케 해주며, '봄향기'라는 뜻의 춘향(春香)이도 화창한 봄날 이도령을 만나 사랑을 피우기 시작했다.

우리 선조들은 그런 심리를 간파하여 "봄바람에 처녀 가슴이 뛴다", "여자는 봄이 되면 마음이 울렁거린다", "봄에는 여자가 가을에는 남자가 바람난다"는 속설을 만들기도 했다.

생물학자들은 생물학적인 관점에서, 봄은 모든 생물이 짝짓기를 하는 계절인 바 동물처럼 사람도 어느 정도 영향을 받을 것이라고 본다. 포유류는 외적 환경에 적응하기 위하여 성적 활동의 행동기와 정지기를 가지고 있는데, 봄이 바로 교미기이고, 교미는 암컷이 수태하기 좋은 시점에 이뤄지는 바 봄에 암컷이 쉽게 바람난다는 해석이다.

　사람은 성욕에 관한 한 특별한 교미기가 없지만 본능적 흔적은 쉽게 사라지질 않는 경향이 있는 까닭에, 봄이 되면 사람도 다소 성적으로 흥분한다는 것이 생물학자들의 추측이다.

　그런가하면 심리학자들은 봄의 활기에서 그 단서를 찾는다. 심리적인 측면에서, 사람들은 겨울의 음울한 회색 이미지로부터 봄의 생명력 넘치는 초록빛으로 인해 몸의 활기를 느끼게 된다. 온갖 꽃들이 활짝 피어나고 사람들은 그로부터 신선한 향기를 가득 느낀다. 이 때문에 봄에는 다른 계절에 비해 성적으로 흥분하기 쉽다고 하는 것이다. 또한 여성은 외부의 자극에 남성보다 민감하게 반응하는 바 봄바람을 쉽게 타고……

　그렇다! "여성이 봄에 바람난다"라는 속설은 이러한 환경적·심리적 영향에 기인한 것이다. 아울러 '춘풍'은 바람으로 상징되는 능동적인 남성의 입장을, '춘향'은 꽃향기로 상징되는 수동적인 여성의 입장을 대변한 것이라고 말할 수 있다. 다시 말해 주인공의 이름을 통해서도 '봄의 유혹'을 함축적으로 느낄 수 있으니, 조상들의 해학이 참으로 대단하다.

가을은 왜 남자의 계절인가

가을은 풍요의 계절이자 독서의 계절이다. 먹을 것도 많고 책 읽기에도 좋기 때문이다. 그러나 뭐라 해도 가을은 '남자의 계절'로 유명하다. 왜 그럴까?

한의학에서는 그 원인을 남녀 태생의 본질에서 찾는다. 일반적으로 성장할 때, 여자가 신체발육이 빠르고 남자는 보다 늦게 성숙하게 되는데, 그런 이치가 계절에도 적용된다는 것이다. 즉, 여자는 봄에 생기를 느끼는데 비해 남자는 늦게 오는 가을에 성숙하게 됨이 자연의 섭리라는 해석이다. 보다 구체적으로 말하면 남자는 8세에 반응하여 생정(生精)하고 가을을 만나 성숙하는 반면 여자는 7세에 반응하여 생리를 하고 봄을 만나 피게 된다. 이런 철학이 '가을은 남자의 계절, 봄은 여자의 계절'이라는 말과 함께 '남녀칠세부동석'의 어원이 된 것이다.

또한 한방에서는 생리적으로 볼 때 가을은 남성의 계절이라고 단언한다. 남자는 음양의 작용면에서 보면 양기의 작용이 강한 생리적인 특성이 있기 때문이다. 대부분의 남성들은 가을이 되면 온몸에 힘이 솟아나고, 그에 따라 음기의 작용이 강한 여성을 좋아하게 된다.

계절에 있어서도 음기가 강해지기 시작하는 가을을 좋아하게 되는 바, 요컨대 양기가 발동하여 이성을 더욱 그리워하게 되어 자칫 남자가 바람날 수 있는 계절이 바로 가을인 것이다.

하지만 그것과 별도로 가을에 쓸쓸함을 느끼는 사람도 많으며 그런 경우 역시 남성의 비율이 여성보다 높다. 이는 남녀의 심리적 특성과 관계가 깊다. 인생의 쓸쓸함을 느끼기는 여성도 마찬가지이지만, 남성이 더 가을을 타는 이유는 계절의 흐름을 인생의 흐름에 비유하여 자신의 무력감을 느끼는 데 있다.

바꿔 말해 여성이 사랑의 쓸쓸함 때문에 가을을 탄다면, 남성은 인생의 쓸쓸함 때문에 가을에 깊은 허무감을 느끼는 것이다. 예부터 많은 남자들이 가을을 글로 표현할 때 '덧없는 생명'을 외친 것도 그 때문이다.

예컨대 아폴리네르는 「병든 가을」에서 "짓밟히는 낙엽이여! 흘러가는 목숨들이여!"라고 안타까워했으며, 춘원 이광수는 "추풍이라든지 낙엽이라든지 하는 것이 우리에게 비애의 감정을 일으키는 것은 말할 것도 없거니와 벌레 소리, 그 중에 밤새도록 머리맡에 씰씰거리고 우는 귀뚜라미 소리도 어째 세월이 덧없음과 생명과 영화도 믿을 수 없음을 알리는 것 같다"고 말했다.

그 외에도 가을을 타는 경우가 있다면, 아마도 지난 일에 미련이 많거나 추억 속에 젖어 사는 사람일 것이다. 사색의 계절이라는 말처럼 생각나는 일이 많은 까닭이다. 아무쪼록 가을의 맑은 공기를 충분히 마시면서 건강을 지켜야겠다.

여성이 꽃을 좋아하는 이유는

일반적으로 사람들, 특히 여성들은 꽃을 좋아한다. 그러하기에 예부터 남성은 여성의 마음을 사로잡으려 할 때 꽃다발을 선물하는 수법을 사용해왔다. 예컨대 미국의 희극배우 찰리 채플린은 인기스타로 명성을 날리던 1917년 15세의 엑스트라 여배우 밀드레드 해리스에 구혼할 때 날마다 꽃다발을 선물함으로써 결혼하는 데 성공한 일이 있다.

요즘에도 남성이 여성에게 청혼할 때 꽃다발은 필수처럼 여겨진다. 그렇다면 왜 여성들은 남성보다 꽃에 매력을 느끼는 것일까?

흔히 남자보다 여성이 더 꽃을 좋아하는 이유로 '낭만'이 꼽힌다. 현실적인 남성이 실용적인 선물을 좋아하는 반면, 여성은 멋진 환상의 세계에 빠지기를 좋아하는 경향이 있기 때문에 비실용적인 꽃을 좋아한다는 해석인 것이다. 이는 어느 정도 공감이 가지만 절대적이지는 않다. 결혼 후의 여성이 남성보다도 더 현실적으로 되는 경우가 많은 데서 알 수 있듯 반드시 '비실용=꽃'은 아닌 것이다.

여성이 꽃을 좋아하는 더 큰 이유는 후각(嗅覺)에 있다. 쉽게 말해 여성은 남성보다 냄새를 더 잘 맡고, 그 덕분에 꽃의 향기를 남성보다 더 민감하게 느끼는 것이다. 예쁜 꽃이라 하더라도 향기가 없으면 덜 좋아하는 것도 같은 맥락에서 생긴 일이고……. 이에 비하여 남성은 후각보다 시각(視覺)정보에 민감해서 꽃향기에 그다지 큰 반응을 보이지 않는다.

꽃과 관련하여 재미있는 연구사례가 있다. 남녀가 서로 조금씩 알게 되었을 때 남자 쪽에서 여성을 파악하는 방법이 그것이다. 일본의 한 보고에 따르면, 플레이보이들은 여성을 꽃가게로 안내했을 때 나타내는 여성의 반응을 살펴보고 성격을 파악한다고 한다.

꽃가게에서 여성은 대체로 다음 두 가지 중 한 가지 반응을 보인다. "참으로 아름답군요"와 "향기가 참으로 좋아요"가 그것이다. 전자의 경우 시각정보에 의해 꽃을 객관적으로 보고 있는 것이고, 후자의 경우 후각정보에 의해 꽃을 관능적으로 느끼고 있는 것이다.

다시 말해 전자의 여성은 이지적인 면이 강하고 침착하며 냉정한 편이고, 후자의 여성은 감성적인 면이 강하고 분위기에 의해 감정을 적극 표현하는 편이다. 플레이보이들에게는 후자의 여성이 공략하기 쉽다고 한다.

한편, 여러 조사 결과 우리나라 사람들은 장미꽃을 가장 좋아하는 것으로 나타났다. 한국갤럽과 리서치앤리서치 등에서 실시한 몇몇 설문에 따르면 장미는 남녀를 통틀어 부동의 1위를 차지하고 있고, 국화 · 튤립 · 난초 · 코스모스가 2위권을 다투고 있으며, 안개꽃과 무궁화가 그 뒤를 잇고 있다. 그나마 안개꽃은 장미 때문에 부각되었으니 장미의 인기를 짐작할 만하다.

꽃을 선물할 때 참고하시길.

1906년 12월 24일, 대서양의 한복판에 떠있던 배에서 한 무선통신사는 자신의 귀를 믿을 수가 없었다. '또또또…' 모스 부호 대신에 바이올린 연주소리가 들리더니 이어서 갈라지는 듯한 목소리가 들렸다.

"제 목소리가 들리는 사람이 있으면 브랜트 록에 있는 페센덴에게 연락해 주세요."

놀랍게도 말과 음악이 어우러진 프로그램이 세계 최초로 방송되고, 한 무선통신사가 다이얼을 돌리다가 우연히 그것을 수신한 것이다. 레지놀드 페센덴이 발명한 이 기술은 1897년 마르코니가 발명한 점과 줄을 송신하는 무선 전신기술과는 많이 달랐다.

비록 현재처럼 멀리까지 전파를 발사할 수는 없었으나, 페센덴은 자신의 무선전파기술을 적극 홍보했다. 1906년 크리스마스 이브 연주회는 그 일환으로 마련한 것이었다. 그날 페센덴은 헨델의 오페라에 나오는 라르고를 축음기로 틀어주었고 캐럴을 내보냈는데, 이로써 그는 세계 최초의 디스크 자키가 된 셈이었다.

우리나라의 경우 1925년 11월 1일 조선일보사가 이벤트 차원에서 일본인을 초청하여 처음 라디오 방송을 했는데, 그날 서울의 수표교 일대는 인산인해를 이루었다고 한다. 라디오는 그렇게 처음부터 사람들의 호기심을 이끌어내며 인류에게 다가왔다.

그런데 라디오와 관련하여 흥미로운 점은 남성보다 여성이 더 좋아한다는 것이다. 단지 그냥 듣는 것이 아니라 여성의 경우 남성보다 훨씬 라디오의 내용에 민감한 반응을 나타낸다. 그런 점은 여론조사에서도 확인된다.

1997년 5월 중앙리서치가 조사한 바에 따르면, 라디오 주요 청취자는 여자인 것으로 나타났다. 남자의 경우 하루 평균 2시간 18분, 여자의 경우 3시간 14분 동안 라디오를 듣는다고 대답했는데, 듣는 시간대가 남성은 출퇴근 때에 많은 데 비해 여성은 오전·오후에 집중된 것으로 밝혀졌다. 요컨대 남성은 그냥 보내는 시간이 아까울 때 라디오를 튼 반면 여성은 그 내용에 집중하기 위해 라디오를 튼 것이다.

이런 차이는 어디에서 오는 것일까? 여자는 듣는 것을 좋아한다. 텔레비전, 라디오처럼 소리가 나오는 매체를 통해서. 이에 비해 남자는 보는 것을 좋아한다. 정보를 얻는데도 차이가 있다. 남자는 신문, 잡지처럼 읽을거리를 통해서 정보를 구하지만 여자는 텔레비전이나 라디오를 이용한다.

라디오는 TV보다 말이 많다. 보이지 않으니 끊임없이 말을 해야 하는 까닭이다. 일종의 수다 방송이라고나 할까. 또한 라디오에서는 TV보다 많은 음악을 틀어준다. 귀를 즐겁거나 편안하게 해주는데 음악 이상 좋은 게 없는 까닭이다. 여성이 라디오를 좋아하는 이유가 바로 여기에 있다.

첫사랑에 관한 남녀 반응의 차이

『청구야담』에 나오는 이야기다. 평양에 한 기생이 있었는데 아름다운 자질과 뛰어난 가무로써 어릴 적부터 이름을 날렸다. 그 기생이 말하기를, "많은 사람들을 겪었지만 그 중에서도 잊지 못할 두 사람이 있다. 한 사람은 아름다워서 잊을 수 없고, 다른 한 사람은 추악해서 잊을 수 없다"고 했다. 역사학자 이능화도 『조선해어화사』에서 기생이 잊지 못하는 5가지 유형의 남자가 있다고 밝힌 바 있다. ①머리 올려 준 첫날밤의 남자 ②잘생긴 남자 ③힘센 남자 ④돈 많은 남자 ⑤천하에 못생긴 남자가 바로 그들이다.

주지하다시피 여자들은 남자의 얼굴에 관심이 많다. 하지만 여자만 그런 것이 아니다. 얼굴의 미추를 따지기는 남자도 마찬가지, 아니 여자들의 관심 정도를 능가한다. 한 예를 보자.

한(漢)나라 원제(元帝) 때에 궁녀가 4만 명이나 되었다. 그래서 원제는 궁정 화가 모연수에게 궁녀들의 초상화를 그리게 한 다음, 초상화를 보고 그 날 밤에 데리고 잘 여자를 골랐다. 그런데 왕소군이라는 궁녀는 무척 아름다운데도 불구하고 모연수에게 뇌물을 주지 못해 못난이로 그려졌다.

그로부터 7년 뒤 흉노의 우두머리 선우가 원제에게 궁녀 한 명을 달라고 요구했고, 남몰래 눈물만 흘리고 있던 왕소군이 자원했다. 드디어 선우가 궁녀를 데리러 왔을 때, 원제는 왕소군의 미모를 보고 깜짝 놀랐다. 그렇지만 약속을 깰 수 없어 부득이 왕소군을 떠나보내야 했고, 그 날 이후로 원제는 왕소군을 잊지 못해 화병이 생겼으며, 1년 뒤 세상을 떠났다.

남자들이 미모에 얼마나 집착하는지 여실히 증명하는 일화라 하겠다.

그러나 남녀가 잊지 못하는 것이 어찌 잘나고 못난 사람의 얼굴뿐일까. 사람에 따라 다소간 차이가 있겠지만 대부분의 남녀가 평생 못 잊어하는 사람이 있다. 바로 첫사랑이다.

투르게네프의 「첫사랑」처럼 제목 자체에서부터 첫사랑을 강조하는 경우도 있으며, 수많은 소설가들이 굳이 첫사랑이라는 제목을 쓰지 않았으나 내용에서 사랑을 다룰 때 소재로 삼는 것도 대부분 첫사랑이다. 이런 정서는 현실 속의 보통사람들도 마찬가지이다.

흥미로운 것은 찢어진 첫사랑에 관한 한 남녀 반응에 차이가 있다는 점이다. 특히 결혼을 전후하여 양상이 다르게 나타난다. 남자는 결혼 전이라도 헤어졌으면 그다지 미련을 갖지 않는 편이지만, 결혼 후에는 가끔 첫사랑을 떠올리는 경향이 있다.

이에 비해 여자는 결혼 전에는 첫사랑에 미련이 많지만, 일단 결혼하면 첫사랑에 그다지 미련을 갖지 않는다. 왜 그럴까? 그 차이는 여러분 스스로 해석해보시기를……

남자들은 왜 더듬는 것을 좋아할까

여자들이 무척이나 싫어하는 남자가 있다. 바로 치한 (癡漢)이다. 문자 그대로 해석하면 '미치광이 남자'이지만 일반적으로 '여자를 희롱하는 색광'을 뜻한다. 보다 구체적으로 치한이란 무엇인가? 그에 대해 일본의 작가 미시마 유게오는 다음과 같이 말한 바 있다.

"치한이란 절대로 여자를 인격적으로 사랑하지 못하는 사내이다. 그들은 순전히 여체의 물적 본질에만 집착한다. 그렇기 때문에 여성들은 치한을 싫어한다. 그들은 세상 사람들에게 웃음거리가 되는 슬프고도 못난 내공성(內攻性)의 사내들이다. 그런데 그들은 머리 속으로 비너스를 꿈꾸는 특징이 있다. 그들은 종종 여자 목욕탕을 들여다본다. 지하철 안에서 알지 못하는 여자의 엉덩이를 슬쩍 스치는 것만으로도 무상의 쾌락을 발견한다. 영화관의 어둠 속에 숨어서 옆에 앉은 아가씨의 손목을 쥐어보는 행위로 인생 최대의 즐거움을 느끼는 것이다. 치한은 가련한 존재이다. 그들이 바라본 비너스에는 인격인으로서의 아름다움이 아니라 물건으로서의 아름다움이 집중되어 있다. 때문에 사나이들의 번민이 생겨난다. 현실에서는 비너스 같은 여성을 만날 수 없기 때문이다. 그런 까닭에 치한은 남성 욕망의 숨겨진 비원(悲願)을 대표하고 있다."

몰래 훔쳐보는 사람이나 슬쩍 만지는 이나 모두 치한이지만, 요즘에는 후자의 경우로 좁게 해석하는 경향이 있으며, 치한은 대부분 남자이다. 왜 여자들에 비해 남자들에게 만지려는 욕망이 강할까?

　'백문불여일견(百聞不如一見)'이란 말이 있듯, 일반적으로 '듣는 것' 다음 단계는 '보는 것'이고, 그 다음 단계는 '만지는 것'이다. 예컨대 어떤 물건에 대한 소문을 들으면 그것을 보고 싶어 하고, 막상 직접 보면 자신도 모르게 만지고픈 충동을 느끼는 것과 같은 이치다.

　그런데 여자는 듣는 것에, 남자는 보는 것에 민감하다. 여성들은 남의 말에 쉽게 솔깃해지거나 소문만 들어도 진실인양 믿는 경향이 있는데, 이런 특징과 무관하지 않다. 이에 비해 남자는 소문을 듣고도 직접 보기 전에는 웬만해서 잘 믿지 않는 경향이 있다.

　그런가하면 섹스 분위기 조성에 있어서도 여자는 듣는 것으로, 남자는 보는 것으로 흥분하곤 한다. 남자들은 만지는 것도 좋아한다. 그와 관련된 사례도 있다. 서울YMCA에서 98년 가을 중고생들을 대상으로 음란물 접촉 여부를 조사한 바에 따르면, 성인용 CD롬을 본 경우는 단연 남자가 많았고, 음란성 텔레폰팅을 경험한 경우는 여자가 많았다고 한다.

　요컨대 '듣고' '보는' 취향의 차이가 주로 남자 치한들로 하여금 여자들을 더듬게 만드는 것이다. 물론 변태적 욕망이 반영된 일이기도 하지만….

왜
여
자
의
변
신
은
무
죄
일
까

배신당한 남자는 돌아선 여인에게 흔히 이렇게 말한다. "네 마음이 그렇게 쉽게 변할 줄 몰랐어." 여자는 정말 변덕쟁이일까? 언제나 긴 생머리를 자랑하고 다니던 그녀가 어느 날 짧은 파마를 하고는 놀란 남자에게 이렇게 말한다. "여자의 변신은 무죄야!"

여자의 마음에 대하여는 오래 전부터 수많은 사람들이 나름대로 말해왔는데, 그 중 한 가지 공통점은 변화에 능하다는 특성을 인정했다는 것이다. "여자 마음은 4월 날씨처럼 변하기 쉽다"는 서양 속담에서부터 "여자는 늘 변덕스럽게 변한다"는 베르길리우스의 주장과 "남자의 마음은 대리석과 같고, 여자의 마음은 밀랍과 같다"는 셰익스피어의 말 따위가 그런 사례들이다.

그렇다면 여자는 왜 자주 변할까? 그 이유 중의 하나는 생존본능에서 찾을 수 있다. 남성이 재력이나 능력으로 여성의 환심을 사려는 것처럼, 여성은 매력으로써 남성의 관심을 끌려 하는데 바로 거기에서 변신이 시작된다. 다시 말해 이성에게 호감을 얻고자 함은 남녀의 본능이며, 다만 여성은 다양한 매력으로 남성을 '끊임없이 사로잡으려 하는' 것이다.

또한 여성은 (보다 나은) 이성이 계속 눈길을 보내오면 흔들리는 경향이 있는데 이 또한 생존본능에서 오는 당연한 반응이라 할 수 있다. 더군다나 남성에게 어딘지 모르게 싫증을 느끼면 그 결과는 곧 '변신'으로 이어진다.

라 로슈푸코는 일찍이 간파했다. "변덕은 강박성, 혹은 남의 설(說)을 모두 받아들이는 정신의 허약성에서 온다. 그런가하면 보다 가치없는 것으로 일이 싫어지는 데서 오는 변덕도 있다."

괴테 역시 비슷한 맥락에서 이렇게 말한 바 있다. "여자는 (남성에게) 결코 자기의 자연적인 모습을 보이지 않는다. 왜냐 하면, 자연 그대로의 모습으로도 (여성에게) 호감을 살 수 있다고 느끼는 남자와 같은 자만심이 없기 때문이다."

여성이 변신에 능한 또 다른 이유는 화려함을 추구하는 정서가 남성보다 강한 데 있다. 선물을 해도 매번 다르게 주고받기를 좋아하고, 몸도 마음도 언제나 화사해지기를 원한다. "여자의 아름다움의 3할은 고유한 것이고, 7할은 장신구에 의한 것"이라는 중국 속담은 여성의 그런 변신 취향을 단적으로 설명해주고 있다. 다른 한편으로 결점을 인정하기보다 감추려는 정서 역시 변신을 하게 만든다. 얼굴의 티를 감추기 위해 검은 점을 붙였던 것이 그만 유행으로 된 17세기 유럽의 색점(色點) 풍습이 그런 정서를 대변하고 있다.

그렇지만 변신이 어디 여성에게만 국한된 일이랴. 남성 역시 변신을 한다. 다만 변신한 여자를 남성이 더 많이 비난할 뿐이다. 그러므로 여자의 변신은 무죄다!

남성과 여성의 목소리는 각기 상대 이성에게 자기의 성격을 드러내주기 위해 발달됐다. 남성의 목소리는 권위와 안정감을, 여성의 목소리가 도움과 관심을 드러낸다는 고정 관념은 세계적으로 공통된 사항인 것이다. 이런 특성은 컴퓨터에도 반영되고 있다. 일반적으로 사업과 관련된 정보는 냉정한 목소리로, 안내·오락 등에 관련된 정보는 부드러운 목소리로 만들어져 네티즌에게 전달되는 것이다. 남녀 특성을 구분짓는 목소리의 영역은 유머와 웃음까지 포함하고 있으니……

우리는 흔히 웃긴 정도에 따라 웃음과 미소가 구분된다고 생각하는 경향이 있다. 그러나 웃음과 미소는 분명히 구분되는 행위이다. '웃음'은 '웃는 모양이나 소리'라는 국어사전적인 의미 외에 즉각적인 생리적인 반응도 포함하고 있다. 다시 말해 웃음은 보다 솔직하고 즉각적인 감정의 표현이며, 많은 신경과 근육·성대까지 동원되는 에너지 소모가 큰 행동이다.

반면에 미소는 빙긋이 웃는 것을 의미한다. 미소는 웃음에 비해 얼굴 근육을 훨씬 덜 사용할 뿐만 아니라 소리도 내지 않는다. 또 의도적으로 미소를 지음으로써 상대방에 대한 호감을 가장하기도 한다. 남성이 억지 미소에 서툰 이유가 여성보다 감정 관리에 서툰 데 있다는 데서 짐작할 수 있듯, 미소는 심리의 영역에 속하는 것이다.

이에 비해 웃음은 본능적인 감정의 영역에 속한다. 남녀를 불문하고 웃음을 속이기 어려운 까닭에 사람들은 활짝 웃는 얼굴을 대하면 본능적으로 편안함을 느끼게 된다. 따라서 타인의 웃음을 쉽게 끌어낼 수 있는 사람은 그만큼 매사에 협력과 지지를 쉽게 얻어낸다. 유머는 곧 설득력이며, 뛰어난 정치인들의 유머감각이 일류인 것도 이 때문이다. 케네디, 레이건, 부시 등은 유머 감각 덕분에 대통령에 당선된 사람들이다.

여성들이 유머 감각 뛰어난 남성을 좋아하는 이유도 유머가 가져다주는 편안함에 있다. 이런 남자와 맺어질 경우 사회생활뿐만 아니라 가정생활도 원만하게 유지된다고 믿는 것이다.

그런데 왜 남성의 웃음은 하하하, 여성의 웃음은 호호호로 되었을까? 그것은 능동성과 수동성에 기인한다. 남성우월적 관념이 사회를 지배했던 옛날에는 입을 크게 벌리며 웃는 호탕함은 남성의 전유물이었고, 여성은 웃음에 있어서도 비공격적인 상태를 드러내야 했다.

그런데다 생리적으로도 남성의 목소리는 낮은 톤의 하하하, 여성은 높은 톤의 호호호에 어울리기에 자연스레 각기 남녀의 웃음을 상징하게 된 것이다. 또한 '남성=웃음, 여성=미소'라는 공식도 그와 맞닿아 있는 바, 여성은 소리 내지 않고 미소를 짓는 관습에 오랫동안 길들여져 왔다고 볼 수 있다.

첫눈에 반하는 사랑

"인간의 얼굴은 신의 걸작이다. 눈은 영혼을 드러내며, 입은 육체를, 턱은 목적을, 코는 의지를 나타낸다. 그러나 이 모든 것들 뒤에는 우리가 '표정'이라고 부르는 그 무엇이 있다."

미국의 작가 E. 하버드가 말했듯이 사람들은 상대를 볼 때 얼굴에서 많은 정보를 읽는다. 옷매무새나 습관적인 동작을 통해서도 그 사람에 대한 성격을 파악하지만 그 무엇보다도 많이 보는 것은 단연 얼굴이다. 음흉한 마음은 눈초리를 묘하게 만들고, 불만은 입술을 씰룩거리게 하고, 거만함은 턱을 치켜들게 하고, 굳센 마음은 코를 긴장시키듯이 얼굴에서 현재상태를 파악할 수 있는 까닭이다.

사랑, 특히 첫사랑에 빠질 때도 마찬가지여서 대부분의 사람들은 얼굴을 보고 한눈에 반하기 일쑤다. 그렇다면 첫눈에 반하는 사랑은 과연 상대의 어디를 보고 결정되는 것일까? 얼마 전에 로맨스 소설의 창시자격 출판사인 할리퀸이 세계 22개국 7천 명을 대상으로 한 조사결과는 그 궁금증을 명쾌하게 해결해주고 있다.

이 통계에 따르면, 세계 인구의 절반 이상이 첫눈에 반한 경험이 있으며, 그 경험 유무는 국민성과 밀접한 관계가 있다. 경험 있는 사람의 60% 이상을 점유한 국가는 멕시

코·이탈리아·중국·덴마크·아르헨티나·스페인·포르투갈 등인데, 대부
분 정열적인 국민성으로 이름 높다. 이에 비해 (이성적인 면모가 강한) 미국·
캐나다·영국 등에서는 60~70%가 경험이 없다는 담담한 대답을 했다.

　정열이 뜨겁다는 것은 감성이 풍부하다는 것이니, 감성적인 사람들이 쉽
게 첫눈에 반한다는 사실이 확인된 것이다. 또한 이 조사는 "여성이 낭만적으
로 보이지만 실제로 여성은 현실적이며 남성이 훨씬 낭만적"이라는 속설을 증
명하고 있다. 여성보다 남성이 10% 정도 첫눈에 반한 경험이 많은 것으로 드러
났기 때문이다.

　또 하나 흥미로운 것은 첫눈에 반하는 순간 상대의 어디를 의식했느냐에
대한 대답에서 '눈'이 다수를 차지했고, 이 경우 남성보다 여성이 높은 수치를
기록했다는 점이다. '웃는 얼굴'이 그 뒤를 차지하고 있는 바, '웃음기 담은
눈'을 좋아하기는 남녀 모두 같지만 여성이 더욱 호감을 갖고 있는 것이다.

　여배우에서 실제 왕비가 되어 화제를 낳았던 그레이스 켈리도 모나코 레
이니에 대공의 아름다운 눈에 반해 사랑에 빠졌다고 고백한 적이 있다.

　그렇다면 결과는 어떻게 됐을까? 결혼에 이른 커플은 남녀 모두 20% 정
도의 비율이지만, 한때의 정열 혹은 착각이라고 답한 비율은 남 45%, 여 42%
로 밝혀졌다. 결국 '첫눈에 반하는 사랑'은 꿈이라는 사실을 알면서도 달콤한
환상과 기대를 갖게 되는 매력을 지닌 마법인 셈이다.

남자는 게임 여자는 채팅

한 남자가 여자 친구의 집에 놀러가서는 벽에 걸린 유명한 배우의 사진을 보고 말했다.

"자기는 저 배우를 무척 좋아하나봐?"

그러자 여자가 대답했다.

"아니, 나는 단지 주름살 연구를 위해 저 사진을 구했을 뿐이야."

똑같은 사물을 보고도 남자와 여자가 이처럼 다른 관점을 보이는 경우가 많다. 인터넷이 활성화된 요즘에는 이용하는 정보에서도 그런 차이를 심심치않게 발견할 수 있다. 일반적으로 남성은 게임·유머·잡학·성인용 화면 따위 오락정보에 눈길을 자주 보내고, 여성은 육아·교육·쇼핑·패션 따위 실용정보에 관심을 보인다.

그러나 그 무엇보다도 극명한 차이를 보이는 것은 섹스와 채팅이라 할 것이다. 남자가 여자보다 섹스에 관심이 많다는 것은 여러 앙케이트를 통해 여실히 확인된 바 있다. 예컨대 미국 인터넷매체인 MSNBC가 1998년 봄 인터넷 이용자 9천 명을 대상으로 성인 사이트 이용에 관해 조사한 바에 따르면, 성인 사이트를 이용하는 남자와 여자의 태도가 크게 다른 것으로 나타났다.

성인 사이트를 방문하는 남녀의 비율은 86%(남)·

14%(여)로 남성이 압도적으로 많았는데, 흥미로운 것은 남녀에 따라 사이트 이용에 차이가 있다는 점이다.

예를 들어 남성의 80%는 대부분 재미삼아 야한 사진이나 글을 찾아보는 것이 일반적인데 비해, 성인 사이트를 방문하는 여성의 49%는 주로 채팅 서비스를 즐기는 것으로 밝혀졌다. 즉 성욕에 대한 호기심 충족을 위해, 남성이 눈에 보이는 직접 자극을 즐기는데 반해 여성은 상호 교감을 즐기는 것이다.

문제는 이런 차이가 원하지 않는 불상사를 일으킨다는 점이다. 남자가 게임중독에 빠져 폐인이 되는 것이나 여자가 채팅에 빠져 현실을 등한히 하는 일이 그것이다. 남성이 인터넷을 통해 성매매를 시도하다 적발된 사례는 수를 헤아릴 수 없고, 얼마 전에는 인터넷 채팅에 빠진 주부의 44.2%가 불륜을 저질렀으며, 또 가출한 경우도 10%나 됐다는 보도가 나오기도 했다.

왜 이런 차이가 벌어지는 것일까? 남성은 쾌락을 추구하는 경향이 여자보다 강하기 때문에 게임이나 섹스에 집착하는데 비해, 여성은 끊임없는 의사소통을 원하기 때문에 그 대안으로 채팅에 몰입하는 것이다. 채팅에 빠진 어떤 주부는 "집안일에만 얽매이는 것 같아 돌파구를 찾으려 컴퓨터 앞에 앉았다"고 말하기도 했다. 요컨대 남성이 원하는 사람은 섹스를 들어주는 여자이지만, 여성이 원하는 사람은 자기 이야기를 들어주는 남자인 것이다.

이제 사이버 공간은 여성에게 남녀평등을 이룰 수 있는 활동무대가 되고 있다. 남자들은 이제 여성들의 이야기에 귀를 기울여야 한다!

남자는 지식 사냥, 여자는 물품 사냥

많은 유명인들이 아내를 위해 살았고 명언으로 남겼다. "아내의, 아내에 의한, 오직 아내를 위한."(링컨) "아내가 나에게 무엇을 해줄 것인가를 바라지 말고, 내가 아내에게 무엇을 해줄 것인가를 생각하라."(케네디) "나는 아내만을 생각한다. 고로 존재한다."(데카르트) "나는 아내 행복의 역사적 사명을 띠고 이 땅에 태어났다."(박정희)

우스개말이지만, 현대문명을 살펴보면 실제로 그러한 면모를 발견할 수 있어 흥미롭다. 생활을 편리하게 해주는 수많은 물건들이 남자에 의해 발명되고 그 발명품의 혜택을 여성이 누리고 있는 것이다.

예컨대 1875년 그레이엄 벨이 땀 흘려 만든 전화는 여성들이 대화 수단으로 적극 이용하고 있으며, 1862년 제임스 해리슨이 처음 생산한 냉장고는 가정의 필수품이 된 지 오래다. 그뿐인가. 세탁기·전자레인지·식기세척기 등등 여성을 위한 발명품은 수를 헤아릴 수 없을 정도이고 모두 남성이 만들었다. 심지어 현대여성의 브래지어를 디자인하는 사람들도 대부분 남성이다. 우째 이런 일이!

사실 여기에는 남녀의 특성이 반영되어 있다. 발명은 호기심과 지식욕에서 출발하는데 남성은 무언가를 알고 싶어 하고 알려고 하는 노력이 여성보다 한층 강렬하다. 물론 그런 지식욕은 남녀 모두에게 있으나 남성의 실행력이 더 강한 것이다. 그렇다면 어찌하여?

　　남성이 여성보다 힘이 아니라 두뇌로서 우월한 존재이고자 했던 것은 고대 그리스 시대부터이며, 이때 그리스 남성들은 철학을 통해 여성보다 뛰어난 존재임을 과시하려 했다. 인간이 동물과 다른 점은 생각을 할 줄 안다는 것이고 깊은 생각을 통해 철학이 탄생한다고 보았던 것이다.

　　또한 그리스 학자들은 많은 지식을 채우는 과정에서 나름의 철학이 생긴다고 믿었기에 끊임없이 지식을 사냥했고 호기심을 그냥 두지 않았다. 그리스 시대에 수많은 학설이 나온 것도, 현재까지 남성이 새로운 발명품을 주도한 것도 모두 이런 배경을 갖고 있다.

　　반면에 여성은 지식보다는 물건 사냥에 역점을 두어왔다. 이것은 또 왜 그런가? 이에 대해 인류학자들은 먹거리 확보에 관심이 많았던 원시시대의 유산이라고 해석한다. 남성이 사냥을 해오면 그 식량을 얻어먹었던 상황이 문명시대에도 그대로 이어지는 바람에 여성은 생존을 위해 본능적으로 물건에 더 많은 관심을 보인다는 것이다.

　　남성에 비해 여성이 쇼핑에 더 많은 시간을 투자하는 것이나 생리기간 중에 물건 훔치는 도벽을 지닌 여성도 본능과 관계 깊다고 볼 수 있다. 여성은 본질적으로 소유욕이 강한 것이다.

　　요컨대 남성의 지식 사냥은 그리스문화의 유산이고, 여성의 물건 사냥은 생존 본능의 유산이다. 반대 성향의 남녀도 드물지 않지만 …….

"우리는 영원히 행복할 거예요."

1994년 5월 스타 모델 신디 크로포드와 인기 배우 리처드 기어는 자신들을 둘러싼 이혼설에 대해 사실이 아니라고 주장하면서 「런던 타임즈」 1면에 위와 같은 광고까지 냈다. 그러나 그들은 그해 연말 이혼했다.

이외에도 불같은 사랑을 느끼고 급작스레 결혼했다가 몇 년 지나지 않아 파경을 맞는 사례는 많다. 클라크 게이블은 5번, 엘리자베스 테일러는 7번 결혼·이혼을 반복했다. 반면에 영국의 처칠 부부처럼 평생을 해로하는 사람들도 드물지 않다. 이런 차이는 어떻게 설명할 수 있으며, 도대체 사랑의 지속기간은 얼마나 되는 것일까?

남녀간 사랑은 본능에 의해 진행되지만 열정의 냉각은 전혀 다른 이유에 있으니, 남자는 목표 달성에 따른 관심 저하, 여자는 이상과 다른 현실에 실망해서 사랑이 식는 것이다. 그런데다 지금까지의 연구결과는 "본능에 의한 사랑은 짧다"로 모아진다. 과학자들은 "암페타민에 의한 흥분은 오래가지 않는다"는 근거 아래 이른바 '냄비 사랑'을 인정하고 있고, 그래서 열정적인 사랑은 수명이 짧다고 본다. 흥미로운 조사가 또 있다.

인류학자 헬렌 피셔는 『사랑의 해부학』이라는 책을 통

해 "사랑의 열정은 4년 정도 지속된다"고 주장하였다. 이때의 4년은 아이를 어느 정도 키워놓을 수 있는 기간으로, 또 한 명의 아이를 낳지 않는 한 원시시대 부부는 이때쯤 서로 갈라서 제각기 다른 짝과 새로운 사랑을 엮어갔다는 것이다. 피셔는 이 '4년간의 갈망'이 현대의 이혼통계에도 적용되고 있다고 밝혔다. 세계 62개 문화권을 연구한 결과 결혼 4년째에 이혼율이 급속히 높아졌다는 것이다.

무려 40년에 걸쳐 영화에 출연한 미국의 여배우 존 크로포드는 공교롭게도 피셔의 이론에 딱 들어맞게끔 25세에 첫 결혼을 한 이후 네 번 결혼하고 4년마다 이혼했다. 하지만 사랑의 유효기간이 4년이라고 보기에는 약간의 무리가 있으며, 다만 열정적 관계 후 몇 년이라고 봄이 옳을 듯싶다.

그렇다면 오래 지속되는 연애관계는 어떻게 설명될 수 있을까?

과학자들에 따르면 '지속되는 사랑'은 엔돌핀 때문이라고 한다. 사람을 흥분시키는 암페타민과 달리 엔돌핀은 마음을 어루만져주고 편안하게 해주는 물질인 바, 편안한 애정관계는 엔돌핀 형성을 증가시키게 되며 안정감과 평화를 준다는 것이다. 심리적으로 볼 경우, 사랑은 끊임없는 관심과 애정표현을 통해 유지된다. 반대로 자신을 관리하는데 게을러지면 상대방의 불만을 불러일으키게 된다.

〈벤허〉로 유명한 배우 찰톤 헤스톤은 행복한 결혼생활을 오래 하는 비결에 대해 질문 받고 이렇게 대답했다. "노력이다. 그 밖엔 없다."

남성이 여성보다 성대모사를 잘하는 까닭

1965년 모던코리아라는 쇼단 70명이 대만공연을 갔을 때의 일이다. 여러 코미디언 중 배삼룡 · 최성일 · 신선삼 세 사람이 크게 환영받았는데, 그 중에서도 '쓰리보이'라는 별명을 가진 신선삼은 다양한 레퍼토리로 특히 큰 박수를 받았다. 신선삼은 입으로 흉내내는 색소폰 · 트롬본 연주를 선보여 대중들을 매혹시켰으며, 그 인기 덕분에 얼마 후 대만 TV에 초청되어 다시 한번 원맨쇼를 했다.

당시 신선삼의 연기는 대중을 충분히 사로잡을만 했다. 19세 때인 1959년 데뷔한 그는 총소리 폭발음 등을 입으로 흉내내며 제2차 세계대전을 재현하여 관객들의 탄성을 자아낸 이래, 다양한 악기 연주를 완벽하게 흉내냄으로써 성대모사 원맨쇼라는 새로운 코미디 장르를 꾸준히 개척해왔기 때문이다. 그런가하면 후라이보이 곽규석도 성대모사로 인기를 끌었으며, 남보원 · 백남봉 등도 나름대로의 색깔을 보여주면서 성대모사 원맨쇼의 전성시대를 이었다.

그로부터 30여년이 지난 1990년대 말엽 우리나라 연예계에서 개그맨은 물론 가수 · 탤런트 등이 다투어 '개인기'로 관심을 끌면서 다시 성대모사 열풍이 불었고, 그 열기는 지금까지 이어지고 있다. 예컨대 '개그콘서트'에서 갈갈이 3형제나 여장 남자 개그맨은 특유의 성대모사와 여성같은 목소리로 재미를 자아내었다.

그런데 성대모사를 하는 사람들을 성별로 보면 대부분 남성이고, 성대모사를 하는 여성 연예인은 상대적으로 훨씬 적다. 왜 남성이 여성보다 성대모사를 잘 할까?

일반적으로 남성·여성의 목소리는 사춘기 시절 각기 굵직하거나 부드러운 목소리로 자리잡는다. 이런 변성기는 후두나 성대의 급격한 발육 때문에 일어나는 신체 변화이며, 대개 3~12개월 이내에 성인의 목소리로 변하게 된다. 그리고 그 뒤 남성은 자기 목소리 외에 가성(假聲)을 낼 수 있는데, 바로 이 가성이 성대모사의 원천적 능력이 된다.

가성은 어떻게 내는 것일까? 가성은 음역 중에서 가장 높은 소리로서 후두 근육을 극도로 수축시키는 동시에 후두를 상승시키고 성대의 특정 부분만을 진동시켜 낸다. 다시 말해 성대의 나머지 부분이 움직이지 않는 동안 특정한 부분만이 진동하여 높은 주파수를 발생시키는 것이다.

일반인들은 갑자기 가성을 내면 갈라지는 목소리가 나오기 쉽지만 가수들은 훈련에 의해 평상시 목소리에서 가성으로 자연스럽게 옮겨갈 수 있다.

그렇다면 여성은 왜 가성을 내지 못할까? 근본적으로 여성의 목소리에는 가성이 따로 없다. 여성의 발성 구조는 남성에 비해 작으며, 높은 주파수로 진동하게 되어 있다. 간혹 소프라노 영역을 넘어 극도의 고음으로 치닫는 예외도 있으나 그것은 가성이 아니라 고음일 뿐이다.

남자는 *왜* 여성의 운전 실력을 **못미더워** 할까

르네상스시대에 레오나르도 다빈치가 축적된 에너지로 움직이는 교통수단의 스케치를 남기고, 19세기 중엽 P.미쇼와 G.다이뮬러를 비롯한 여러 사람들의 노력으로 자동차가 발명된 이후 지구상에는 엄청난 차가 거리를 누비고 있다. 현대는 자동차의 시대라 해도 과언이 아닌 것이다.

그런데 자동차에 관한 남녀의 시각은 물론 운전 실력에도 미묘한 차이가 있으니 자못 흥미롭다. 예컨대 지난 8월 자동차전문 리서치회사 에프인사이드가 조사한 바에 따르면 남성의 70% 여성의 50%가 '여성이 운전하는 차는 표가 난다'고 응답했고, '여성 운전자는 잘못하고도 그 원인을 제대로 모른다'는 데 대해 남성의 78% 여성의 48%가 동의했다고 한다. 다시 말해 보편적으로 여성의 운전 능력은 남성에 비해 다소 떨어지는 것이다. 왜 그럴까?

이런 차이는 우선 자동차에 대한 관심사항에서 비롯되는데, 차를 고를 때 남성은 배기량이나 속도 따위의 기능성을 중요시하는 반면 여성은 무엇보다 겉멋을 중시한다. 1998년 삼성자동차가 여성 5천여 명을 대상으로 조사한 바에 의하면 80%가 카탈로그만 보거나 전시장에서 디자인을 살펴보기만 하고 구입했으며, 55%가 디자인과 스타일을 가장 크게 생각한다고 답변했다.

또한 전체적으로 가속감과 스피드를 즐기는 경우는 적고 중고차에 대한 선호도가 매우 낮은 것으로 밝혀졌다. 요컨대 여성에게 자동차는 옷과 다름없는 패션으로 여겨지는 것이다.

사실 여성의 이러한 관념은 '백마 탄 왕자가 황금마차를 끌고 나타나기를 기다리는' 동화에도 잘 나타나 있고, 화려하고 멋져 보이는 외제 오픈카를 탄 남자의 손짓에 쉽게 응하는 일부 현대 여성의 행태에서도 여실히 확인할 수 있다.

또 2002년 3월 결혼정보회사 선우가 20대 미혼여성을 대상으로 설문조사한 결과에서도 남성의 성적 매력에서 1위를 차지한 것은 '멋진 차를 운전하고 있을 때'(13%)였으니 자동차에 대한 여성의 관점이 어디에 있는지 분명히 알수 있다.

그런데다 여성은 지도를 보고 위치를 파악하는 공간 파악 능력이 남성보다 뒤진 까닭에 운전 중 차선을 바꾸거나 주차할 때 접촉 사고의 위험이 높다. 생물학자들의 연구에 따르면 여성의 10% 정도만이 남성과 비슷한 공간 지능을 갖고 있다고 한다.

그런가하면 여성은 위험에 닥쳤을 때 거부반응을 일으키는 경향이 있다. 순간적인 판단을 내려야 하는 급박한 상황에서 남성이 그대로 돌진하거나 방향을 틀거나 하는 반면, 여성은 당황해서 현재의 행동에서 아무 변화도 일으키지 못하는 것이다. 사정이 이러하니 일부 남성 운전자는 여성의 운전 자체를 못마땅하게 생각하고, 여성은 여성대로 피해의식을 갖고 있다.

남
녀
는
왜
다
르
게
나
이
를
느
끼
는
가

"나이는 모든 것을 훔친다. 그 마음까지도."

로마의 시인 베르길리우스가 말했듯 대부분의 사람들은 나이 먹는 것을 달가워하지 않는다. 그 주된 이유는 생명을 소모하고 있다는 느낌에 있지만, 또 다른 요인이 있으니 바로 상실감이다.

그런데 흥미롭게도 나이를 먹으면서 남녀가 느끼는 상실감에는 큰 차이가 있다. 이를테면 남자는 권위·명예·재산·친구 등을 차례로 조금씩 상실하는 것을 꺼려한다. 반면에 여성은 지나치리만큼 얼굴·피부 탄력의 변화를 두려워하고 싫어한다. 또한 남자는 나이를 먹어도 그때그때 사회변화에 적응하려 애쓰고 얼굴의 나이를 크게 의식하지 않는다.

프랑스 사상가 장 자크 루소는 "10세에는 과자에, 20세에는 연인에, 30세에는 쾌락에, 40세에는 야심에, 50세에는 탐욕에 의해 움직여진다"라고 간파한 바 있다. 요컨대 영국 시인 C. 콜린스가 말했듯 "남자는 늙어감에 따라 감정이 나이를 먹고, 여자는 늙어감에 따라 얼굴이 나이를 먹는다"는 것이다.

이에 비해 여자는 젊어서부터 늙을 때까지 얼굴의 젊음을 유지하는 데 남다른 노력을 기울인다. 그러다보니 여성은 '젊어보인다'는 말을 무척이나 좋아할 뿐만 아니라 체감연령도 실제 나이보다 적게 느낀다.

그에 대한 사례가 있다. 미국 여성잡지 『굿하우스키핑』지 1996년 8월호는 여러 가지 측면에서 바라본 나이에 대한 특집기사를 통해 사람들이 나이에 관해 품고 있는 고정관념의 허와 실을 지적했다. 예컨대 많은 사람들이 나이가 들어감에 따라 그에 걸맞은 행동양식을 보이는 것은 불가피한 신체적·정신적 변화에 따른 것이라기보다 주변의 시선과 핀잔을 의식해 움츠러들기 때문이라는 주장이다.

다양한 설문조사 결과 여성들이 스스로 "나는 몇 살이다"라고 느끼는 체감연령은 실제 나이보다 훨씬 낮은 것으로 나타났다. 구체적으로 30세 이하 여성들이 생각하는 이상적인 나이는 27세이며, 30~49세 여성들이 생각하는 이상적인 나이는 34세, 50세 이상 여성들이 느끼는 체감연령은 48세인 것으로 밝혀졌다.

그렇다면 남성들이 이상적으로 여기는 나이는 몇 살일까?

"서른까지는 여자가 따뜻이 해준다. 그리고 서른 이후는 한 잔의 술이, 다시 그 후에는 난로가 따뜻이 해준다"라는 스웨덴 속담에서 짐작할 수 있듯 20대 후반이 절정이다. 영국 소설가 A. 헉슬리 또한 『멋진 신세계』에서 30세 미만의 젊음을 유지시켜주는 알약을 예상했는데, 이 또한 '나이의 절정은 20대 후반'임을 나타내준다 하겠다.

"남자는 생각하지만 여자는 느낀다"

제 7 장

문화

여자들이 입을 가리고 웃어야 했던 이유

우리나라 여성들은 웃을 때 입을 가리는 경우가 많다. 지금은 덜 하지만 예전에는 여자라면 반드시 입 가리고 웃는 게 하나의 예절로 통했을 정도다. 요즘에도 '숙녀라 하면 입을 가리고 웃어야 하는 것'으로 생각하는 여성이 적지 않다. 이에 비해 서양여성이 입 가리고 웃는 것을 보기란 쉽지 않다. 이런 문화적 차이는 어디서 온 것일까?

중국 남성들은 옛날부터 작은 입술을 가진 여성을 좋아했다. 입술이 곧 여성 성기를 상징하고, 그 크기가 비례한다고 믿었던 데서 형성된 관념이다. 그런 까닭에 입의 크기를 재는 기준까지 마련했다. 두 눈동자의 중심에서 수직선을 내리그어 그 간격과 같은 길이의 입을 보통, 그보다 크면 대(大), 작으면 소(小)로 판정했다.

우리나라 사람들도 '성의 매력이 입술에 있다'는 속설을 믿었으며, '속궁합'을 중시 여기는 남성들은 여성의 입술을 통해 속궁합이 맞는지를 살폈다. 이런 속설에 따르면 말할 때 입술을 자주 핥는 여자, 아랫입술 한쪽 부분이 늘어진 여자를 음기(陰氣) 가득한 여자로 보았다. 조선시대의 법도 있는 가문에서 며느리를 고를 때 백팔여상(百八女相)이라 하여 얼굴을 108종으로 세분해 관찰하면서 입을 결정적인 인체 부위로 생각한 것은 이 때문이다.

입술로 성품이나 재운을 판단하기도 했다. 입술이 크고 옆으로 길게 늘어져 있으면 거짓말을 잘하고 사기성이 농후하며, 입술 좌우 균형이 잡히질 않아 한쪽이 짧거나 길면 탐욕스럽고 간사하다고 보았다. 또한 두껍고 붉은 입과 굴곡이 풍요한 앵두입은 부귀하지만, 동그랗게 둥근 입은 빈상(貧相)이라고 보았다. 아래위 입술이 모두 얇으면 입이 가벼워 화를 자초하기 십상이며, 입술이 육중하고 두꺼우며 단정해야 긍정적인 평가를 받았다.

입술에 대해 부정적인 비평이 많은 것은 입술 특유의 색감(色感) 이미지에 대한 유교윤리적 반감 때문이다. 유교 사회에서 입술에 대한 터부가 얼마나 심했는가 하면, 여자의 입이 크면 수치였고, 입을 벌리고 있으면 망측하게 생각하였다. 그래서 여자들은 밥 먹을 때나 웃을 때에 반드시 입을 가려야 했으며 그렇게 하지 않는 여자는 '헤프고' 천한 사람 취급받았다.

오늘날 여성들은 웃을 때 입 가리는 것을 '수줍은 여성미'로 생각하고 있지만, 사실은 이와 같은 섹스 터부에서 비롯된 예절인 것이다.

한편, 유명한 인류학자 프레이저도 세계 곳곳에서 입술과 성기를 주술적으로 유감(類感)하였음을 밝힌 바 있다. 그러나 '입술=성기'의 상관관계가 과학적으로 밝혀진 것은 없다. 또한 입술에 대한 남성들의 선호도 예전과 달리 다양해지고 있다.

직업 요리사에 남성이 많은 이유

일류 음식점에는 대체로 남성이 여성보다 많다. 호텔 음식점, 중국 음식점, 일식집 등을 보라. 대부분 남자이지 않은가 말이다. 일반적으로 집안에서 요리를 하는 사람은 여성인데, 왜 음식점 요리사에는 남성들이 많을까?

요리의 역사는 당연히 인류 초기 사회로 거슬러 올라가는데, 모권(母權) 중심의 사회에서 요리는 여성의 몫이었다. 곡물의 신을 젖가슴 풍만한 여성으로 묘사할 만큼 생산력을 중시하는 사회분위기였기 때문이다.

이렇듯 곡물을 다루는 일은 여성들의 분명한 영역이었건만 여성의 지위가 하락하면서 동시에 요리 자체도 천한 일로 여겨지기 시작했다. 권력을 잡은 남성들이 여성들을 집안에 가두면서 여성에게 음식과 더불어 의복과 집안일을 주관하게 만들었던 것이다. 예컨대 고구려 안악 3호분 벽화에는 당시 부엌 풍경이 그려져 있는데, 불을 때는 사람은 여성이고, 조선시대의 임금님 수랏상을 책임진 사람들도 여성이었다. 이런 역할 분담은 일반인들도 마찬가지여서 남성은 바깥일, 여성은 집안일을 책임졌다.

그러나 그렇지 않은 문화권도 있었다. 이를테면 고대 그리스인은 저녁 때마다 연회를 즐겼는데, 이 경우 요리를 만든 사람은 남성들이었다. 그리스인들은 식사가 육체뿐만 아니라 정신에도 자양분을 공급해주어야 한다고 여겨 식사시간 동안 침상에 기대앉아 간단한 음식을 먹으며 음악·시·춤을 함께 즐겼고, 그때마다 음식을 책임진 사람은 남자였던 것이다.

이런 전통은 15세기 초 부활했으며, 르네상스는 서양요리의 발달에 중요한 영향을 미쳤다. 당시 부유한 이탈리아 상인들은 만찬을 즐겼는데, 식탁을 아름답게 장식하고 요리를 값비싼 식기에 담는 등 요리를 주관한 요리사들은 대부분 남자였다.

특히 루이 14세 때 프랑스 요리는 사치의 절정을 이루었고 루이 16세 때에는 새로운 기술과 요리방법이 나왔다. 식품 판매와 제조에 관련된 직업인 요리사·과자제조사·빵장수 등이 여러 등급으로 나누어졌다.

이렇게 프랑스 혁명 전에 부유한 귀족의 집에서 요리를 하던 유명한 요리사들은 혁명 이후 생존을 위해 식당을 개업했으니 본격적인 직업 요리사의 세계가 시작되었다.

한편 이들은 식사과정을 크게 세 부분으로 나누어 처음에는 수프에서 로스트까지, 다음에는 차가운 로스트와 야채, 그리고 마지막에는 후식을 제공함으로써 오늘날 레스토랑 식사의 기틀을 마련하기도 했다.

그렇다면 유럽에서는 왜 남자가 요리를 담당했을까? 그 비밀은 '직업'에 있다. 요컨대 '요리'가 일이 될 때는 여성의 차지가 되었고, '직업'이 될 땐 남자의 전유물이 된 것이다. 오늘날에도 직업 요리사에 남성이 여성보다 많은 현실이다.

안경 쓴 남자, 렌즈 낀 여자

아침 일찍 여자가 물건을 사러 상점에 들르면 은연중 불쾌해하는 상인이 드물지 않다. '여자 첫손님은 재수가 없다'는 미신 때문이다. 더군다나 안경 쓴 여자가 첫손님으로 들어오면 그날 매상이 더 신통치 않다고 믿으며, 남자 주인 뿐 아니라 여자 주인인 경우도 같은 생각을 하기 일쑤다. 입장을 바꾼 상태에서도 마찬가지여서 매장의 여자 종업원들은 안경을 쓰지 않는다. 손님이 싫어하는 까닭이다.

그뿐이 아니다. 입사하기 위해 회사에 면접을 볼 때도, 연애하는 배우자의 부모에게 첫인사를 드릴 때도, 결혼식장에서도 남자는 안경 착용 여부에 그다지 신경 쓰지 않지만 여성은 되도록 렌즈를 낌으로써 안경 착용을 숨기려 한다. 예전보다는 덜하지만 그런 인식은 분명히 존재하고 있다. 안경 쓴 남자와 렌즈 낀 여자가 많은 현실이 그것을 증명한다. 우리사회에서는 왜 안경 쓴 여자를 나쁘게 여기는 것일까?

안경의 유래는 고대 로마로 거슬러 올라가지만, 오늘날과 같은 형태의 귀에 거는 안경은 1727년 런던의 안경사 에드워드 스칼렛이 처음 만들었다. 그러니까 적어도 18세기경까지는 '안경 낀 여자 첫손님=재수 없음'이라는 미신이 존재하지 않았던 것이다. 더더욱 18세기에 안경을 쓸 수 있는 사람들은 여유있는 상류층 사람들이었고 안경은 세련의 상징으로까지 여겨졌다.

20세기 들어서서는 지성의 상징으로 여겨졌으며, 영화배우들은 학자 연기를 할 때 검은 테 안경을 쓰기도 했다. 예컨대 백치미 넘치는 섹시 스타로 각광받았던 먼로는 1955년 〈백만장자와 결혼하는 법〉이라는 영화에 나비 날개 모양의 안경테를 쓰고 나와 이전과는 전혀 다른 지성적인 분위기를 연출한 것으로 유명하다. 그런 까닭에 1976년의 우리나라의 한 잡지에는 '지성과 품격의 심벌 이태리 안경'이라는 안경회사 광고가 자주 등장하기도 했다.

그렇다면 무슨 근거로 안경 쓴 여자를 기피하는가? 그것은 단적으로 말해 여성을 낮게 보는 남성우월주의에서 비롯되었다. '남자들이나 써야 할 안경을 감히 여자가 쓰다니' 하는 생각이 마음 깊은 곳에 자리 잡고 있는 것이다.

이런 현상은 안경이 대량 생산된 19세기에 형성되었으니, 안경이 비교적 싸고 흔해진 19세기 유럽에서는 안경 쓴 여자를 천박하게 보는 경향이 있었다. 남자들의 영역을 침범하는 다루기 힘든 불편한 상대라고 여긴 것이며, 시력이 나쁜 상태에서 이모저모 살피는 모습이 까다롭게 보여 싫어하게 된 것이다.

우리 역시 같은 전철을 밟았고, 지금껏 그런 생각에 지배되어 있다. 다만 시부모의 입장에서 안경 착용 여부를 따지는 것은 후세의 시력을 염려하기 때문이다.

남녀 이름이 쉽게 구별되는 까닭

박종성 · 서원용 · 박인수 · 권정락 · 김대석 · 유영훈 · 권순구…… 남자들의 이름이다.

이미애 · 박희숙 · 김예은 · 박진희 · 송혜교 · 강수연 · 김현정…… 여자들의 이름이다.

우리는 얼굴을 보지 않고 단지 이름을 통해 남녀 성별을 쉽게 짐작할 수 있다. 어떻게 그것이 가능할까?

이름의 역사를 살펴보면 그것이 곧 남성의 역사임을 알게 된다. 오죽하면 "역사는 남자들의 이야기이다. 히스토리(history)가 그것을 단적으로 보여준다"라는 우스개말까지 있을까. 사실 history는 '과거를 앎으로써 배우기'를 뜻하는 그리스어 histora에서 유래했지만, history = he's+story라고 유추하는 사람이 적지 않다. 그만큼 남성이 역사를 주도해 온 까닭이다.

인류는 선사시대를 거쳐 역사시대로 접어들면서 확실하게 남자가 주도권을 행사했다. 그것은 '힘이 곧 정의'였던 상황에서 자연스런 흐름이었다. 이와 아울러 남자들은 여자들에게 순종의 미덕을 끊임없이 강조했을 뿐만 아니라 아예 사회활동에 있어서 불편하게끔 개성있는 '이름'을 부여하지 않는 풍토를 조성했다.

다른 지역에 비해 비교적 우대받았던 로마시대의 귀족

여성들조차 단지 남자의 성에다 여성어미를 붙여 이름으로 대용하는데 만족해야 했다. 여자는 이름의 경우처럼 남자에게 종속된 존재로 통했던 것이다.

여성에게 순종을 강조하기는 동양도 마찬가지였다. 12세기 중국 철학가 주자(朱子)는 "무릇 여자는 순종으로써 정도(正道)를 삼으면 부족함이 없다. 오직 술과 음식을 여쭈어 받들면 부모에게 근심이 없어 좋으니라"하였으며, 우리나라에서도 이러한 남존여비 사상을 여과없이 받아들였다.

그런 까닭에 조신시대 풍속에 자녀를 낳으면 먼저 이름을 짓되, 여아일 경우 십중팔구 順(순할 순)자를 붙여 불렀다. 복종을 미덕으로 알라는 뜻에서였다. 현대라고 크게 다르지 않다. 1960년대를 전후해서 태어난 여아들의 이름은 끝에 숙(淑), 희(姬), 미(美), 애(愛) 등 정숙미와 아름다운 여성미를 강조하는 경향이 강했고, 약간의 차이가 있긴 하지만 요즘도 마찬가지다.

이에 비해 남자는 뜻이 좋거나 강한 느낌을 주는 이름을 주로 썼다. 흥미로운 것은 조선시대 때 임금을 모신 궁녀만은 예외적으로 일청(一淸)·경운(景雲)·소선(素仙) 등 멋들어진 이름을 가졌으며, 나중에 이러한 풍습이 민간에 퍼져 홍도(紅桃)·설중매(雪中梅)처럼 기생 이름에 쓰였다는 점이다. 권력형 여성에게 주어진 이러한 특혜 역시 남성 중심의 사회구조를 보여주는 것이다.

에리히 프롬이 말했듯이 '이름'은 '사람'에 다름 아니다. 이제 이름에서도 남녀 성차별을 몰아내야 하지 않을까 싶다.

남자들은 *왜* 정력제라면 사족을 못쓸까

최초로 정력제에 남다른 관심을 보인 사람은 권력가였다. 서민들은 한 명의 아내를 통해 모든 성욕을 해소했지만, 국왕이나 귀족은 아내는 물론 여러 명의 애첩에게도 힘을 쓰자니 자연 정력 증진에 눈을 돌리게 됐던 것이다.

그리하여 귀족들이 찾은 정력식품은 '물고기'였다. 수압을 견뎌내며 힘차게 헤엄치는 물고기에 필경 왕성한 에너지가 숨어있으리라 생각했던 것이다. 로마 황제들은 싱싱한 캐비아(철갑상어 알)를 구하기 위해 수만 통의 양동이를 동원해서 카스피해의 바닷물을 로마 안으로 끌어들였으며, 아즈텍 제국의 황제들은 자신의 성역 안으로 살아있는 생선을 조달하기 위해 왕궁에서 바다까지 달리는 릴레이 경주 팀을 만들었다.

중국인들이 상어지느러미를 먹은 것도 같은 이유에서였다. 그런데 왜 상어인가? 대부분의 물고기는 위·아래를 오르내리게 해주는 부레를 지니고 있으나 상어는 부레가 없다. 부레가 없는 상어는 계속 헤엄치지 않으면 가라앉기에, 꼬리의 힘으로 추진력을 발휘하며 여기저기를 돌아다닌다. 물 속에서 이동하려면 육지에서보다 더 많은 힘이 소요되므로 상어의 운동량은 상당하며 쉴 새 없이 먹어야 한다.

따라서 강력한 힘을 자랑하는 상어지느러미는 당연히

정력의 상징으로 부각되었다. 또한 상어는 잡기도 어렵고 꼬리지느러미의 양도 적기 때문에, 상어지느러미 요리는 정력 강화를 위한 중국인들의 고급요리가 되었다.

물고기 못지않게 주목받은 정력제가 또 있으니 바로 한약재이다. 식품 재료에 대한 연구가 많은 나라일수록 약재를 통해 정력 증진을 적극 꾀했다. 이때 약방의 '감초'가 일찍부터 여러 나라에서 정력제로 쓰였다는 점도 흥미로운 사실이다.

고대 이집트인들, 중국인들, 인도인들은 감초를 성애 자극과 정력 향상에 이용했다. 예컨대 고대 이집트인들은 감초를 원료로 '마이수스'라는 이름의 대중적인 자극성 음료를 만들었고, 투탄카멘 국왕은 감초 뿌리와 함께 매장되었다.

감초에 대한 효능은 현대 들어 확인됐으며, 1970년 독일에서 감초 소비량은 연인의 선물인 초콜릿을 추월했다. 하지만 감초를 지나치게 사용할 경우 혈압을 높이고 거꾸로 체내의 칼륨 수치에 영향을 줄 수 있으므로 주의해야 한다.

남자들은 왜 이렇게 정력제를 갈구하는가?

여러 이유가 있겠으나 무엇보다 '강한 남자 콤플렉스'를 꼽지 않을 수 없다. 다른 남자보다 강하게 보이고픈 심리가 정력제를 찾게 만드는 것이다. 여성의 성욕을 끌어내느라 최음제를 찾고, 자신의 정력을 강화시키기 위해 정력제를 구하는 남자들의 모습이 어딘지 안타깝다.

"여자의 화장에는 두 가지 뜻이 있다. 그것은 여성의 사회적 품위와 더불어 여자의 나르시시즘(자기도취)을 나타낸다."

프랑스의 철학가 S. 보부아르가 『제2의 성』에서 말했듯, 화장은 여성에게 있어 특별한 의미가 담긴 행동이다. 대부분의 여성은 어떤 모임의 성격 혹은 자기 기분에 따라서 화장의 농도를 다르게 하기 일쑤인데, 이는 화장으로 인한 분위기가 그만큼 강렬하게 나타남을 의미한다.

하지만 여성이 화장으로 자신의 심리상태를 드러내는 일은 20세기 이전에는 기생 등 일부 신분층에 국한되었다. 20세기 이후에야 일반여성들도 화장을 하기 시작했는데, 흥미롭게도 여성의 화장은 시대와 직업에 따라 다른 특징을 지녀왔다. 다시 말해 집에만 있던 여성들이 공장으로, 사무실로, 회의실로 자리를 옮겨감에 따라 그 역할에 맞는 얼굴을 위해 화장법을 달리했던 것이다.

여성이 조심스럽게 사회에 진출하던 20세기 초에는 순진한 10대 소녀형 화장법이 주류를 이뤘다. 남성으로부터 보호받아야할 것 같은 화장기없는 앳된 얼굴에 둥근 입술 등으로 부드러운 이미지를 부각시킨 여성스런 얼굴이 대부분이었으며, 이는 남성의 영역을 넘어서는 과정에서 나타난 조심스러운 처신술의 하나였다.

1920년대의 직장여성은 소녀티는 버렸지만 분을 곱게 바른 얼굴과 약해 보이는 가는 눈썹과 빨간 입술, 그리고 짙은 눈화장 등 '여성스러움'을 강조한 모습은 계속됐다. 그렇지만 높이 말아 올린 긴 머리 대신 손질하기 편리한 짧은 머리가 이때 나타남으로써 '활동'과 '헤어스타일'의 상관관계가 시작됐다.

제2차 세계대전 때 남성들이 전쟁터로 나감에 따라 여성들은 공장으로 진출했고, 이때 힘이 느껴지는 강한 화장이 비로소 첫선을 보였다. 여성들은 크게 그린 입술과 힘차게 그려진 두꺼운 눈썹으로 자신의 얼굴에 활기와 당당함을 나타냈던 것이다.

그러나 전쟁이 끝나고 여성들이 공장에서 나와 타이피스트·비서·교환수 등 이른바 '여성직업'에 종사하게 되면서 직장여성은 숙녀형으로 꾸며졌고, 여성들이 대학에 많이 진학하기 시작한 1960년대에는 큰 눈과 조그만 입의 여학생 스타일이 유행했다.

1970년대부터는 '직장의 꽃'을 거부하고 '당당한 직장여성'을 표방한 여성들이 한 가지 색만으로 통일한 모노톤 화장을 함으로써 얼굴에서 '여성'의 흔적을 감췄으며, 여성의 사회진출이 보편화된 1980년대에는 색조화장을 한 글래머형의 능력있는 직장여성이 등장했다.

그리고 1990년대 후반의 직장여성들은 당당한 '프로'의 모습과 함께 다소의 섹시함도 갖춘 스타일을 선보였다. 21세기의 화장은 어떠할지 지켜볼 일이다.

단군신화의 내용을 보면, 인간이 되기를 원하는 곰과 호랑이에게 환웅께서 쑥 한 줌과 마늘 스무 개를 주고 백일 동안 햇볕을 보지 말라고 당부한다. 곰은 환웅의 당부를 지켜 여자가 되었지만, 호랑이는 그것을 어겨 사람이 되지 못했다. 그 뒤 웅녀는 환웅과 결혼하여 단군을 낳는다.

이 신화에 근거하여 우리 민족은 웅녀(熊女)가 낳은 단군왕검의 자손으로 여겨지고 있는데, 곰과 호랑이의 실체가 무엇이냐에 대해서는 설이 분분하다. 일부 역사학자들은 샤머니즘을 믿었던 곰족과 호랑이족이 각기 환웅과 연합하기를 원하므로 환웅이 과제를 낸 결과 곰족이 합격하여 새 지도자인 단군의 세력을 확립한 것으로 해석한다.

그런데 여기서 주목할 내용은 '쑥'과 '마늘'이다. 왜 하필이면 쑥과 함께 마늘을 주었을까 하는 것이다. 이에 대해 유력한 설이 있으니 '피부색'을 시험했다는 해석이다. 동굴에서 백일을 생활할 경우 가장 크게 달라지는 것은 피부색이다. 햇볕을 쪼이지 않으니 피부가 하얗게 되는 것이다.

그런데다 쑥과 마늘은 미백효과가 뛰어난 미용 재료다. 쑥탕이나 마늘탕 목욕을 하면 살갗이 부드럽게 희어지고 건강해진다고 한다. 마늘을 짓찧어 풀에 혼합하여 두었다가 팩을 함으로써 흰 살색으로 가꾸는 미용법이 오랫동안 민간에서 행해졌고, 마늘을 물에 붓고 끓인 다음 꿀과 섞어 조금씩 계속 먹음으로써 얼굴에 잔주름을 막는 미용법이 궁중여인들 사이에 전해지기도 했다.

구한말의 민황후와 엄비도 세수할 때 마늘식초물을 애용했다고 한다. 이런 사실로 미루어 쑥과 마늘을 미백제로 사용했음이 분명하다.

그렇다면 왜 흰 피부색을 원했던 것일까? 그것은 고대의 사람들이 흰색 피부를 매력적으로 생각한 데, 이유가 있다. 예컨대 삼국시대 사람들은 용모가 아름다운 남자와 여자를 받들었는데 이때의 용모는 부드러운 살결과 흰 피부를 의미했다. 『삼국유사』에 따르면 박혁거세는 깨끗하고 희디흰 살결의 소유자였으며, 신라에서는 피부가 매력적인 여인이 화랑을 이끌었다고 전한다. 이런 풍속은 영혼과 육체가 일치한다는 생각에서 비롯됐고, 웅녀가 마늘을 먹은 이유도 여기에 있다.

최근에는 여러 대학의 식품영양학과 연구팀에서 마늘의 미용 효과를 과학적으로 증명하기도 했다. 연구팀은 김치에 들어있는 성분 중 어떤 것이 피부 보호 효과를 나타내는지 알아보기 위해 양념을 실험했는데, 특히 마늘이 세포 보호 효과가 높은 것으로 나타났다고 한다.

쉽게 말해 마늘을 많이 먹으면 피부가 좋아진다는 얘기다. 그리고 보면 우리 민족 여성들의 살결이 좋은 것은 마늘 테스트를 통과한 웅녀 덕분인지도 모른다.

서양인들은 한국인의 몸에서 마늘 냄새가 심하게 난다고 한다. 일제강점기 때 일본인들도 같은 이유로 한국인을 놀리기까지 했다. 그럼에도 불구하고 한국 남자들은 마늘을 끊임없이 먹어왔고 힘의 원천으로 삼았다. 마늘이 스태미너를 돕는 강력한 강정제임을 익히 알고 있었던 까닭이다. 한국 여성들이 미용품으로 마늘을 사랑했다면 한국 남성들은 정력제로 마늘을 애용한 것이다.

그렇지만 마늘은 냄새 때문에 먹기 곤란하다. 그럼에도 어찌하여 한국 남자들은 마늘을 즐겨 먹게 되었을까? 사실 마늘의 효능에 주목한 것은 우리만이 아니었다. 동서양을 막론하고 많은 문화권에서 일찍부터 마늘은 사악하고 흉한 악귀를 물리치는 상징적인 식물로 여겨져 왔다. 마늘의 독특하고 강한 향기와 함께 곰팡이·대장균 따위에 대한 강한 살균 능력이 악귀를 쫓는다고 믿었던 것이다.

종교적 차원에서 마늘의 상징은 남성 정력을 강화시키는 약리작용과 밀접한 관련이 있기도 하다. 불교에서는 마늘을 익혀먹으면 성욕이 발동하고, 날것으로 먹으면 마음속에 열기가 생긴다고 하여 비구(比丘)의 수도과정에서 터부시됐고, 도교에서도 마늘은 성욕을 강화시켜 수련을 방해한다고 일렀다. 당나라 시대의 한의사 손사막은 "마늘을 날로 먹으면 성욕이 왕성해진다"고 했다.

　그런가하면 유대인의 『탈무드』에 마늘은 천국에서 재배되던 것이 타락한 천사가 지상에 추방될 때 가져옴으로써 지상에 퍼졌다고 했고, 팔레스티나의 전설에서는 마늘을 에덴동산 속의 생명나무와 연결하고 있다. '성욕=생명력'으로 해석한 것이다. 또한 흥미롭게도 핀란드에는 곰과 관련된 설화가 많으며 핀란드인은 마늘을 즐겨 먹는다.

　이렇듯 많은 나라에서 마늘의 뛰어난 약리작용을 알고 있었지만, 대부분의 문화권에서는 독특한 냄새 때문에 마늘 먹기를 포기했고, 중국인과 한국인은 나름대로의 식용법을 찾아냈다.

　특히 한국인은 거의 모든 반찬에 마늘을 양념으로 사용함으로써 마늘을 상식하는 지혜를 발휘했으며, 술에 담가먹거나 장아찌로 먹기도 했다. 꿀과 섞어 먹으면 그 효과가 한층 높아지므로 마늘을 꿀에 절여먹기도 했다. 여기에는 한국 여성들의 공로가 크다. 누가 시킨 것도 아닌데 남편의 정력과 자신의 미용을 위해 마늘을 양념으로 적극 사용했기 때문이다.

　한편, 우리 고유 마늘은 쪽이 6~8개인 한지형 육쪽 마늘인데, 학자들은 마늘의 여섯 쪽이 천지 여섯 방향(상하동서남북)을 의미하고, 세계를 향한 홍익인간(弘益人間) 이념의 상징물인 것으로 해석하고 있다. 이래저래 마늘은 한국 남녀의 건강과 미용, 그리고 정신을 책임지는 식품인 셈이다.

중국 남자들은 왜 전족 여성을 좋아할까

전족(纏足)은 환관(宦官)·과거(科擧)와 더불어 중국 사회가 낳은 삼대 문화유산의 하나이며, 몸뚱이는 어른이면서 갓난아이처럼 작게 만든 기형 발을 뜻한다. 3세 무렵 엄지발가락을 제외한 나머지 네 발가락을 발바닥 쪽으로 구부려서 2미터 가량의 천으로 친친 감아 발육을 억제하는 것이니 실로 여성학대의 표본이라 할 수 있다. 사실 전족을 풀어서 그 꼴을 보면 매우 흉하다. 그럼에도 중국 남성들은 오히려 그것을 아름다움으로 보았으니 알고도 모를 일이다.

전족은 남당(南唐, 937~75)의 마지막 통치자이자 시인으로 유명한 이욱(李煜)이 궁녀 예랑의 발을 비단으로 감싸고 황금 연대(蓮臺) 위에서 춤추게 한 것이 그 시초라고 전해진다. 전족이 금련(金蓮) 또는 서련(瑞蓮) 등으로 불리는 것도 연대 위에서 춤춘 것과 관련이 있다.

당나라 현종의 사랑을 독차지했던 양귀비는 물론 청나라 말기 중국을 호령했던 서태후도 전족 미인이었다. 뿐만 아니라 『금병매』에 나오는 반금련이나 『홍루몽』의 대옥같은 가공 인물도 전족 미인으로 묘사돼 있다. 심지어 당나라에는 탄혜(吞鞋)라는 기습이 유행했는데, 기생의 전족 신발에 술을 따라 권하는 풍습이었다.

중국 사람들은 어찌하여 그토록 전족을 좋아했을까?

중국에서 전족은 '왜소미'와 더불어 남성의 독점적 소유욕에 기인하여 널리 확산되었다. 매력적인 여성을 방에 가두고 바깥에 내보내지 않음으로써 여성의 바람기를 사전 봉쇄하려는 질투심에 바탕을 둔 억압이었다. 전족은 남자의 시기심이 탄생시킨 자물쇠 달린 신발에 다름 아니었던 것이다.

그러나 더 큰 이유는 '여성'을 인공적으로 다듬어 침실에서 쾌락을 한층 향유하려는데 있었다. 다시 말해 가늘고 작은 발은 처녀의 상징이었으며, 나아가 성기 크기와 괄약근 발달을 암시했던 까닭이다. '괄약근'은 (항문·방광 따위) 내용물 배출을 조절하는 근육을 일컫는다. 실제로 전족을 가진 여성은 보행에 상당한 노력을 기울여야 하기 때문에 허리가 단련되고 질(膣)근육이 발달했다고 하며, 전족녀와 살던 남성은 보통 평족의 여성과는 재미없어 살지 못했다고 한다.

절세미녀 조비연과 양귀비는 그 신발이 10㎝도 되지 않는 전족이었다고 하니 한나라 성제와 당나라 현종이 그들에게 빠진 것은 모두 이유가 있었던 셈이다. 또한 옛날 중국에서 '감족'이라 하여 발의 자태로 관능미를 가늠한 뒤 기생을 선택했던 것도 같은 맥락의 일이다. 남성 중심의 성욕이 전족을 낳고, 전족이 비뚤어진 성문화를 낳은 것이다.

한편, 오늘날에는 하이힐이 (기능적으로 약하긴 하지만 사실상) 전족의 역할을 대신하고 있으니, 여성의 처지를 어떻게 해석해야 할까.

인류에게 '피임'은 전혀 새로운 것이 아니다. 교미기에만 발정하는 다른 동물들과 달리, 인간의 섹스는 시도때도 없이 가능하다는 특징이 있다. 기원전 3천년 경 고대 바빌로니아인들은 "애를 배는 것은 즐겁지만, 배가 불룩해지는 것은 따분하다"는 속담을 중얼거리곤 하였다. 때문에 인류는 임신으로 섹스를 방해받지 않기 위해 부단히 피임 방법을 연구했다.

그리스 여성들은 후추가루를 좌약으로 사용하였고, 대장간의 냉각용 물통에서 떠온 물을 월경이 끝날 때마다 계속 마셨다. 로마여성은 성교 뒤 곧바로 일어나서 무릎을 굽히고 주저앉은 자세로 재채기를 하였다. 이집트 여성들은 악어 똥을 먹거나 솥 위에 걸터앉아 약초 연기를 쏘였다. 중국여성들은 어린아이의 오줌을 마셨으며 수은과 부추즙을 먹었다. 일본 여성들은 배꼽 아래에 약쑥 뜸질을 했다. 10세기경 이슬람 여성들은 재채기를 여러 번 하고 코방귀를 뀌면서 큰소리로 고함을 쳤다. 중세유럽의 여성들은 고양이 발톱 가루와 박하탕을 먹었다. 독일 여성들은 버드나무 잎을 달이는 주전자를 쉴 새없이 불에 얹었다 내렸다 했으며, 모로코 여자들은 꿀벌 시체가 들어있는 벌집 토막이 섞인 빵을 먹었다. 말레이시아 여성들은 잘 익은 파인애플을 이

스트로 발효시켜 먹었고, 20세기 초까지도 영국 여성들은 구리동전을 삶아 낸 탕을 마셨다.

피임을 위한 여성들의 희생은 이토록 눈물겨웠지만 남성의 노력은 그리 많지 않았다. 인도인과 중국인의 피임법은 아주 단순했다. 그들은 성교를 하되 사정하지 않으려고 노력했다. 피임 목적뿐만이 아니라 정액이 뇌로 들어가 기(氣)로 변한다고 믿었던 까닭이었다. 그래서 성교를 하면서도 못생긴 여자를 떠올리며 흥분을 억제하였다.

그러나 이와 같은 성애지침서는 당시 상류계급 사람들에게만 읽히고 있었으며, 일반 대중은 자유롭게 사정하였다. 오늘날 인도와 중국의 인구문제는 거기에서 비롯되었다.

남자들이 여성에 비해 피임에 관심을 두지 않은 이유는 간단했다. 여성이 임신을 하면 다른 여성을 찾으면 되는 까닭에 구태여 노력을 기울이지 않았던 것이다. 더군다나 피임을 죄악시했던 대부분의 종교들도 은연중 남성우월적이었던 바, 남성들은 합법적(?)으로 피임하지 않아도 됐다.

그러다 16세기에 들어와서 피임에 대한 인식이 조금씩 변하기 시작했다. 프랑스 사람은 교회 규정을 거역하고 섹스의 목적이 생식뿐만 아니라 쾌락에도 있음을 최초로 주장했다.

하지만 피임에 대한 인식은 매우 늦게 퍼졌으니 미국의 코네티컷 주에서는 1965년이 되어서야 체포될 걱정없이 피임을 할 수 있게 되었다. 따지고 보면 피임의 역사는 곧 여성 인권사인 셈이다.

왜 우리나라 전통미인상은 둥근 얼굴일까

예전에 여성들만 일하는 어느 섬유회사 공장에서 조금 색다른 실험을 했다. 전체 여직원을 두 그룹으로 나누어 제1그룹에는 전혀 화장을 못하게 하고, 제2그룹에는 마음대로 화장을 하게 한 것이다. 그 결과 제1그룹의 여성들이 쉽게 피로를 느끼고 사소한 일에도 짜증내는 현상이 일어났다. 이는 화장을 못하는데 따른 스트레스가 낳은 부작용이 분명했다. 여성은 예쁘게 보이려는 기본적인 욕망이 있는데, 그 욕망을 억누르니 점차 신경질이 늘어난 것이다.

화장은 여성의 본능이다! 그런데 왜 여성은 그토록 화장에 매달릴까? 그에 대해 독일 철학가 니체는 이렇게 말했다. "모든 미는 생식을 자극한다. 가장 관능적인 것으로부터 가장 정신적인 것에 이르기까지 이것이 미적 작용의 고유성이다." 진화론자 찰스 다윈의 '자웅도태' 법칙을 빌려 이성을 유혹하고자 경쟁력 강화 차원에서 아름다움을 추구한다는 해석도 있다.

문제는 여성의 화장이 단순히 남성에 대한 유혹만이 아니라는 점이다. 여성은 우울한 날 화장을 통해 기분전환을 하기도 하고, 남자를 멀리 하는 수녀들도 아름다움에 관심이 많다. 그러므로 여성의 화장이 남성을 위한 행위라는 생각은 남자의 착각이다.

여성이 화장을 하는 것은 여러 사람 앞에 나설 때 당당하기 위해서다. 물론 대개의 경우는 남성 때문이지만 근본적으로는 불특정 다수를 의식하는 까닭에 화장을 한다. 그러하기에 어쩌다 외출이라도 할라치면 아무리 남편이 시간을 재촉해도 자기만의 화장을 완성해야 방문을 나서는 것이다.

또 하나 빼놓을 수 없는 여성 화장의 특징은 인권과 맞물려 있다는 점이다. 우리나라 전통 미인상을 보자. 오밀조밀한 눈·코·입에 둥근 얼굴을 '복스럽게 생겼다'고 여겼으며, 화장 역시 엷은 색조로 화색을 돋우는 정도였다.

왜 그랬을까? 그 이유는 원(圓)이 원만한 이미지를 주는 바 남성에게 순종하고 남편과 마찰을 일으키지 않으리라 여겨 둥근 얼굴을 선호한 데 있다. 날카로운 느낌을 주는 세모진 얼굴의 이미지와 비교해 생각하면 쉽게 이해될 것이다.

이에 비해 여성 인권이 강했던 고대 이집트에서는 선명한 색조와 선(線)을 강조한 화장이 크게 유행했다. 예컨대 공작석의 녹색 분말로 눈두덩을 녹색으로 칠하고 눈썹은 먹으로 검게 칠했으며, 눈을 크게 보이고자 아이라인을 그렸다. 이처럼 선을 중요시하는 화장은 개성을 중요시하는 사회에서 나타나는 현상으로 현대 여성의 주요한 화장법이기도 하다.

그런 점에서 오늘날의 여성들은 다양하고 화려한 색조와 우아함을 상징하는 곡선을 화장의 근간으로 삼고 있으니, 여권이 크게 신장됐음을 알 수 있다.

여자가 담배 피우는 것을 터부시하는 까닭

'이것'은 무엇일까? 사우디아라비아에서는 결혼식 피로연에서 신부측이 한 개비씩 온갖 정성으로 포장된 이것을 손님들에게 선물하는 풍속이 있다. 태국에서는 결혼식이 끝난 뒤 신랑신부가 주례를 본 승려에게 차·국수·꽃과 더불어 이것을 선물한다. 아메리카 인디언들은 연기를 피워 하늘에 이르게 하면 신(神)으로부터 은총을 받을 수 있다고 믿었기에 이것을 피웠다. 우리나라에서는 젊은 사람이 나이든 사람 앞에서, 혹은 여성이 공개적인 장소에서 이것 피우는 것을 좋게 여기지 않는 경향이 있다.

이미 짐작했겠지만 '이것'은 담배다. 아메리카대륙에서 시작된 담배가 유럽인을 통해 세계로 급속히 전파된 것은 잘 알려진 사실이다. 담배라는 우리말 역시 포르투갈어 다바코(tabaco)에 어원을 두고 있다.

지금은 세계 많은 나라에서 남녀 불문하고 담배를 즐긴다. 서양의 경우 부자지간에 맞담배를 피우기 일쑤이고, 여성이라고 특별히 묘한 눈길을 받지도 않는다. 그런데 유독 우리나라에서는 부자지간에 맞담배는 버릇없는 일이고, 처음 만난 남자들 사이에서도 연장자가 먼저 담배를 피는 것이 예절로 통한다.

뿐인가. 옛날보다는 덜 하지만 여성들은 공개적인 장

소에서 자유스럽게 담배 피우기 힘들다. 얼마 전 한 여성단체가 여성의 자유흡
연권을 내세우며 이색행사를 벌였을 때도 보수적인 중·장년층으로부터 따가
운 눈총을 받았었다. 왜 나이 어린 사람과 여성은 담배에 있어서 약자가 됐을
까?

　광해군 때의 일이다. 어느 날 궁중에 숙직하는 대신들이 서로 모여 흡연
하였는데, 광해군이 우연히 이들을 발견하고는 "입 냄새가 좋지 않다"고 한 마
디 하였다. 이후부터 비천한 자는 존귀한 사람 앞에서, 젊은이는 어른 앞에서
담배를 피우지 않는 풍습이 생겼다고 한다. 신분차별이 사라진 오늘날에도 담
배 피울 때 계급과 나이를 의식하는 근원이 여기에 있는 것이다.

　여성이 남성보다 자유롭게 담배 피우지 못한 이유도 마찬가지다. 조선시
대 유교사회에서 여성은 남성보다 훨씬 열악한 대우를 받았고, 그에 따라 담배
를 피는 것은 상상할 수 없는 일이었다.

　양반과 어울린 기생들이 담배를 피기는 했지만 그것은 어디까지나 화류
계의 풍속일 뿐 일반적인 이야기는 아니었다. 쉽게 말해 '여자는 비천한 존재
이므로 우월한 남자 앞에서 담배 피우는 것은 말도 안된다'는 인식이 여성의
흡연을 제한하게 만든 것이다. 그리고 그런 인식이 근대에도 그대로 이어졌다.

　담배는 기호식품임이 분명하다. 그러므로 담배 피우는 여성을 탓할 수는
없다. 다만 남성에 대한 반발로 인해 흡연하는 여성만은 없었으면 좋겠다.

귀고리는 왜 주로 여자들이 할까

청동기시대에 들어섰을 때 인류는 인체에 중요한 변화를 꾀했으니 바로 귀고리였다. 반지나 목걸이는 인체에 어떤 상처도 입히지 않고 장식을 꾀할 수 있었으나, 귀고리는 부득이 귓불에 상처를 내야만 했다. 그런 아픔에도 인류가 귀고리를 한 이유는 무엇일까?

원시시대의 귀고리는 주술적인 목적이나 권위를 과시하기 위해 행해졌고 남녀 구분없이 상류층 사람들만 할 수 있었다. 그러나 귀고리는 본격적 문명사회의 개막과 더불어 장식도구로서 의미가 변질됐으며 널리 대중화되었다.

또한 시대와 문화권에 따라 그 의미도 다양해졌다. 고대 그리스에서는 귀부인들이 사치의 상징으로 보석 귀고리를 했으며, 자유와 낭만을 구가했던 르네상스와 바로크 시대 유럽인들은 연인과의 재결합을 생각하며 한쪽 귀에만 귀고리를 했다. 셰익스피어도 귀고리를 했는데, 당시에는 남자가 아무리 먼길을 떠나도 남녀가 귀고리를 하나씩 하고 있으면 반드시 돌아와 만날 수 있다고 믿었다.

하지만 대부분의 문화권에서 귀고리는 사실상 여성의 전유물이었다. 예컨대 1492년 12월 하이티섬에 상륙한 콜럼버스는 그 바닷가를 '귀고리 해안'이라 이름지었는데, 이는 원주민 여자들이 모두 귓불을 뚫어 커다란 황금귀고리를 달고 다니는 것을 보았기 때문이었다. 유럽에서도 종교의 영향력이 강했던 시기에는 남성의 귀고리는 상상할 수 없는 일이었고, 청교도에서는 귀고리를 매단 남자를 동성애자에서 여성 역할을 하는 변태라고 단정하기까지 했다.

우리나라의 경우도 마찬가지여서 비교적 남녀가 평등했던 신라시대에는 지배자의 상징으로 남녀 구별없이 귀족계급에서 귀고리가 성행했지만, 남녀 차별이 심했던 조선시대 이후에는 오랑캐 풍습이라 하여 남자의 귀고리가 금지되었다.

왜 이렇게 남자의 귀고리를 금기시했을까? 귀는 인체에서 단순히 듣는 기능만 하지 않는데, 그 색다른 역할이 귀고리 풍속과 밀접한 관련이 있다. 여러 성(性)행태 연구에 따르면 성적으로 몹시 흥분했을 때 귓불이 피로 가득 차 팽창하며 이로 말미암아 촉감에 지극히 민감해진다고 한다.

섹스 중에 귓불을 자극하면 더 흥분하는 것도 그 때문이고, 우리 조상들도 그런 사실을 이미 알고 있었다. "종년 귀 붉어지면 사랑(舍廊)에 보내지 못한다"라는 옛 속담은 성적 성숙에 가장 예민한 부위가 귀라는 것을 선조들이 알고 있었음을 증명한다.

요컨대 귀고리는 귓구멍의 수호신임과 동시에 사랑을 부르고 사랑을 지켜주는 부적과 같은 존재였다. 하기에 남성우월적 보수사회에서는 귀고리를 섹스 어필의 상징으로 보았으며, 그에 따라 금욕정신을 중요하게 생각하는 근엄한 남자는 귀고리를 당연히 터부시한 것이다.

남장여자와 여장남자

1830년 파리 사교계에 혜성같이 등장한 쇼팽은 감미로운 피아노 솜씨로 주목을 받았다. 그런데 그를 쳐다보는 여인들 중에는 묘한 이가 있었으니 조르쥬 상드라는 필명을 사용하는 루실이었다. 상드는 당시 바지를 입고 남장(男裝)을 하는가 하면 자신에 관한 형용사는 모두 남성형으로 하여 화제를 낳은 여걸이었다. 상드는 노골적으로 구애하여 쇼팽과의 연애에 돌입했는데, 둘의 관계가 기묘하게 보였던지 그들을 가리켜 '쇼팽양(孃)과 상드군(君)'이라고도 말했다.

그로부터 130여 년이 흐른 1968년 6월 8일, 대한민국 국회에 등단한 한 의원이 색다른 풍경을 자아내어 눈길을 끌었다. 김옥선 의원이 여자이면서도 양복에 넥타이를 단정히 맨 모습으로 묘한 충격을 준 것이었다.

김옥선은 대학시절부터 억센 투지와 신뢰를 주기 위해서 남장을 하기 시작했으며, 이후 평상시나 선거 때나 남장을 하여 유명했지만, 보수적인 분위기의 국회인지라 동료의원들로부터 복장문제를 지적받았다. 그러자 그는 "유권자들이 남장의 김옥선을 충분히 고려해서 국회로 보내준 것"이라고 맞받아쳤다고 한다.

그런가하면 널리 알려진 영국의 록 뮤지션 데이빗 보위는 1970년대 초 드레스를 입어 충격을 주었는데, 당시 기자들이 그 이유를 묻자 "여자 드레스가 아니라 남자 드레스"라고 둘러댔다.

남장여자와 여장남자 — 무슨 차이가 있기에 항상 화제가 될까?

문화사적으로 볼 때 남자가 여장을 하는 것은 악귀의 질투를 예방하는데 있었고 그 대상은 남자 아이에 국한되었다. 아들을 선호했던 왕조시대에 남자 아이를 여자아이처럼 보이게끔 옷을 입혀 악귀의 해꾸지를 피하고자 했던 것이다.

그러나 성인일 경우에는 문화가 아니라 개인적 기질에 따라 남장 혹은 여장을 하여왔다. 문제는 그 목적이 남녀간에 확연히 다르다는 점이다. 여성의 경우 상드나 김옥선의 일화에서 알 수 있듯 남녀 차별을 벗어나기 위한 사회성을 바탕으로 하고 있으나, 남성의 경우에는 특이한 것이나 재미난 것을 좇는 변태적 욕망과 밀접한 관련이 있다.

남창(男娼)이 성행했던 고대 그리스에서 남장 소녀가 성적 파트너로 인기를 끈 것도, 많은 심리학자들이 트랜스베스티즘(transvestism, 의상도착증)을 이성의 옷이나 소지품 등에 지나치게 집착하는 페티시즘(fetisism)의 일종으로 보는 이유도 거기에 있다.

하지만 공통점도 있으니 일상에서의 탈출이다. 남장여자든 여장남자든 간에 현실에 만족하지 못해 크로스드레싱(cross-dressing, 옷 바꿔 입기)으로 욕망을 해소하는 것이다. 그러므로 크로스드레서는 이중적 자아실현자라 할 수 있다. 일반인의 입장에서는 변태이고…….

"남자는 의지, 여자는 정서"

제 8 장

관습

남녀의 용변 보는 자세와 화장실 낙서

"이 나라의 여자는 시장에 나가 장사를 하는 데 반해 남자는 집에서 옷감을 짠다. 또한 짐을 운반할 때도 남자는 머리에 이고 여자는 어깨에 진다. 소변을 볼 때도 여자는 서서 보고 남자는 쭈그리고 앉아서 본다. 대변을 볼 경우에는 실내로 들어간다. 식사는 옥외의 노상에서 한다. 어쩔 수 없이 해야 하는 일이라도 보기 흉한 것은 비밀리에 할 필요가 있지만, 그렇지 않은 것은 공개적으로 해야 한다는 것이 그들의 주장이다."

고대 그리스 역사가 헤로도토스가 그의 저서 『역사』에 기록한 이집트 풍속에 관한 내용인데, 지금과 비교하면 뒤바뀐 남녀의 용변 보는 자세가 흥미롭다. 여권(女權)이 강했던 사회이기에 여자는 당당히 서서 소변을 보고 남자는 그렇지 못했다는 짐작이 간다. 그러나 유럽에서는 남권(男權)이 강했기에 지금처럼 남자는 서서 여자는 앉아서 오줌을 누었다.

예나 지금이나 용변 보는 모습을 남에게 보이길 싫어하기는 마찬가지였다. 그리스시대만 하더라도 '배설'은 곧 수치로 통했다. 그러나 고대 로마시대에 이르러 남성들의 노상방뇨가 시작되었고, 자랑으로까지 여겨지기도 했다. 그 이유는 로마인의 목욕 습관에 있었다. 목욕탕 관리업자들은 소변을 다른 원료와 함께 비누 제조에 이용했기 때문에 공공연히 소변을 경쟁적으로 모았던 것이다. 오늘날 제약회사에서 약품을 만들기 위해 소변을 받는 것과 같은 이치였다.

화장실은 남녀간 심리 차이를 드러내는 장소이기도 했다. 여성들은 그렇지 않은 데 비해 로마 남성들은 화장실에 음란한 낙서를 서슴없이 했으며, 이런 정서는 교황의 궁전에 이어지기도 했다. 16세기 중엽 교황 피우스 5세가 사용한 화장실 안에도 성과 관련된 낙서가 쓰여졌다.

여러 조사에 따르면, 현재에도 공중화장실의 낙서는 여성보다도 남성용 화장실 쪽에 많다. 여성쪽의 경우 외설스러운 정도도 한결 덜하며 오히려 사랑의 고백처럼 부드럽고 로맨틱한 내용이 훨씬 많지만, 남성쪽은 성애에 대한 음란낙서나 동성애 파트너를 구하는 광고가 대부분이라고 한다.

낙서하는 남성의 심리에 대해 「킨제이 보고서」의 저자 킨제이는 이렇게 분석했다. "낙서를 하는 사람들은 후에 다른 남성이 그것을 보리라 상상하고 흥분된 마음으로 쓴다." 여성을 흥분시키려고 하는 것이라면 남성화장실에 쓸리가 없으니, 결국 음란한 낙서를 하는 사람들은 호모이거나 호모 기질이 있는 사람들이라는 얘기인 것이다.

여자가 배를 타는 것에 대한 금기

가수 심수봉이 "남자는 배, 여자는 항구"라고 했지만 대부분의 문화권에서 배는 남성이 아니라 여성으로 다뤄지고 있다. 프랑스어 bateau(바또)나 독일어 schiff(쉬프) 등 일반명사에 성(性)을 붙이는 언어에서는 예외 없이 배를 여성 명사로 부른다.

험한 파도를 헤치고 나가는 패기만만한 배가 여성에 비유되는 까닭은 무엇일까?

그 첫 번째 이유는 배의 선이 여성 특유의 곡선미를 연상시키는데 있다. 배의 앞부분은 파도와 직접 부딪치는 곳이어서 저항을 줄이기 위한 특수한 곡선 설계를 한다. 배의 몸체도 앞에서 뒤까지 유연한 곡선을 이뤄야 한다. 두 번째 이유는 도장(塗裝) 작업에 있다. 도장은 쇠로 만든 배에 페인트를 칠하는 작업으로 녹 방지와 저항을 줄이는 기능을 한다. 이는 여성들이 외출하기 전에 얼굴에 화장을 하는 것과 같은 이치다. 세 번째 이유는 배는 조종되어야 움직이는 물건이라는 점이다. "남자는 의지고, 여자는 정서다. 인생을 배라고 생각하면 의지는 키, 정서는 돛"이라고 에머슨이 말했듯 조종, 즉 의지는 남성의 전유물로 여겨진 관념을 바탕으로 하고 있다.

그러나 가장 큰 이유는 배에 남성만이 탄다는 점에 있

다. 뱃일이 워낙 고된 일이라서 체력이 강한 남성만 탄 것이 실제적 사유지만, 어찌된 일인지 동서양을 막론하고 옛날부터 여자를 배에 태우면 탈이 생긴다는 속설이 있었다. 그 때문에 얼마 전까지만 해도 여성이 배에 타는 일은 철저히 금지되었다. 그것은 또 왜?

여성을 배에 태우지 않은 배경에는 미신이 있었다. 바다에서 사고가 나면 육지에서보다 대처하기 어렵고 생존하기도 힘든 까닭에 뱃사람들은 여러 금기와 터부를 지녔다. 휘파람을 불면 태풍이 오고, 피를 보면 불길한 일이 생긴다고 믿었다.

그런데 여성은 남성과 달리 주기적으로 달거리를 치른다. 여성을 부정한 존재라 하여 배에 태우지 않은 속사정은 바로 거기에 있었다. 혹시라도 배에 탄 여성이 월경을 하게 되면 바다의 신은 피비린내를 싫어하는 바 화를 낼 것이라 우려했던 것이다.

하지만 요즘에는 여성 선원을 고용하는 선박회사가 늘고 있다. 여성을 태웠어도 사고가 일어나지 않았다는 점이 새삼스레 확인되면서 금녀의 벽이 무너져가고 있는 것이다.

한편, 배가 여성으로 인식되다보니 배를 만드는 조선소 사람들과 선원들은 딸을 많이 낳는다는 속설도 생겼다. 하루종일 혹은 몇 달 동안 배 위에서 생활을 하니 기를 너무 쏟은 나머지 양기가 약해져 딸 낳을 확률이 높으리라는 미신인 것이다.

남자는 상투 틀고, 여자는 쪽찐 연유

현대인들의 머리 유형을 보면 남녀의 차별성이 강하게 나타남을 쉽게 알 수 있다. 남성은 짧게 깎은 머리를 하는 반면 여성은 길게 늘어뜨린 머리를 하는 것이다. 물론 머리를 길게 기르는 남성도 있지만 대체로 남성은 짧게 여성은 길게 머리 모양을 한다. 왜 그럴까?

그 이유는 삶의 방식에 있다. 오랜 옛날부터 남성은 사냥과 전투를 하면서 거추장스러움을 덜기 위해 머리털을 짧게 잘랐으나, 여성은 미용의 한 방법으로 머리털을 기르고 가꾸었다. 머리털은 장식하기에 따라 상당한 멋을 드러내므로 아름다움을 중시하는 사람들에게 더없이 효과적인 장신구로 여겨졌으며, 실용성과 탐미성이 남녀의 머리 모양을 가른 것이다.

하지만 문화권에 따라 남녀 불문하고 머리를 기르는 데가 있었으니 바로 유교문화권이다. 신체를 온전히 보존해야한다는 정서가 머리털 깎기를 금기로 만들었던 것이다. 흥미로운 사실은 이 경우에도 성차별이 반영됐다는 점이다. 그 차이는 무엇일까?

일반적으로 머리털이 길어졌을 경우 그것을 묶는 방법에는 크게 두 가지가 있다. 머리털을 틀어서 머리 위에 얹는 것과 머리를 땋아서 머리 뒤에 묶어놓는 방법이 그것이다.

조선시대의 상투머리가 전자라면, 쪽찐 머리는 후자에 해당된다. '상투'는 성인남자의 머리털을 끌어올려 정수리 위에 틀어 감아 맨 것을 가리키며, '쪽'은 시집간 여자가 뒤통수에 땋아 틀어 비녀를 꽂은 머리를 일컫는다.

머리 위와 머리 뒤, 그 각기 다른 위치는 바로 남녀의 신분을 상징적으로 드러낸 것이며, 남성의 우월성을 강조한 것이다. 이는 또 왜 그런가?

예부터 머리 위에 머리털 얹는 것은 문화권을 막론하고 고귀한 신분의 상징이었다. 고위직 신분을 지닌 사람들은 머리털에 깃털을 꽂거나 모자를 써서 한껏 위세를 과시한데 비해, 막일을 하는 사람들은 머리 위에다 짐을 얹거나 등 뒤에 있는 짐을 받치기 위해 머리에 끈을 묶기 일쑤였다. '일을 하지 않는다'는 상징성이 머리 위를 특별한 남성에게만 장식하도록 허용한 것이다.

한편, 그런 점에서 댕기머리는 그보다 한 수 낮은 머리털 장식이라 볼 수 있다. '댕기'란 길게 땋은 머리끝에 드리는 장식용 끈을 말하며, 흔히 총각이나 처녀가 땋은 머리를 마무리하기 위해 묶는데 쓰인다.

이때의 댕기머리는 가장 낮은 단계의 장식으로서 결혼하지 않은 사람을 어리게 생각한 정서를 담고 있다. 머리털을 꾸미면 그만큼 머리 모양이 흐트러질까봐 신경을 쓰게 되는데, 그런 염려를 사전에 차단하고 공부나 일에 매달리도록 한 것이다.

여자는 왜 제사에 참여 못할까

명절이 되면 여자들은 바쁘다. 음식 만들랴, 설거지하랴, 손님 뒤치닥거리하랴 정신없이 시간을 보낸다. 이에 비해 남자들은 그야말로 천국의 시간을 누린다. 맛있는 음식을 먹거나 고스톱을 치면서 말이다. 그런 점에서 명절은 남녀간 불평등한 삶을 확연히 보여주는 날이라 할 수 있다. 여자들의 원성이 높을만 하다. 하지만 그보다 더한 문화적 남녀 차별이 있으니, 바로 제사 때의 '절'이다.

설날이나 추석같은 명절은 물론 부모의 기일(忌日)을 맞이하여 제사를 지낼 때 대부분의 여자들은 절을 하지 않는다. 부엌에서 일만 할뿐 조상에 대해 예의를 표할 기회를 가지지 못하는 것이다. 여자들은 왜 제사 때 절을 하지 못하며, 언제부터 그리 됐을까?

제사는 신령 또는 죽은 사람의 넋에게 음식을 바쳐 정성을 나타내는 예절을 가리키는 말이다. 사람이 죽어도 혼백은 남아 있으므로 살아있을 때처럼 조상을 모셔야 한다는 조상숭배사상의 유교적 가치관에서 발전해 왔고, 중국과 우리나라에서 보편화되어 있다.

그런데 초기의 제사 예절에는 남녀 차별이 없었다. 유교(儒敎)의 경전인 『예기(禮記)』에는 부부공제(夫婦共祭, 부부가 함께 제사를 지냄)라 적혀 있으며, 특히 주부는 남편의 뒤를 이어 두 번째 잔을 올리는 아헌(亞獻)을 담당하도록 돼있다. 『예기』는 공자가 편찬했다고 전해지는 『예경』을 기원전 2세기 경 다듬은 책인 바, 유교의 창시자인 공자는 제사에 남녀 차별을 두지 않았음을 알 수 있다.

하지만 이처럼 부부가 함께 제사를 올리도록 돼 있는 본래의 유교 철학과 달리, 여자의 제사 참여를 불허한 것은 조선시대부터의 일이며, 엄격한 내외법에 영향을 받았다. 잘 알려졌다시피 남녀 차별의식이 유달리 강조된 것은 조선시대에 들어서인데, 그것은 유교의 엄격한 예절의식을 마음 깊숙이 받아들여 충성심과 경건함을 강조하고자 한 의도에서였다.

조선은 고려를 뒤엎고 세운 정권이므로 하극상을 항시 경계했던 바, 그것을 원천적으로 봉쇄하기 위해 서열의식을 유난히 강조하는 유교를 적극 장려했던 것이고, 그 과정에서 남녀간에도 차별의식을 조장했던 것이다.

그런 풍속이 일제강점기를 거쳐 현대로 오는 동안 당연시되었고, 그에 따라 흔히 여자들은 제사에 참여하지 못해왔던 것이다.

그러나 시대가 변하면 예절도 바뀌는 법, 일부 가정의 일이긴 하지만 이제 여자들도 제사 때 절을 한다. 어찌 생각하면 핵가족화가 가져온 생각지 않은 변화일 수도 있겠지만 당연한 일이므로 그리 이상하지 않다. 조상을 기리는데 어디 남녀 차별이 있을 수 있으랴.

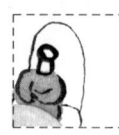

남자 왼쪽, 여자 오른쪽의 유래

결혼식장에서 간혹 남자와 여자가 자리를 잘못 잡아서 주례가 이를 시정하는 바람에 하객들이 웃음을 터뜨리는 경우가 있다. 신랑이 왼쪽, 신부가 오른쪽에 자리해야 하는데 반대로 위치하는 경우가 그렇다. 그런가하면 문상을 간 부부가 절할 때 자리를 바꿔 섰다가 당황해하는 경우도 드물지 않다. 이 모두가 남좌여우(男左女右) 습속을 제대로 모르는데서 비롯된 일이다.

'남좌여우'란 '남자는 왼쪽, 여자는 오른쪽에 위치해야한다'는 동양의 독특한 습속을 가리키는 말이다. 이를테면 부부가 함께 절을 할 때나 결혼식에서 혹은 환갑식장에서 자리를 잡을 때 남자는 왼쪽, 여자는 오른쪽에 자리 잡는 것을 말한다. 남좌여우 관념은 생각보다 깊숙이 관념 속에 자리 잡고 있다.

예컨대 살아계신 분에게 절할 때 남자는 왼손을 위로, 여자는 오른손을 위로 하여 포개는 게 예의로 통한다. 부부의 위치에서 남편이 왼쪽을 차지하는 것 또는 한의사가 맥을 짚을 때 남자는 왼손, 여자는 오른손을 먼저 짚어 보는 것은 모두 이와 관련이 있다. 점쟁이가 손금을 볼 때도 남자는 왼손, 여자는 오른손을 본다.

그뿐만이 아니다. 고려 때부터 조선시대에 이르기까지

문관은 동쪽에, 무관은 서쪽에 갈라져서 각각 반열을 따로 이루었는데, 임금 입장에서 보면 문관은 왼쪽, 무관은 오른쪽에 있다. 영의정 아래 좌의정이 우의정보다 높은 벼슬로 여겨진 까닭이 여기에 있다.

민속학자들은 이런 습속이 중국인들의 세계관에서 기원되었다고 본다. 고대중국인들은 만물을 비추는 태양을 관찰하는 가운데 물체가 태양의 빛을 받는 부분이 매우 밝다는 것을 발견하고 그것을 '양(陽)'이라고 불렀다. 그리고 태양의 빛이 닿지 않는 어두운 부분을 '음(陰)'이라고 불렀다. 이른바 음양(陰陽)이론이 탄생한 것이다.

원래 음양은 산의 북쪽(응달)과 남쪽(양달)을 가리키는 말이었으나 B.C 3세기 경 음양이 하나의 기(氣)가 된다는 관념이 형성되었고, 춘추전국시대에 와서 '역(易)'을 연구하는 학파들은 음양학설을 한층 더 체계화하였다.

이들의 이론에 따르면, 음양은 우주 사이에 존재하는 두 가지 모순의 힘과 속성으로서 그 성격을 논할 때 강함 · 뜨거움 · 홀수 · 위 · 왼쪽에 있는 것은 양에 속하고, 유연함 · 차가움 · 짝수 · 아래 · 오른쪽에 있는 것은 음에 속한다. '남좌여우' 관념은 바로 여기에서 비롯되었다.

한편, 혼례식의 '남좌여우' 위치에 대하여 다음과 같은 해석도 있다. 옛날 중국에서는 납치에 의한 강제결혼이 성행했다. 그때 신랑은 왼손에 방패를 들고 오른쪽에 신부를 바짝 붙여 서게 함으로써 '남좌여우'의 위치가 형성되었다고 한다. 그 후 강제결혼이 없어졌지만 '남좌여우'의 습관만은 지금까지 혼례식 풍속에 남아있다는 것이다.

남녀간 옷 여미는 방향이 다른 까닭

현대인이 입는 윗옷의 경우 남·녀간 옷을 여미는 방향이 다르다. 다시 말해 단추를 끼울 때 남자옷은 왼쪽 옷깃을 위로 가게 하며, 여성옷은 오른쪽 옷깃을 위로 하여 여미는 차이가 있다. 그래서 단추가 어느 쪽에 달려있는가를 보고 누구나 남자옷인지 또는 여자옷인지 금방 구별할 수 있다. 이에 비해 한복의 경우 남녀 불문하고 왼쪽이 위로 가게 되어 있다. 그러므로 현대인의 남녀 옷 차이는 서양에서 비롯된 것이라 할 수 있다.

그렇다면 어떤 이유로 남자옷은 왼쪽 옷깃이 위로 가게, 여자옷은 그 반대로 만들었을까? 그것은 성차별을 위해서가 아니라, 무기 사용의 편리와 아기 보호를 위한 자연스런 현상이었다는 해석이 유력하다. 근대 이전까지만 하더라도 남자들의 무기는 칼이 대표적인 바, 항시 칼을 쉽게 뽑을 수 있도록 칼집을 허리 왼쪽에 찼다. 그런데 오른쪽 옷자락이 위로 가게 옷을 여미고 있으면 칼을 뽑을 때 방해를 받을 우려가 높았다. 따라서 그런 일을 사전에 방지하기 위해 남자옷의 경우 왼쪽 옷자락이 위로 가게 여미게 된 것이다.

반면 여성옷에 대한 풀이는 영국의 사회학자 데즈몬드 모리스의 해석이 유력하다. 그에 따르면, 여성은 오른쪽보다는 왼쪽 가슴에 왼쪽 팔에 기대어 아이를 안는 경향이 많으므로 아기를 자기 옷의 긴 오른쪽 옷자락으로 감싸려 했다는 것이다. 그것은 아이가 젖을 빨거나 잠을 잘 때 오른쪽의 긴 옷자락으로 아이를 감싸서 안는 것을 의미한다. 오른손잡이가 많은 현실을 감안하면 오른손으로 여러 일을 하는 것이 자연스러우리라.

더군다나 대부분의 여성은 왼쪽 가슴이 큰 바, 모유를 줄 때도 그런 점이 고려되었을지도 모를 일이다. 이런 이유들로 인해 남자는 왼쪽이 위로 가게, 여자는 오른쪽이 위로 가게 옷을 여미게 된 것이며, 이 패턴이 바뀌지 않고 그대로 관습화됐다고 볼 수 있다.

옷 여미는 방향과 관련하여 흥미로운 사실이 또 있다. 동양에서 신분에 따라 치마를 여미는 방향이 달랐다는 점이 그것이다. 치마는 주나라 문왕(文王) 때 등장했으며, 주로 상류층이 입었다. 그 뒤 점차 민간에도 퍼져 대중화되었으나 같은 치마라도 옷을 여미는 방향을 보고 신분을 알 수 있었으니, 그것은 여성간의 신분 차별 상징이었다.

옛날 우리나라에서는 여염집 여자가 치마를 왼쪽으로 여미는데 반하여 기생은 오른쪽으로 여몄다. 그래서 기생들은 "나는 언제나 왼쪽으로 치마를 여며 보나"라고 소원하였다고 한다. 특히 조선시대는 신분 차별이 심했던 만큼 치마를 여미는 방향만 보고도 여염집 여자인지 기생인지 금방 식별이 가능하도록 옷차림까지 구별했다. 이때 왼쪽 방향이 우위로 여겨졌던 것은 남좌여우의 연장선상에서 비롯된 것이다.

여성의 브래지어와 남성의 브라캣트

남녀에게는 각기 돌기물이 있고, 쌍방간에 그것에 대한 관심이 지대하다. 때문에 오랜 세월 그것을 가리거나 노출시키는 유행이 반복되어왔다. 여성의 경우, 중세 유럽에서는 기독교 금욕주의에 따라 유방을 납작하게 만들었으며, 르네상스시대에는 향락적 분위기에 호응하여 예쁜 유방을 적극 자랑했다. 시각이 상상을 자극하여 육욕을 유발한다는 생각에서였다. 20세기 들어서는 그런 관점을 극명하게 드러낸 발명품이 나왔다. 바로 브래지어이다.

고대 로마시대에 비키니 비슷한 브래지어가 있긴 했으나, 현대식 브래지어를 처음 만들어낸 사람은 미국 사교계의 스타 메리 제콥이었다. 1924년의 어느 날 '애무'란 애칭으로 불렸던 메리가 파티에 참석코자 치장을 하는데, 이브닝드레스의 속옷 레이스가 해져 꼴이 말이 아니었다. 이에 핑크빛 손수건 두 장을 삼각형으로 이어 젖가슴을 두르고 나갔던 것이 당장에 사람들 이목을 끌어 현대식 브래지어의 기원이 되었다. 이 여인은 발명 특허료로 1만 5천 달러를 받았다고 한다.

한편, 브래지어의 컵 사이즈는 단순히 가슴둘레에 의해 결정되는 것이 아니라 젖가슴의 높고 낮음에 따라 결정된다. 즉 언더 바스트에서 톱 바스트의 차가 10cm 이하면 A

컵, 13cm 이하면 B컵, 15cm 이하가 C컵, 18cm가 D컵이라는 것이다. 1935년 미국의 워너브라더스가 A~D로 구분한 것이 그 시초이지만, 지금에 이르러서는 D를 넘어서서 E, F컵이 있고, 더 나아가 특별주문형도 있다.

남성의 경우, 현대사회에서는 성기가 나타나지 않게 양복을 재단하는 것이 관례이자 신사의 에티켓으로 되어 있다. 그런데 중세 유럽에서 르네상스에 이르는 15~16세기 경에는 성기 돌출을 강조하는 남성복이 유행했다. '브라캐트'가 그것이다. 우리말로 고친다면 '양물자루(陽物袋)'라고나 할까.

끈이나 고리 같은 것으로 바지의 앞을 얽어서 부풀게 했으며, 서양화가 브뤼겔이나 뒤러의 인물화 속에 자주 등장하고 실물에 가깝게 그려져 있다. 당시의 바지는 '타이츠'형으로 오늘날 신사복과 달리 주머니라고는 성기 앞에 단 하나 만들어져 있어 여기에 손수건이나 화폐를 넣고 다니도록 디자인됐다.

성기로서 남성미를 과시하고자 하는 심리가 이런 유행을 낳았는데, 상황이 이러하니 일부 남성들은 여기에 오렌지·사과·털실뭉치 따위를 넣어 시원찮은 자신의 성기를 크게 보이도록 했다고 한다. 이른바 여성의 '뽕 브라'와 같다고나 할까.

브라캐트의 유행은 20세기에 들어서 다시금 살아나지 않았다. 권위주의적 풍토 혹은 점잖음을 추구하는 사회분위기가 '복장을 통한 육욕'을 억제하게 만든 까닭이다.

여성의 겨드랑이 털을 왜 깎아야 하나

요즘 방송은 화려하다. 젊은이 취향에 맞춘 프로그램이 홍수를 이루고, 그에 따라 출연자도 대부분 젊은 남녀들이며, 이들은 밝은 몸짓으로 모니터를 장식한다. 그런데 여성 연예인의 경우 한결같은 공통점이 있다. 바로 겨드랑이털을 깨끗이 제거하고 나온다는 점이다. 혹시라도 어떤 여성이 겨드랑이털을 보이기라도 하면 '매너 없다'고 단언하는 사람도 드물지 않은 실정이다.

과연 겨드랑이털을 제거하는 것이 여성의 예절일까? 또 겨드랑이털을 제거하는 풍속은 언제부터 있었을까? 겨드랑이털을 제거하는 풍속은 고대 그리스시대로 거슬러 올라간다. 고대 그리스의 경우, 주로 여인들이 탈모를 했고, 특히 유녀(遊女)들 세계에서는 철저하게 행해졌다고 하는데 심지어 음모까지도 모두 뽑아버렸다고 한다. 그러나 당시의 그리스 남자들은 음모가 없는 편을 더욱 좋아하는 경향이 있었다고 하며, 이는 아리스토파네스의 희극「여자의 평화」속에서도 잘 표현되어 있다.

탈모하는데 사용된 기구는 족집게와 연고였다. 송진을 원료로 만든 연고를 털에 붙여서 냉각시켰다가 뜯어내면 털까지 고스란히 떨어지도록 되어 있었다. 그런 방법뿐 아니라 송진을 태워 털을 깨끗이 없애는 방법도 있었는데, 이는 고도의 숙련을 필요로 하였고, 이것을 직업적으로 하는 여자를 '우스트리크라에'라 불렀다. 전문적으로 여인의 겨드랑이털이나 음모를 뽑아주는 남자들도 있었다고 하는데, 직업은 아니었고 그저 재미로 했다고 한다.

로마인들도 그리스인을 흉내내어 털 깎는 것을 미덕으로 삼았다. 그리하여 남녀를 불문하고 가슴·배·겨드랑이뿐 아니라 음모까지도 몸의 털을 말끔히 깎았으며, 유명한 철학가 세네카도 "말끔한 몸단장을 하고 몸의 털을 깨끗이 깎고 있는 사람은 그렇지 않은 사람에 비해 훨씬 훌륭해 보인다"라고 까지 말했다.

로마제국의 몇몇 황제는 그것을 생활 중에서 가장 즐거운 취미로 삼아서 귀부인들과 혼욕할 때 여인들의 음모를 쪽집게로 뽑아주곤 했다고도 전한다.

하지만 이런 풍습은 서양의 관습이었지 동양의 문화가 아니었다. 동양에서는 부모로부터 물려받은 신체를 온전히 간수하여야 한다는 생각을 지녔고, 그에 따라 겨드랑이털은 물론 신체의 모든 털이 소중히 여겨졌다.

그러던 것이 20세기 이후 겨드랑이털 제거가 세계 여성의 덕목이 된 것은 '털=야만성'이라는 관념 때문이다. 일반적으로 털은 남성의 특징이기도 한 바 그런 관념은 문화의 서구지향화와 더불어 빠르게 자리 잡았다. 그러나 무엇이 문제인가. 겨드랑이털 제거 여부는 남성이 수염을 기르고 기르지 않는 것처럼 선택의 문제일 뿐.

선박 명명식을 여성이 주도하는 까닭

조선소에서는 배를 건조한 후 선주(船主)에게 인도하기 전에 그 배의 이름을 짓는 명명식을 거행한다. 명명식은 대개 선주측 여성이 금빛 도끼로 테이프를 절단한 다음 배의 이름을 말하고 신의 가호를 비는 순서로 진행된다. 그런데 선박 명명식은 보통 여성이 하는 것이 관례로 되어 있다. 어찌하여 배 이름을 여성이 지을까? 여기에는 두 가지 설이 있다.

가장 유력한 학설은 노르웨이를 중심으로 한 북유럽 바이킹족이 활동하던 중세 초부터 시작됐다는 유래다. 바이킹들에게는 배를 새로 건조하면 바다의 신 포세이돈에게 배의 안전을 기원하는 의식을 베풀어 제물을 바치는 풍습이 있었다. 바이킹들은 배를 진수(육상에서 물위로 띄우는 일)할 때 누군가가 죽지 않으면 중요한 일을 이룰 수 없다고 믿었다. 그래서 그들은 배를 진수시킬 때 배가 나가는 길에 노예나 죄인들이 진수하는 배에 부딪치거나 깔려 죽게 만들었다. 노예나 죄수가 없을 때는 가축을 대신 사용했다.

예전에는 선박의 진수를 대개 선체 아래에 레일을 깔아 육지에서 바다로 미끄러지게 하는 슬라이딩 진수법을 사용했기에 많은 희생이 따랐다. 바이킹족은 이런 의식의 일부로 순결한 처녀를 제물로 바쳤다. 순결한 처녀를 바다의 신에게 바침으로써 그들의 한 해가 안전할 것이라는 믿음에서였다.

　그러나 세월이 흐르면서 인권존중과 인도주의 차원에서 처녀를 제물로 하는 의식은 사라졌으며, 노예나 죄수를 희생시키는 풍습도 없어졌다. 그 대신 선주의 딸이나 부인이 배의 이름을 명명하며 샴페인을 터뜨리고 테이프를 끊는 행사로 변했다.

　이는 천주교 세례식이 접목된 것으로 알려져 있다. 이때 샴페인병을 배에 던져 깨뜨리는 의식을 행하는데, 이는 '액땜' 차원에서 병을 깨뜨림으로써 배의 안전을 기원하고자 함이다.

　또 다른 설은 19세기 영국에서 출발한다. 검소한 생활을 좋아한 조지 3세는 매우 가정적인 사람으로 자신의 딸들을 무척 사랑했다. 조지 3세는 왕실재정을 축내지 않으면서 공주들의 이미지를 국민의 마음속에 심는 방법을 궁리하던 끝에 공주들로 하여금 해군 함선의 이름을 붙이게 한다는 착상을 했다.

　조지 3세 이전에는 대부분 의식절차없이 선원들이 배를 진수시킨 뒤 진수 후에 탑승할 장교 중 하나가 명명하는 것이 일반적이었다. 하지만 1811년 조지 3세의 딸 중 하나가 여성으로는 처음으로 배 이름을 명명했고, 그 후로 이 관습은 지금까지 거의 예외없이 이어져 오고 있다는 것이다.

　한편 명명식은 여성만의 전유물은 아니다. 남자의 권위가 강한 중동국가에서는 아직도 남자들이 명명을 하고 있다. 대개 선주의 아들이 한다.

쇄음풍속 / 남자는 피임, 여자는 처녀성

고대 그리스에서는 젊은이들에게 희한한 시술을 했다. 바로 쇄음(鎖淫)이었으며, 방법은 두 가지였다. 하나는 남성의 귀두 끝을 표피로 덮은 다음 납땜한 금속 링으로 귀고리처럼 고정시키는 것이고, 다른 하나는 귀두 끝의 표피를 끈이나 실로 꿰매는 것이었다. 금속 링 대신에 고정핀도 사용되었는데, 신분·형편에 따라 고정핀 재료는 금제·은제·동제 철사로 만들어졌다. 이 쇄음 방법은 로마시대에도 이어졌고 현존하는 청동조각상에서도 확인할 수 있다.

왜 남성들에게 이런 장치를 하게 했을까? 표면적 이유는 목소리 보호였으나, 실제는 너무 빨리 사랑의 즐거움을 깨닫지 못하게 하고 나아가 인구를 억제하기 위함이었다. 다시 말해 그리스·로마는 민주적 시민사회를 표방했지만 기실 그 제도는 수많은 노예의 희생을 바탕으로 한 소수 시민 중심의 사회였던 바, 많은 노예 증가를 수반하는 시민의 증가를 달가워하지 않았다. 때문에 자유롭고 편한 생활을 하는 젊은이들이 섹스의 쾌락에 빠져 수많은 임신을 야기할까 우려해서 요상한 쇄음을 고안해낸 것이다.

흥미로운 것은 이 쇄음의 대상이 여성이 아니라 남성이었고, 남성 중에서도 유부남이 아니라 미혼 청년이었다는 사실이다. 비교적 섹스에 관대했던 그리스·로마였지만 성욕의 방탕은 유부남·유부녀에 국한된 일이었지 처녀·총각의 일은 아니었던 것이다.

쇄음으로 인해 인구가 억제됐는가는 정확히 파악할 수 없다. 하지만 분명한 것은 쇄음이 변태 섹스를 낳았다는 사실이다. 로마의 유부남들은 젊은이에게 쇄음을 시키고 만족스러워했지만, 얼마 지나지 않아 로마 여인들은 쇄음기구가 주는 묘한 쾌락을 발견하고는 쇄음된 젊은이들을 남몰래 찾느라 혈안이 됐다.

쇄음 풍속은 로마제국의 멸망과 함께 자취를 감췄고, 중세시대에는 쇄음을 해괴망측한 일로 여겨 젊은이들이 고통받는 일은 없어졌다. 쇄음은 그렇게 사라지는 듯 했다. 그런데 아니었다.

아프리카와 아라비아 반도 일부 지역에서 다시 쇄음이 등장했다. 그러나 이 경우에는 그리스·로마의 쇄음과 여러 모로 달랐다. 우선 대상이 남성이 아니라 여성이라는 점이 달랐고, 목적 또한 임신 예방이 아니라 처녀성 간직이었다. 수술 역시 남성의 경우보다 위험하고 험했으니, 여성의 소음순을 흠집내거나 클리토리스를 제거함으로써 생기는 상처가 치유되면서 질구가 막히게 되는 방법을 썼다. 아예 오줌 구멍만 남기고 봉합해 버리기도 했다.

이렇게까지 극단적 방법을 동원한 것은 여성이 자유의 몸인 때에는 처녀인 채로 결혼시키고, 노예인 경우에는 처녀인 채로 팔기 위해서였다. 섹스 탐욕에 끝이 없음을 보여주는 대조적인 사례라 하겠다.

콘돔을 사전적으로 설명하면, 성교할 때 피임·성병 예방 등의 목적으로 음경에 씌우는 물건이다. 문화사적으로 볼 때 최초의 콘돔은 피임이 아니라 성병 예방을 위해 등장했다. 매독이나 임질은 요즘에는 치료 가능하지만 옛날에는 큰 고통을 일으키고 끝내는 사람을 죽게도 만든 무서운 병이었다. 섹스는 하고 싶은데 미치거나 죽을지도 모르는 위험이 있으니 인류는 고민했고, 그 결과 아쉬운 대로 미봉책을 찾았다. 콘돔이었다.

고대인들은 성병에 걸리지 않으려고 성기에 생선 부레나 동물의 창자를 씌운 뒤 성교를 했으며, 「탈무드」에도 염소의 방광으로 만든 남성용 기구들이 기록돼 있다.

유명한 바람둥이 카사노바도 성병 예방을 위해 콘돔을 적극 활용했다. 카사노바는 숭어 알집을 말린 후 성관계에 사용했는데, 당시 성병에 무방비로 노출됐던 환경에서 이런 행동은 여인의 불안감을 말끔히 씻어주는 역할을 했다. 카사노바는 때때로 콘돔에 자기 입김을 불어넣는 장난을 하여 상대 여성을 웃기었고, 동시에 콘돔의 품질을 검사하기도 했다. 그렇다고 카사노바가 콘돔에 만족한 것은 아니었다. 그는 "죽은 가죽 속에 남성 성기를 집어넣는 것은 그다지 기분이 좋지 않다"라고 말하곤 했다.

양의 창자나 생선막으로 만들어진 콘돔은 17세기 유럽의 사창가에서 널리 퍼졌으며, 동시에 피임기구로 사용되기 시작했다. 17세기 프랑스의 비네부인은 콘돔을 가리켜 '쾌락에 대한 갑옷, 위험에 대한 거미줄'이라 말했다. 임신에 대한 여성의 두려움을 없애주는 물건으로 높이 평가한 것이다.

고무로 만든 콘돔은 20세기 들어 발명됐고, 이전보다 한층 뛰어난 질감을 보여주었다. 그리고 성병 예방보다 피임으로 적극 활용되었다. 그러나 이게 웬일인가. 난데없이 에이즈가 등장하더니 콘돔이 처음 선보였을 때의 목적을 상기시키게 만들었다. 역사는 돌고 도는 모양이다.

일반적으로 남성은 콘돔을 기피한다. 쾌감이 둔화되는 까닭이다. 이에 비해 여성은 별다른 차이가 없는 것으로 여겨져 왔다. 그런데 2002년 6월 미국 과학자들이 발표한 바에 따르면 콘돔은 여성의 성욕 또한 방해하고 있는 것으로 밝혀졌다. 정액에 포함돼 있는 여러 호르몬이 여성에게 오랫동안 강한 만족감을 안겨준다는 것이다.

결론적으로 말해, 콘돔은 표면적으로는 여성을 위해, 실제로는 남성의 욕망에 의해 태어났으나 남녀 모두에게 분명히 일깨워주는 점이 있다. 포장도로는 안전하고 편안하지만 스릴이 떨어지는 반면, 비포장도로는 헤쳐 나가는 쾌감이 큰 반면 불안전하고 불편한 것과 같은 이치로, 남녀는 각자 끝없는 쾌감과 일정한 만족 중에서 양자택일을 해야 한다는 사실이다.

"홍조는 내적 무의식의 힘이 쾌락과 도덕사이에서의 갈등으로 나타난 것"

- 프로이드

제 9 장

상징

마녀가 빗자루를 타고 다닌 뜻은?

마녀는 유럽 전역에서 전해져오는 특이한 존재인데, 전설 속에 등장하는 마녀는 모두 빗자루를 타고 날아다닌다는 특징이 있다. 16~17세기의 마녀 재판기록을 보면 빗자루에 관한 언급으로 꽉 차 있으며, 16세기 말 프랑스의 마녀 사냥꾼 앙리 보게는 "프랑수와즈 서크레탱이 고백한 바에 따르면 악마잔치에 가기 위해 흰 막대를 두 넓적다리 사이에 끼우고 주문을 몇 마디 외우면 하늘로 몸이 떠올라 마녀 모임에 갈 수 있었다고 한다"라고 기술했다.

또 다른 마녀는 종교재판관에게 말하기를 "빗자루를 탄 상태에서 '가라! 악마의 이름으로 가라!' 고 외치면 날 수 있다"고 자백했다 전한다. 도대체 빗자루가 뭐기에 마녀들은 빗자루를 애용한 것일까?

그런가하면 우리 민담에는 부엌에서 쓰는 빗자루가 도깨비로 변하는 내용이 많다. 도깨비를 잡아서 묶어놓고 이튿날 보면 빗자루에 피가 묻어있더라는 따위의 이야기는 어떤 농촌에나 퍼져 있다. 빗자루는 또 왜 도깨비와 관계가 깊을까?

'빗자루'는 먼지나 쓰레기 따위를 쓸어내는 기구인 '비'를 가리키는 말이다. 비의 옛말은 '뷔'이며, 지역에 따라 비짜락·비짜루·비짜리·비찌락 따위로 부른다. 쓰임에 따라 방비 · 마루비 · 마당비 · 부엌비로 구분되고, 세는 단위는 자루이다. 이런 빗자루가 마녀 혹은 도깨비와 관련된 것은 그 쓰임새와 밀접한 관계가 있다.

동서양을 막론하고 빗자루는 하인이나 노비가 사용하는 물건인 까닭에 천한 신분을 상징한다. 마녀는 악마에게 충성을 맹세한 여자이며, 그러므로 악마의 충실한 종이다. 빗자루가 마녀의 필수 소지품으로 여겨진 이유가 바로 여기에 있다.

그런데다 빗자루의 긴 막대는 남성 성기의 상징성을 지니고 있다. 쉽게 말해 넓적다리 사이에 빗자루를 낀다는 것은 성교를 상징하고, 하늘을 난다는 것은 섹스 헌납의 대가로 오르가슴을 느낀다는 해석이다. 마녀를 집중 단속한 중세시대에는 금욕주의가 강조됐는데, 그런 관점에서 빗자루 낀 마녀는 섹스를 너무 밝혀서 추하게 늙어버린 여자에 다름 아니었다.

도깨비의 경우는 얘기가 약간 다르다. 부엌비는 여인들이 부엌에서 쓰는 전용도구로서, 비를 깔고 앉아 일할 때 달거리(月經)가 묻음을 경계하기 위하여 그런 설화가 생긴 것이다. 이때 피묻은 빗자루가 도깨비로 변한다는 것은 꺼림칙한 물건으로 됨을 뜻하고, 긴 막대의 상징성(남근)으로 인해 남성형 괴물인 도깨비가 설정된 것이다.

한편, 중국인들은 12월 말일이 되면 비로 집안을 쓰는 시늉을 하는 관습이 있는데, 이는 쓰레기보다도 악령들을 내쫓기 위함이며, 이때의 상징은 빗자루가 아닌 '빗질'에 있다.

종이학의 유래와 사랑의 꽃 장미

사랑하는 연인에게 선물할 때 가장 많이 이용되는 것이 무엇일까? 여러 가지가 있겠으나 아마도 종이학과 장미꽃만큼 많이 이용되는 연인의 선물도 드물 것이다. 이때 종이학은 여성이 남성에게, 장미꽃은 남성이 여성에게 사랑의 정표로 건네지는 특징이 있다.

종이학의 유래는 일본에서 찾을 수 있다. 예부터 일본에서는 종이접기가 널리 유행했는데, 제례 지낼 때 종이 모형으로 장식을 하는가 하면 취미 삼아서 새 · 동물 · 물고기 · 곤충 · 꽃 · 인형을 만들기도 했다. 일본의 종이접기는 주로 색종이를 접어 어떤 동물을 만드는 것이었으며, 유명한 '종이학'도 이러한 종이문화의 산물이다. 즉 '천년을 산다'는 학(鶴)의 신비적 속설에 기대어 '천 마리 종이학을 접으면 소원을 이룰 수 있다'는 종이접기 풍속이 에도시대 때 유행했던 것이다.

종이학을 통해 소원을 비는 유행은 우리나라에도 그대로 전해졌으며 이 과정에서 사랑을 이루기 위한 용도로도 이용됐다. 오늘날 사춘기 소녀들이 연모하는 남성에게 종이학 천 마리를 예쁜 병에 담아 선물하는 것은 여기에서 비롯됐다.

좋아하는 연예인이나 운동선수에게 보내는 심리도 마

찬가지의 심리에서 비롯됐는데, 소년의 경우보다 소녀들이 더 많이 종이학을 접은 이유는 수동성에 있다. 다시 말해 쉽게 속마음을 표현하지 못하는 수동성과 안으로만 쌓는 내향성이 종이학 접기의 취향과 맞아떨어져 남성에 대한 여성의 선물로 정착된 것이다.

이에 비해 남성은 흔히 연인에게 장미꽃을 선물한다. 장미가 정열적인 사랑을 상징하기 때문인데, 이는 로마신화와 18세기의 약혼 풍습에 기인한다. 로마신화에서 꽃의 여신 플로라는 숲의 요정 님프를 무척 사랑했다. 님프가 죽자 플로라는 그 시체를 안고 신들의 집회소 올림피아에 가서 죽지 않는 영원한 꽃으로 부활시켜달라고 애원했다. 아폴로 신은 생명의 빛을 내려 꽃으로 되살려주었다. 이때 비너스 신은 아름다움을, 바카스 신은 향기를, 그리고 플로라 신은 붉은 꽃 빛깔을 내렸다. 그리하여 님프는 장미로 다시 태어났다. 장미가 사랑을 상징하게 된 것은 이 신화에서 비롯됐다.

또한 장미는 18세기 때 연인에게 선물로 바치는 풍습이 성행함에 따라 '사랑의 꽃' 상징 이미지가 더욱 굳어졌다. 당시 오스트리아를 비롯한 유럽에서는 약혼식 때 은으로 만든 장미를 약혼녀에게 바치는 사람을 '장미의 기사'라 부르는 풍습이 있었는데, 그 영향으로 장미는 '정열적 사랑'을 의미하게 됐다. 1911년 리하르트 슈트라우스는 이 풍습을 소재로 하여 〈장미의 기사〉라는 오페라를 작곡하기도 했다.

'사랑의 선물'에 관한 한 현대인들은 선인들의 정서를 이어오고 있는 셈이다.

여성의 V존과 남성의 넥타이

옷(특히 웃옷)을 보고 여성용인지 남성용인지 구분하는 방법은 무엇일까. 디자인이나 색상을 별개로 친다면 크게 두 가지를 꼽을 수 있으니, 단추 구멍과 브이존(V-zone)이 그것이다. 구체적으로 말해 단추 구멍이 왼쪽에 있다면 남성용이요 오른쪽에 있다면 여성용이며, 브이존이 있다면 여성용이요 없다면 남성용이다.

왜 브이존이 여성의 상징으로 통할까? 전통적으로 남자의 목 굵기는 힘의 상징이었다. 반면에 여성은 가늘고 긴 목으로서 자신의 연약함과 아름다움을 동시에 표현해 왔다. 웃옷을 입었을 경우 목이 V자로 보이는 것을 의미하는 브이존은 바로 이 차이에서 비롯되었다.

그렇다면 하필이면 왜 목이었을까. 학자들은 이런 목의 차이가 대체로 수렵시대에 생겨났다고 말한다. 수렵을 하러 떠나는 남성들은 거친 동물들과 생존을 건 투쟁을 해야 했고, 그 과정에서 쉽게 부러지지 않는 목이 필요했다. 또한 억센 근육조직이 필수적이어서 어깨의 근육이 바로 위에 있는 목까지 연결됐다.

반면에 여성은 흉곽이 짧아 가슴뼈 꼭대기가 남성보다 낮으므로, 같은 높이의 등뼈를 가진 남성보다 목이 길게 보이는 원인이 된다. 때문에 여성의 옷은 V존을 강조하는 쪽으로 발달하고 남성의 옷은 목을 짧게 보이는 쪽으로 정형화됐던 것이다.

목의 선(線)이 강조되다보니 일부 문화권의 경우 여성은 더 긴 목을 위해서 오랫동안 고통을 당하기도 했다. 예컨대 미얀마 여성들은 어렸을 때 목둘레에 놋쇠고리를 하나씩 차는데 성년이 되면 20개 가까운 놋쇠를 목둘레에 차기 때문에 기린의 목처럼 길어진다. 그러나 대부분의 문화권에서는 의상으로 목을 길게 드러내 보이고 있다.

반면에 남성은 다부진 인상을 주기 위해 브이존을 만들지 않는 한편 어깨를 넓게 보이게 옷을 만들어 입었다. 넓은 어깨는 목을 더욱 짧게 보이게 하므로 자연스레 패턴화한 것이다. 그런 점에 있어서 넥타이는 매우 특별한 장식물이라 할 수 있다. 왜냐하면 넥타이가 위치하는 곳이 바로 여성의 브이존이고, 넥타이는 '문명 남성'의 상징물로 여겨지기 때문이다.

일반적으로 사람을 처음 만났을 때 그에 대한 인상이 결정되는 시간은 채 10초가 되지 않는다고 한다. 먼저 눈을 바라본 뒤 시선이 머무는 곳이 바로 목 부분의 브이존인데, 그 브이존에서 받는 느낌이 첫인상에 가장 큰 영향을 미친다는 것이다.

넥타이는 이 브이존에 위치하므로 이미지 전달에 생각보다 큰 영향력을 발휘하는 동시에, '아름다움'으로 상징되는 여성성을 지니고 있는 셈이다. 다시 말해 넥타이는 남성의 전유물처럼 인식되지만 사실은 '문명'과 '여성성'을 함께 지닌 장식물인 것이다.

말 띠 여 성 은 팔 자 가 센 가

2001년 연말 우리나라 산부인과 병원에서는 웃지 못할 일들이 벌어졌다고 한다. 임오년 말띠해를 앞두고 젊은 부부들이 "말띠 여자는 팔자가 드세다"는 속설에 빠져 행여 여아(女兒)가 태어날까 두려워 수술을 통해 출산일을 무리하게 앞당긴 것이다. 더욱이 이런 현상은 학력을 불문하고 나타나 우리사회의 미신맹신 풍조가 얼마나 심각한지 여실히 보여주었다.

사실 이런 일은 처음이 아니다. 말띠해인 1966년 여아를 낳아서는 안된다고 야단법석을 떤 일이 있었고, 통계청이 발표한 자료에 따르면 말띠해인 1990년 남녀출생 성비는 여자 100명당 남자 116명으로 다른 해보다 높았으며, 유별나게 남아 선호가 뿌리깊은 대구 경북지역의 성비는 무려 130.4로 나타났다. 여아 10명이 태어날 때 남아가 적게는 13명에서 많게는 30명이 더 태어난 것이다. 인위적으로……

그런데 정말 말띠 여자는 팔자가 드셀까? 그렇다면 그 근거는 무엇일까? 말띠 여성의 팔자에 관한 속신은 어설픈 음양설에서 비롯되었다. 말은 양성(陽性) 동물이고 양기(陽氣) 왕성함은 바로 남성의 상징인 바, 강한 양기를 지닌 여자는 남자를 누르고 산다고 보았던 것이다. 또한 '병(丙)'은 '불의 날'이고 '말(馬)'도 오행설에 따르면 불이기 때문에 화기가 겹쳐져 있어서 말띠 여성을 더욱 나쁘게 보았다.

그러나 그보다 더 큰 잘못은 '말띠가 안 좋다'는 속신이 우리 풍습이 아니라는 사실이다. 말띠 풍습은 일본의 에도시대로 거슬러 올라간다. 그무렵 야오야오시치라는 묘령의 소녀가 열렬한 사랑의 결과로 태어났다는 사실을 두고, 사람들이 에도 토박이 기질 때문이라고 떠들어댔고, 야오야오시치가 병오생이므로 기질도 강할 것이라고 생각했다. 그런데다 에도(江戶)에 큰 화재가 일어나자 그것을 계기로 병오 미신이 오늘날까지 이어지게 되었다. 그리고 이 속신은 일제강점기 때 우리나라에 그대로 전해졌다.

하지만 십이지에서 오는 성질은 그 내용이 나타내는 바와 같이 동물의 성질을 인간의 성격으로 바꾸어 놓은 것에 지나지 않는다. 그렇지 않다면 조선시대에 이모저모로 살피고 조사해서 간택한 왕비 30여 명 가운데 말띠 왕비가 다섯이나 될 수 있을까? 성종 왕비 파평윤씨는 임오생, 인조 왕비 청주한씨는 갑오생, 효종 왕비 덕수장씨는 무오생, 현종 왕비 청풍김씨도 무오생이고, 또 순종 왕비인 해평윤씨는 갑오생이다.

일반적으로 사람들은 불길한 것을 피하고자 하는 나약한 심성이 있고, 그때문에 나쁜 소리에 쉽게 현혹되는 경향이 있다. 올바른 지식이 없을 때는 더욱 그렇다. 아이는 낳고 싶을 때 낳으면 된다!

남자는 동물무늬, 여자는 꽃무늬, 중성은 물방울무늬

고구려 고분 벽화는 우리 민족이 자부심을 가질만한 유적이다. 그 이유는 온돌·솥·부채·의복·고기 등등 의식주 전반에 걸친 당시의 기록을 담고있을 뿐만 아니라 씨름·무용·사냥 따위의 여가생활까지 생생히 보여주는데 있다. 뿐이랴. 줄과 원을 그릴 때 컴퍼스를 사용한 흔적이 있는 것으로 미루어 수학 능력 또한 상당했음을 암시하고 있고, 담백한 예술미는 우리 민족의 심성을 그대로 드러내고 있다.

새삼스레 고구려 벽화를 들먹이는 이유는 또 있다. 벽화에 그려진 복식에서 남녀의 차이를 발견할 수 있기 때문이다. 수렵도에 등장하는 남자는 무늬없는 옷을 입고 있는 반면, 무용도의 여자들은 물방울무늬가 그려진 옷을 입고 있다. 복식 디자인은 비슷하지만 무늬로서 남녀를 구별한 것이다.

그런데 왜 여성 복식의 무늬를 물방울로 그렸을까? 우리는 크게 의식하지는 못하지만 사실 무늬에는 사회성이나 성애(性愛)가 반영되어 있다. 예컨대 호랑이·표범 따위 육식동물무늬는 육욕미를 나타내고 그 때문에 강한 힘을 과시하려는 남성들이 이런 무늬를 선호한다. 같은 동물이라도 초식동물은 여성성을 상징하며, 현대 캐릭터들의 소재가 대체로 귀여운 동물인 것도 같은 맥락에 바탕을 둔 일이다.

이에 비해 꽃무늬는 정신분석학적으로 여성 특히 처녀를 의미한다. 왜냐하면 오무렸다 피는 꽃봉오리나 생식기인 꽃술이 여성의 자궁을 상징하기 때문이다. 그런 까닭에 꽃무늬는 주로 여성들이 사용하여 왔으며, 여성 취향의 성격을 지닌 남성들도 즐겨 사용했다.

그런가하면 물결무늬 또는 구름무늬는 환상적인 몽상의 세계를 상징한다. 성덕대왕 신종(에밀레종)의 표면에 그려진 비천상이 유명한 것도 무릎 꿇은 천사가 입은 물결무늬의 천의(天衣)가 신비스런 느낌을 잘 전달해주고 있기 때문이다.

그렇다면 물방울무늬는? 이 역시 여성의 에로티시즘과 관련이 있다. 동그라미가 여성의 젖가슴처럼 부드러운 느낌을 주는 까닭이다. 관능적인 영화가 물에 젖은 여성이나 샘물을 포스터에 내세우는 이유도 여기에 있으며, 매우 효과적으로 성적인 분위기를 전달한다.

묘하게도 동물무늬나 꽃무늬는 남성 · 여성의 상징성이 강한 탓인지 남녀의 영역이 분명하지만, 요즘 TV 코미디 프로그램에서 연변총각이 물방울무늬를 입고있는 데에서 짐작할 수 있듯 물방울무늬는 남녀 모두 거부감을 갖지 않는다. 동그라미가 성애뿐 아니라 모성(母性)까지 상징하기 때문이다. 그런 관점에서 보면 고구려 무희들의 춤은 관능적이면서도 편안한 모성적인 내용을 담고 있음을 유추할 수 있다.

한편 직선은 강함 · 원칙주의를 나타내는 바 남성이, 곡선은 부드러움 · 융통성을 나타내는바 여성이 선호한다.

어느 방송 가릴 것 없이 TV 뉴스 프로그램의 여성 앵커 얼굴을 자세히 보면 T존이 선명하게 화장되어있음을 알 수 있다. 여기서 'T존'이란 이마와 코 부분을 가리키는 용어로서 그 부위가 T자인데서 비롯되었다. 그런가하면 미국의 인기 시트콤 〈프렌즈〉에서도 세 남자가 T존을 화장하다가 여자 친구에게 들켜 곤혹스러워하는 장면이 나온다. 왜 T존을 강조할까?

T존은 얼굴 전체를 보는 관상학이 부위별 개성으로 옮겨가는 과정에서 탄생한 개념으로, 동물과의 차별성이 돋보이는 부위인 까닭에 '지성'의 상징으로 여겨지고 있다. 동물학자들은 사람과 같이 넓은 이마를 갖추고 있다면 높은 지능을 지닌 동물로 판단하는데, 그 이유는 인간의 이마가 극단적인 두뇌 확장의 직접적인 결과라는 데 있다.

실제로 하등동물은 거의 이마가 없고 고등동물로 갈수록 이마와 눈썹이 발달되어 있다. 인간과 원숭이를 구분짓는 가장 큰 특징 중 하나도 바로 이마이며, 두 얼굴을 나란히 비교해보면 이마의 차이가 뚜렷하다.

흥미로운 것은 같은 사람이라도 문명의 정도에 따라 눈썹 밀도가 달라진다는 점이다. 일반적으로 원시문화권 사람들은 눈썹에 크게 신경 쓰지 않지만 문명권에서는 뚜렷한 눈썹을 선호하는 경향이 있다. 예컨대 여성의 권리가 강했던 고대 이집트에서는 ―(일)자 모양의 눈썹이 유행했으며, 이런 유행은 로마에도 전해졌다.

눈썹은 또한 기후에 따라 인종에게 각기 다른 특징을 부여했다. 북방계 사람들은 납작한 얼굴에 평평한 이마와 엷은 눈썹, 남방계 사람들은 갸름한 얼굴에 튀어나온 이마와 짙은 눈썹을 하고 있는데, 이는 추위와 더위에 적응하는 과정에서 진화한 특성이다.

그런데 그보다 더 강한 눈썹의 특징이 있으니 바로 성별 차이다. 대체로 남성의 눈썹은 여성의 그것보다 짙고 숱이 많으며, 이 차이를 주목하여 여성의 눈썹은 인위적으로 가늘고 작게 만들어져 여성성을 강조해 왔다. 이른바 '숯검댕이'로 불리는 짙은 눈썹이 남성을, '초승달'로 불리는 가느다란 눈썹이 여성을 상징하는 것은 그러한 관습의 유산이다.

한편, 남성의 짙은 눈썹은 여성에게 강한 의지와 풍부한 감성을 전달시켜 준다고 하며, 얼마 전 TV 드라마 〈가을동화〉에서 남자 배우가 여성의 마음을 사로잡은 것도 그런 눈썹의 특성과 관련이 깊다.

요컨대 선명한 T존은 '강하고 명확한 지성'의 상징이다. 그러하기에 메시지를 정확하게 지적 이미지로 전달해야 하는 여성 앵커는 그 부위를 집중적으로 화장하고 있다. 또 요즘 성형외과에서 광대뼈와 턱선 이외에 T존 윤곽술을 통해 이마와 코 부분을 조절하는 것도 서양여성에 비해 T존 부위선이 낮은 한국 여성의 약점을 보완하기 위한 것이라 할 수 있다.

'홍조(紅潮)'는 아침 햇살이 바다에 비쳐 붉게 물든 경치를 뜻하는 말이며, 이에 연유하여 부끄럽거나 취하여 붉어진 얼굴을 의미하기도 한다. 흥미로운 것은 인체와 관련하여 똑같은 홍조라 해도 그것을 연상할 때 남성의 경우 '분노'를, 여성의 경우 '성적 부끄러움'을 상징한다는 점이다. 왜 이런 차이가 있을까.

생리적으로 볼 때 홍조는 사람만의 특징이다. 볼에서 시작해 목·코·귓불과 가슴 위까지 2~3초에서 길게는 5분 정도 붉어지는 홍조는 자율신경계 중 억제를 맡는 부교감신경이 자극받아 얼굴 혈관이 넓어지면서 피가 몰리기 때문에 생긴다. 얼굴은 피부 두께가 1~1.5mm로 손바닥이 1.6mm나 등의 4mm보다 얇은데다 실핏줄이 집중돼 있어 빨개지는 것이 금세 드러난다. 심리적으로는 갈등의 상징이며, 정신분석학자 프로이트는 "홍조는 내적 무의식의 힘이 쾌락과 도덕 사이에서 갈등으로 나타난 것"이라고 주장했다.

남성의 홍조를 분노로 연상하는 것은 폭력성과 연관있다. 남성은 여성보다 힘이 우월한 존재로 다소 공격적인 기질의 소유자로서 자존심이 상했을 때 흔히 홍조를 띠는 바, 남성의 홍조를 분노의 지표로 여기는 것이다. 이때의 홍조는 볼에서 퍼져나가지 않고 전반적으로 퍼진 상태를 의미하며, 만약 화를 내는 사람이 대머리라면 정수리까지 그 붉은 빛이 퍼진 것을 볼 수 있다.

이에 비해 여성의 홍조를 성적 부끄러움과 관련짓는 것은 남성의 색욕적 시각에 기인한다. 역사적으로 오랜 세월 여성을 성적 대상으로 삼아왔던 정서가 여성의 홍조를 자존심 손상보다는 섹스의 반응으로 여기게 만든 것이다.

때문에 고대 노예매매시장에서 홍조 띤 여성은 성적 경험이 적은 사람으로 평가되어 높은 값에 거래되곤 했다. 그런데다 섹스에 있어 여성은 오르가슴을 느낄 때 홍조를 반복적으로 드러내는 바, 이로써 홍조에 대한 남녀간 차별적인 의식이 고착화됐다.

전통적으로 여성들의 화장이 붉은색을 띤 것도 홍조에 대한 남성의 생각을 감안한 때문이었다. 예컨대 이집트의 클레오파트라는 기초화장으로 온몸에 암당나귀의 생젖을 발랐는데, 그녀가 특히 중점을 둔 화장법 중 하나는 석간주(분말로 된 붉은 안료)로 두 뺨을 붉게 칠하고 두 손바닥에는 적갈색 염료 헤너(Henna)를 발라 젊음의 홍조를 띠게끔 한 것이었다.

동양에서도 연지·곤지라 하여 혼례를 앞둔 신부의 얼굴은 으레 붉은 기가 도는 것을 당연시하고 매력으로 여겼기에 혼례식날 신부의 뺨을 붉게 물들이는 풍습을 행했다. 하지만 여성의 역할이 커져가는 요즈음 이러한 홍조 해석은 달라져야 할지도 모른다.

남성 폭력, 여성 교활은 재앙의 근원

용(龍)은 동서양에서 일찍부터 상상되어온 동물이다. 동양에서는 용, 서양에서는 드래곤(dragon)이라 불렸는데, 흥미롭게도 그 속에는 남녀의 악마적인 이미지가 숨어 있다. 드래곤의 경우 그 어원은 두 가지다. '뱀'을 뜻하는 산스크리트어 '드리그베샤'와 '큰 뱀'을 뜻하는 그리스어 '드라콘'이 그것이다. 뱀이 독으로 다른 동물을 죽이는 능력은 사람들에게 공포와 외경의 대상이 되었던 까닭에 뱀의 형상을 한 상상의 동물이 탄생한 것이다.

드래곤이 내뿜는 불은 뱀의 독을 시각적으로 형상화한 것이다. 그런데 성경에서 뱀이 이브를 유혹한 사실에서 짐작할 수 있듯 서양에서 '뱀=남성'으로 여겨진다. 그러기에 드래곤은 포악한 성질을 지닌 파괴적인 남성으로 표현되어 왔다.

이에 비해 동양에서의 용은 신성하고 유익한 존재이다. 용은 나쁜 괴물인 드래곤과 달리 날개가 없으면서도 하늘을 날 수 있고 여의주로 세상 만물의 조화를 부린다. 드래곤의 날개는 합리성을 중시하는 서양인의 가치관을 반영한 것이고, 날개 없이도 날아다니는 용은 관념을 중시하는 동양 철학의 반영이다.

용은 강·호수·바다 등에 살며 하늘을 떠돌아다닌다.

물과 관련된 신성한 동물이기에 비의 신으로서 가뭄이 들 때면 기우제의 대상
이 됐다. 『훈몽자회』에서는 龍(용)자를 '미르 룡'이라 했으니, 용의 순수한 우
리말은 '미르'임을 알 수 있다.

그런데 미르는 물(水)의 옛말인 '믈'과 상통하는 동시에 '미리(豫)'의 옛
말과도 관련이 있다. 때문에 설화 속에서 용은 항상 구름이나 물에서 나타나며,
용의 등장은 반드시 풍년·전쟁 등 어떤 미래를 예시해주는 것으로 묘사된다.

용과 관련해 빼놓을 수 없는 동물이 있다. 바로 '이무기'다. 이무기는 용
이 되기 위해 기다리는, 용이 되려다 되지 못한, 깊은 물 속에서 사는 큰 구렁
이로 상상되어 왔다. 이무기는 심술이 많아서 인간에게 피해를 준다고 생각됐
으며, 원한에 사무친 여성으로 여겨졌다. '못된 이무기 같다'는 속언은 심술 사
나운 여성을 이무기에 빗대어 하는 말이다.

문제는 '용=남성'으로 인식됐던 데 비해 '이무기=여성'으로 간주됐다는
점이다. 이무기 전설은 여성의 원한을 두려워한 정서에서 비롯됐으며, 동시에
'뱀=여성'으로 여긴 관념을 보여주고 있다. 요컨대 '용=완전한 존재=남성',
'이무기=불완전한 존재=여성'이라는 남녀차별 등식이 숨어있는 것이다.

또한 드래곤과 이무기를 통해 서양에서는 남성의 폭력을, 동양에서는 여
성의 교활함을 재앙의 근원으로 해석했다는 차이점도 엿볼 수 있다.

남자는 거문고, 여자는 가야금

조선의 선비들은 사랑방에 문방사우와 함께 거문고를 놓아두는 것이 일반적이었다. 학문을 하다 마음이 내키면 거문고를 연주하며 심오한 세계에 빠져들고자 하기 위함이었다. 그런가하면 조선 후기의 화가 신윤복은 '남녀상열지사'를 즐겨 그렸는데, 그의 그림 중에는 기생이 가야금을 타고 그 옆에서 양반이 그 소리를 듣는 모습이 있다. 비단 신윤복 그림에서뿐만 아니라 조선시대에는 기생이 가야금을 연주하는 일은 그야말로 기본에 속했다.

그런데 왜 남자인 선비는 거문고를, 여자인 기생은 가야금을 탔던 것일까? 그에 대해 알려면 악기를 살펴야 한다. 거문고는 막대기처럼 생긴 술대로 줄을 치거나 떠서 연주하는 유일한 국악기이고, 가야금은 손가락으로 뜯거나 퉁겨서 타는 악기이다. 쉽게 말해 거문고 연주에 더 많은 힘이 필요한 바 거문고는 남성에게 적합한 것이다. 그러나 이처럼 연주 방법에도 차이가 있지만 더 큰 차이는 만들어진 배경에 있다.

거문고는 선비의 높은 기상을 나타내는 현묘한 음색을 가진 악기로 '백악지장'이라 하여 높이 숭상되어 왔다. 『삼국사기』에는 "고구려의 재상 왕산악이 개량하고 100여 곡을 지어 연주하였는데, 그 음악이 어찌나 그윽하였던지 검은

학이 날아들어 춤을 추었다. 따라서 그 악기의 이름을 현학금(玄鶴琴)이라 하였는데, 후세 사람들이 '학' 자를 떼어버리고 다만 현금이라 하였다"는 내용의 설화가 전한다. 이에 대해 국문학자 이택은 고구려의 금, 즉 감고가 거문고로 음변한 것이라 주장하기도 한다.

가야금은 『삼국사기』에 따르면, 가야국의 가실왕이 6세기 경 우륵에게 명하여 당나라 악기를 보고 만들었으며 12곡을 지었는데, 그 뒤 가야국이 어지러워지자 우륵이 가야금을 가지고 신라 진흥왕에게 투항했다고 한다. 하지만 최근 기원전 1세기 경으로 추정되는 현악기가 출토된 것으로 미루어 전통 악기가 개량된 것으로 여겨진다.

그렇다. 거문고에는 드넓은 광야를 지배했던 고구려의 웅장한 기상이, 가야금에는 예술에 조예가 깊었던 신라인의 서정적 영혼이 담겨 있는 것이다. 그리고 그 차이가 음색으로 나타나게 된 것이다.

6줄의 거문고는 음색이 웅장하고 남성적인데 비하여 12줄로 된 가야금은 조금 가냘픈 음색으로 여성적이다. 국악인들의 해석에 따르면, 거문고 소리가 뼈에 스며드는 소리라면 가야금 소리는 살에 스며드는 소리라고 한다. 그런 관계로 거문고는 예부터 선비 사이에서 숭상되어 왔고, 가야금은 주로 여성들이 즐겨 탔다. 오늘날에는 일부러 구분짓지 않지만…….

가진다와 준다에 담긴 속뜻

요즘 가요에는 "날 가져봐" 라는 가사가 자주 등장한다. 이 경우 여성 가수가 그런 노래를 부르며, 앞뒤 노랫말을 들으면 그 의미가 무엇인지 명확해진다. '섹스를 하자' 는 뜻이다. 여성과 섹스하고 싶어 하는 의미의 속어 '따먹다' 도 비슷한 맥락에서 만들어진 말이고, 여성의 첫 섹스를 처녀성 상실이라는 말로도 표현한다. 요컨대 여성의 섹스를 남성에 대한 선물(혹은 증정)처럼 여기고 있는 것이다. 또 이런 표현들은 여성을 남성의 소유물로 여기는 정서를 바탕으로 하고 있다.

그런데 왜 남성이 여성과 섹스하는 것을 일러 '가진다', 여성의 경우 '준다' 라고 표현하는 것일까? 섹스가 보이는 물체도 아닌데 말이다. 그 유래를 따지자면 인류 초기의 제사로 거슬러 올라간다. 고대 사회에서 처녀를 신에게 바친 인신공양 풍습이 바로 '가진다' 는 표현의 출발점이 되는 것이다. 이것은 모권사회에서 남성 주도의 사회로 넘어가면서 일어난 가장 큰 변화중 하나인데, 남성의 강렬한 여성 소유욕을 짐작케 해주는 일이라 할 수 있다.

고대 왕국의 권력자가 수많은 여자를 거느린 일이나 다른 나라로부터 여자를 공물로 받은 일, 또는 크테타 섬의 미노스왕이 반인반수의 괴물 미노타우로스에게 처녀 일곱

명을 바친 것도 남성의 성욕을 알 수 있게 해준다. 그런가하면 처녀에게만 순종한다는 외뿔 달린 백마 유니콘도 남성들이 처녀성을 얼마나 중히 여기는지 짐작케 해주는 일이다.

심지어 중세 유럽에서는 초야권(初夜權)이라 해서 봉건영주가 신부의 첫날밤을 빼앗는 풍습이 있었다. 예컨대 프랑스에서는 초야권을 '넓적다리로 들어갈 수 있는 권리'로 불렀는데, 13세기부터 16세기까지 존속했고, 동유럽에서는 18세기까지 유지되었다.

뿐이랴. 15세 어린 나이에 공양미 삼백석에 팔려 인당수에 몸을 던진 효녀 심청이도 '처녀공양'의 면모를 여실히 보여주고 있다. 바다의 지배자 용왕은 남성인 바, 처녀를 바치면 기분 좋아할 것이라는 생각을 바닷사람들이 한 것이다.

그렇다면 왜 남성들은 처녀에 매달리는가? 그것은 정복욕과 관계가 있다. 경쟁사회에서 항상 우월한 위치에 서있고픈 권력욕이 모든 것을 먼저 차지하고픈 정복욕을 낳은 것이다. 조선시대에 할아버지가 먹은 밥상을 아버지, 여자, 일꾼 순으로 내렸듯, 여성의 경우도 먼저 차지한 사내가 그 여성에 관한 한 최초의 정복자가 되는 셈이었다.

이러한 관념들로 인해 남성은 여성과의 섹스를 '여성을 가지는 행위'로 여기게 됐고, 여성가수들은 그 사연을 아는지 모르는지 "날 가져봐"라는 가사를 아무렇지도 않은 듯 흥얼거리고 있다.

변강쇠와 옹녀

"평안도 월경촌(月景村)에 계집 하나 살고 있으되, 얼굴은 봄날 반쯤 핀 복숭아꽃이라. 초생달같은 눈썹과 앵두처럼 고운 입술에 버드나무같이 가는 허리는 (중국 미인) 서시라도 따를 재간이 없더라."

옹녀는 열다섯 살에 첫 혼인을 한 후 해마다 신방을 치렀건만 줄줄이 첫날밤에 과부가 되었다. 그뿐만 아니라 그녀에게 접근한 거더머리(교합을 얼른 하는 남자)는 물론 입한 번 맞춘 사람에서 손을 만져본 이에 이르기까지 모두 한 달을 못 넘기고 세상을 떠나고 말았다. 그에 따라 마을에서는 이러다가 여인국이 될까 두려워 옹녀를 쫓아냈다.

변강쇠는 천하에 잡놈으로 삼남(三南)에서 빌어먹다가 북쪽으로 올라가게 됐는데, 정처없는 여행 도중에 개성으로 넘어오는 청석골 좁은 길에서 옹녀를 만났다. 변강쇠는 임술(壬戌)생이요, 옹녀는 갑자(甲子)생이라. 천간으로 살펴보면 임은 양수(陽水)요 갑은 양목(陽木)이니 수생목(水生木)이 좋고 천생배필이다.

밤궁합이 맞은 둘은 한동안 육욕을 불태웠다. 하지만 변강쇠는 낮이면 잠만 자고 밤이면 배만 타니, 옹녀가 제발 일 좀 하라고 애원한다. 마지못해 겨울철 땔감을 구하러 간 변강쇠가 나무를 베기 귀찮아서 장승을 베었다가 동티(지신을 노하게 하여 받는 재앙)를 입어 죽게 된다.

변강쇠는 죽어가면서도 옹녀의 몸에 손대는 남자는 모두 급살할 것이라는 욕망을 드러낸다. 옹녀는 지나가는 사람들의 도움을 청하는데, 남자들은 강쇠의 시체를 묻고 옹녀와 동침하려는 마음을 품다가 시체에서 나오는 독기인 초상살을 맞고 죽는다.

결국 말잡이 출신의 뎁득이가 각설이패의 도움을 받아 시체를 묻고 옹녀 곁을 떠나버린다. "풍류남자 가리어서 백년해로하오"라는 말을 남기고.

「변강쇠전」의 줄거리는 대략 위와 같다. 그런데 「변강쇠전」에는 흥미롭게도 남녀의 여러 특징이 잘 스며 있다. 욕망을 불태우는 가운데서도 여성은 현실을 걱정한다는 점이나, 상사(喪事) 중에도 남성의 욕망이 더 강하다는 따위가 그것이다. 남쪽은 남자, 북쪽은 여자의 인물이 더 낫다는 남남북녀(南男北女) 정서도 빼놓을 수 없다. 그러나 그 무엇보다도 핵심적인 남녀 특징은 이름에 담겨 있으니……

변강쇠의 변(卞)은 조급할 변 혹은 맨손으로 칠 변이며, 옹녀의 옹(雍)은 메울 옹 또는 온화할 옹의 뜻을 갖고 있다. 다시 말해 '변'에는 남성의 조급함과 저돌성이 담겨 있으며, '옹'에는 채워도 채워도 채워지지 않는 욕망과 함께 여성 특유의 냉정함이 담겨 있는 것이다. 결국 「변강쇠전」은 서민들의 애환을 풍자하는 가운데, 성욕에 관한 한 남성의 열세를 일깨워주고 있는 셈이다.

비장한 눈물, 순수한 눈물

전국시대 초나라에 시인이자 정치가로 유명한 굴원이 있었다. 그는 박학다식하고 변론에 뛰어나 많은 활약을 했으나 이윽고 시름에 잠겼다. 왕이 총명하지 못하여 충언을 싫어할 뿐만 아니라 아첨에만 귀를 기울였기 때문이었다. 굴원은 이런 현실을 비통해하면서 장편의 시를 지어 울분을 토로했는데 이 시가 유명한 「이소(離騷)」다. 이 「이소」에 다음과 같은 구절이 있다.

"길게 한숨 쉬고 눈물을 닦으며 인생에 어려움 많음을 슬퍼하노라. …비록 아홉 번 죽을지라도 오히려 후회하는 일은 하지 않으리라."

굴원의 일화에서 알 수 있듯 남자의 눈물은 '비장함'을 상징한다. 반면에 여자의 눈물은 자신의 감정을 그대로 드러내는 '순수함'을 상징한다. 어떤 경우 여자의 눈물은 아름다운 매력으로까지 통한다. 당나라의 유명한 시인 백낙천은 양귀비의 미모와 매력을 표현함에 있어 "아름다운 모습 고요히 난간에 눈물 흘리고, 배나무꽃 한 가지 봄비처럼 보인다"하였는데, 봄비 내리는 계절의 배나무꽃에는 무언가 근심을 품은 듯한 연민의 아름다움이 있음을 비유한 것이다.

전통적으로 눈물은 여자의 특권처럼 여겨져 왔다. 반면에 고도문명을 자랑하는 서양에서 원시문화권에 이르기까지 눈물 많은 남자는 심약하고 소심한 사람으로 대우받았다. 1972년 미국 대통령 선거 때 머스키 후보는 TV 카메라 앞에서 눈물을 흘린 일로 인해 경쟁에서 탈락한 바 있다.

유교문화권도 남자의 눈물을 금기시 하기는 마찬가지여서 〈울긴 왜 울어〉, 〈울고 싶어라〉라는 내용의 노래까지 유행할 정도였다.

그런데 이런 눈물 억제가 남자의 수명을 단축한다는 연구결과가 나와 주목을 끌고 있다. 미국 알츠하이머 치료연구센터 책임자인 빌 프레이 박사가 1998년 1월 발표한 바에 따르면, "남자가 여자보다 평균수명이 짧은 이유의 하나는 덜 울기 때문"이라고 한다.

연구결과 미국 성인의 경우 여자는 한달 평균 5.3회 우는 반면 남자의 우는 횟수는 1.4회에 지나지 않은 것으로 드러났으며, 우는 형태에서도 남자는 눈물을 잘 흘리지 않는 반면 여자는 눈물을 많이 흘린다는 것이다.

프레이 박사는 "감정에 북받쳐 울 때의 눈물은 눈의 염증으로 인한 눈물과는 화학적 성분이 다르다"며 "감정적인 눈물은 스트레스의 결과 만들어진 인체에 나쁜 화학물질을 몸 밖으로 배출하는 행위"라고 설명했다. 아울러 그는 "여성의 85%, 남성의 73%가 울고 난 후 심신의 상태가 좋아지는 것을 느낀다고 대답했다"고 밝혔다.

바람둥이와 바람기

　조선 창업과 더불어 서울 사방에 성벽이 둘러지고 많은 성문이 생겼다. 이때 기능상 별로 필요없으나 풍수지리의 안목으로 인해 부득이 만든 성문도 있었다. 바로 숙정문(肅靖門)이다. 숙청문(肅淸門)으로도 불린 이 문은 靖(고요할 정)과 淸(탐욕 없을 청)에서 알 수 있듯 '바람 한 점 없는 고요함'을 기원하고 만들어졌다.

　실제로 숙정문은 1413년 최양선의 주장에 따라 폐쇄되고 길에 소나무를 심어 사람들의 통행을 금했음에도 교통에 아무런 지장이 없어서 이후 영구히 닫아두었다. 다만 가뭄이 심할 때 이 문을 열고 숭례문을 닫는 풍속이 있었다. 이것은 북쪽을 음(陰), 남쪽을 양(陽)으로 여긴 음양오행사상에서 비롯되었다. 다시 말해 음의 물질인 물(雨)을 얻기 위해 북쪽 성문을 열었던 것이다.

　그리고 이 문과 관련한 또 다른 속설이 있었으니 "숙정문을 열어두면 여자들이 바람난다"가 그것이다. 왜 그런가 하면 숙정문은 음방(陰方: 여자의 방위)에 있으므로 이 문을 통해 음기가 왕성해져서 장안의 여자가 바람나고 음란해진다는 논리였다.

　오늘날 누군가가 어떤 종류의 잘못을 계속 저질렀을 때 흔히 '바람났다'고 한다. 여자일 경우 특히 그렇다. 치맛

바람 · 춤바람 등은 그 대표적인 사례들이다. 그런데 흥미롭게도 이 '바람'이 라는 표현은 미혼여성들의 경우보다 대부분 기혼여성들에게 쓰인다. 때문에 그냥 '바람난 여자'라고 하면 '유부녀가 다른 남자를 사귄다'는 뜻으로 통한 다. 남자들이 여자들의 바람을 얼마나 두려워했던지 예전에는 '닭날개 먹으면 바람난다'는 기묘한 논리로 여자들에게 닭날개를 먹지 못하게까지 했다.

이에 비해 남자들에게는 바람이라는 말이 상당히 관대하게 쓰인다. 예컨 대 여자관계가 복잡한 남자를 '바람둥이'라고 부르지만, 이 '둥이'라는 말은 귀염둥이 · 업둥이 따위처럼 좋은 의미로 쓰인다. 또 남자들이 경치 좋은 곳에 서 노는 행위는 풍류(風流)라고 하여 멋스럽게까지 여겨진다.

요컨대 '바람'은 편의주의적인 남성우월주의의 한 단면을 여실히 드러내 주는 단어인 것이다. 또한 여러 나라에서 간통죄 존폐를 놓고 많은 논란을 벌 여온 데서 알 수 있듯 바람의 상징성은 성욕에 있으며, 이 바람은 이성적으로 제어하기 힘든 위력을 지니고 있다.

1997년 미국 뉴멕시코대학 손힐 교수는 "신체 각 부분이 대칭을 이루는 사람은 그렇지 않은 사람보다 훨씬 활발하게 이성과 접촉하게 된다"라고 발표 했는데, '바람기'는 과연 선천적인 것일까?

남성의 문방사우와 여성의 규중칠우

사람들은 숫자에 어떤 정서를 느끼는 경우가 많다. 3을 좋아한다거나 8을 꺼려한다거나 하는 따위, 혹은 무언가를 꼽을 때 4가지를 선정하는 것 등이 그런 사례들이다. 그런데 묘하게도 숫자에 남녀차별이 담겨 있으니 어쩐 일일까?

조선사회에서는 전통적으로 4를 이상적인 숫자로 여겼는데 이때 4는 남성적인 이상성을 지니고 있었다. 그러기에 남자라면 해야 할 일을 4와 연관시켰으며, 남성들의 영역인 정치적 사항도 4와 관련된 것이 많았다. 예컨대 사군자(四君子)라 하여 군자와 같이 고결한 식물을 네 가지(매란국죽) 꼽았고, 국왕에게 표하는 예법 중의 하나인 큰절도 4배(拜)로 정했다. 이 경우 절을 네 번 일어났다 앉았다 하는 것이 아니라 한 번만 엎드렸다 앉은 채로 고개만 다시 들어 네 번을 채우면 됐다. 궁중에서 4명절(왕의 탄신일, 정월 초하루, 정월 대보름, 동지)만을 중히 여긴 것도 같은 맥락에서 비롯된 일이다. 민간에서 예부터 명절로 삼아왔던 초파일, 단오, 추석은 계절의 문호로 삼아 새 계절옷으로 갈아입는 것 외에는 별로 다른 의미가 없었다.

선비가 가까이 하는 여러 문구 중에서 네 가지를 꼽아 4명의 벗(벼루, 먹, 붓, 종이)으로 명명한 문방사우(文房四友)도 4의 남성성이 극명하게 드러나는 사례 중의 하나이다.

이렇게까지 4를 이상적인 남성성으로 꼽은 배경에는 남성우월적 정서가 자리잡고 있으니, 여기서 4는 오행(네 방향과 중앙)사상의 중심 숫자이자 우주를 구성하는 기본요소로서 인간에게 이익이 되는 숫자이다. 다시 말해 4는 지배와 동시에 조화를 상징하는 숫자인 바, '남성의 숫자'로 삼은 것이다.

　이에 비해 여성에게는 7이 할당됐다. 칠거지악(七去之惡)이라 하여 남성에게는 해서는 안될 여자의 죄를 7가지 꼽은 것이 그 대표적인 예라 할 수 있다. 또한 가뭄이 일어나면 그 원인을 음양의 부조화로 생각했는데, 이런 경우 임금은 원통한 사건의 해결, 탐욕스럽고 나쁜 사람을 쫓아낼 것 등 7가지를 잘 해야 한다고 믿어졌다. 이런 정서는 '여성=물, 남성=불'로 해석한 음양론과 맞닿는 것으로 은연중 7에는 '여성성'이 숨어 있다 하겠다.

　좀 더 확대해석하자면 남녀의 만남을 경계한 남녀칠세부동석도 '7의 여성성'을 지닌 말로 볼 수 있다. 남자에게 여성을 경계하는 시점을 일러주는 격언인 까닭이다.

　7의 여성성을 나타낸 극단적인 예로는 규중칠우(閨中七友)를 들 수 있다. '규중'은 부녀자가 거처하는 곳이고, '칠우'는 바느질에 쓰이는 일곱(자, 가위, 바늘, 실, 골무, 인두, 다리미) 도구를 가리키는 바, 7은 여성성·금기성·부조화의 상징을 지닌 숫자인 것이다. 그러나 오늘날 이런 관념은 완전히 사라졌다.

성경에 따르면 사람의 태어남은 남자(아담)·여자(이브)의 순서로 되어 있다. 그러나 실제 과학계에서는 여자·남자의 순서로 보고 있는데, 이는 생물계의 진화과정을 감안해 내린 결론이다. 그렇다면 문자에 있어서 '남(男)'과 '여(女)'는 어떤 순서로 생겼을까?

먼저 한자를 살펴보자. 남(男)과 여(女)란 글자는 중국 문자학사상 가장 오래된 갑골문자에 나온다. 대략 기원전 1350년 경부터 기원전 1100년 경에 해당된다. 그런데 '男'은 둘 이상의 한자를 합쳐 새로 한 글자를 만든 회의문자이고, '女'는 사물의 형체를 본뜬 상형문자이다. 한자의 생성과정을 보면 상형문자가 먼저이고 그 뒤에 회의문자가 등장한다. 따라서 女는 초기에 형성된 글자이며, 男은 그 후에 생겼다고 말할 수 있다.

흥미로운 것은 남녀의 특징을 성기로 나타내지 않았다는 점이다. 人(사람 인)자에 남자의 고환 또는 여자의 젖가슴을 표현하면 쉽게 구별할 수 있었을텐데 왜 그렇게 하지 않았을까? 그 의문은 사회학적인 관점에서 바라보아야 풀 수 있다.

인류 최초의 본격 어원사전인 『설문해자(說文解字)』에 의하면 '女'는 '여자가 무릎을 꿇고 있는 모습'이고, '男'은

田(밭 전)과 力(힘 력)의 합자로서 힘써 밭을 가는 장부의 모습이다. 다시 말해 여자는 남성에게 순종하는 운명임을 암시한 것이고, 남자는 힘을 써서 농지를 개척하고 식량을 관리하는 지배자임을 강조한 것이다.

女라는 글자가 먼저 생긴 것으로 미뤄 女자를 만든 사람은 여성이라고 짐작할 수 있다. 글자에서는 女가 男보다 먼저 생겼지만, 계급사회가 형성되면서 남자가 주도권을 잡았음을 알 수 있다.

서양에서는 어떠했을까? 오랜 세월 여자는 인간으로 대우받지 못했으니, '맨(man)'은 남자가 아니라 인간을 의미했고 여자는 인간의 개념에서 제외되었다. 존경받았던 신학자 토마스 아퀴나스조차 여자를 '불완전한 남자'라고 규정했으며, '우먼(woman)'이란 말은 13세기 말에 문헌에 등장했다.

그나마 초기에는 와이프(wife)라는 말과 맨(man)이라는 말의 복합어 와이프맨(wifman)으로 표기되었다. 즉 남자의 어떠한 욕구를 만족시키기 위한 짝으로서만 그 존재의의를 가졌고, 요컨대 서양의 경우 문자에서조차 여성은 남성에 앞서지 못했던 것이다.

하지만 오늘날 성별 구분의 남녀 문자는 의미가 엷어지고 있다. 포괄적 능력이 중요시된 근대 이전의 사회에서는 남자가 우월했지만, 모든 것이 세분화되어가는 현대사회에서는 꼼꼼하고 세심한 여성이 앞서나가고 있기 때문이다. 어쩌면 훗날 여성이 문자에서조차 남성을 누를지도 모를 일이다.